DIRETRIZES CURRICULARES e FORMAÇÃO em SERVIÇO SOCIAL

EDITORA AFILIADA

Coordenadora do Conselho Editorial de Serviço Social
Maria Liduína de Oliveira e Silva

Conselho de Livros
Ademir Alves da Silva
Elaine Rossetti Behring
Maria Lucia Silva Barroco
Ivete Simionatto

Dados Internacionais de Catalogação na Publicação (CIP)
(Câmara Brasileira do Livro, SP, Brasil)

Diretrizes curriculares e formação em serviço social / orgs. Reginaldo Ghiraldelli, Michelly Elias. – São Paulo : Cortez Editora, 2024.

Vários autores.
Bibliografia.
ISBN 978-65-5555-441-0

1. Assistentes sociais - Prática profissional 2. Diretrizes Curriculares Nacionais (Brasil) 3. Formação profissional 4. Serviço social - Estudo e ensino I. Ghiraldelli, Reginaldo. II. Elias, Michelly.

24-190383

CDD-361.07

Índices para catálogo sistemático:

1. Serviço social : Estudo e ensino 361.07

Tábata Alves da Silva - Bibliotecária - CRB-8/9253

Reginaldo Ghiraldelli • Michelly Elias (ORGS.)

DIRETRIZES CURRICULARES e FORMAÇÃO em SERVIÇO SOCIAL

São Paulo – SP

2024

DIRETRIZES CURRICULARES E FORMAÇÃO EM SERVIÇO SOCIAL
Reginaldo Ghiraldelli | Michelly Elias (Orgs.)

Direção editorial: Miriam Cortez
Coordenação editorial: Danilo A. Q. Morales
Assessoria editorial: Maria Liduína de Oliveira e Silva
Assistente editorial: Gabriela Orlando Zeppone
Preparação de originais: Ana Paula Luccisano
Revisão: Tuca Dantas
　　　　Marcia R. Nunes
Projeto gráfico e diagramação: Linea Editora
Capa: de Sign Arte Visual

Nenhuma parte desta obra pode ser reproduzida ou duplicada
sem autorização expressa dos organizadores e do editor.

© 2024 by Organizadores

Direitos para esta edição
CORTEZ EDITORA
R. Monte Alegre, 1074 – Perdizes
05014-001 – São Paulo-SP
Tel.: +55 11 3864 0111
cortez@cortezeditora.com.br
www.cortezeditora.com.br

Impresso no Brasil – março de 2024

SUMÁRIO

PREFÁCIO 7
Maria Liduína de Oliveira e Silva

APRESENTAÇÃO 13
Reginaldo Ghiraldelli e Michelly Elias

CAPÍTULO 1 Trabalho e "Questão Social": aportes
teórico-conceituais no processo de formação em Serviço Social .. 23
Reginaldo Ghiraldelli

CAPÍTULO 2 Teoria social e as Diretrizes Curriculares de
1996: processo e afirmação da tradição marxista na formação
profissional 69
Marcelo Braz e Marcos Botelho

CAPÍTULO 3 Fundamentos do Serviço Social: perspectiva
disruptiva e alicerces profissionais 101
Marileia Goin

CAPÍTULO 4 Realidade brasileira, pensamento social e
formação de assistentes sociais 129
Evelyne Medeiros Pereira

CAPÍTULO 5   Política Social e Diretrizes Curriculares: aproximações teóricas 159

Josenice Ferreira dos Santos Araújo e Sheyla Paranaguá Santos

CAPÍTULO 6   Elementos do debate sobre lutas de classes, movimentos sociais e direitos na formação profissional em Serviço Social 185

Michelly Elias

CAPÍTULO 7   Neofascismo e violência estrutural no Brasil: atualização da crítica ao conservadorismo na formação profissional 213

Mavi Pacheco Rodrigues e Maria Elaene Rodrigues Alves

CAPÍTULO 8   A transversalidade da ética na formação e no exercício profissional 239

Valdenízia Bento Peixoto

CAPÍTULO 9   Elementos conceituais e basilares do Estágio Supervisionado na formação profissional em Serviço Social 265

Marileia Goin e Hayeska Costa Barroso

CAPÍTULO 10   A importância do tripé ensino-pesquisa-
-extensão na formação em Serviço Social 293

Raquel Santos Sant'Ana e Anita Pereira Ferraz

SOBRE OS/AS AUTORES/AS 329

PREFÁCIO

A coletânea *Diretrizes Curriculares e formação em Serviço Social*, organizada pelo professor Reginaldo Ghiraldelli e pela professora Michelly Elias, é resultado de pesquisas do Grupo de Estudos e Pesquisas sobre Trabalho, Sociabilidade e Serviço Social (TRASSO) da Universidade de Brasília (UnB). Reúne um conjunto de dez capítulos, trabalhos científicos que revelam concepções e *modus operandi* referentes às Diretrizes Curriculares para o curso de graduação em Serviço Social (ABEPSS, 1996), cujas temáticas expressam e proporcionam visão de totalidade dos três Núcleos de Fundamentação (Teórico-metodológicos da vida social, Formação sócio-histórica da sociedade brasileira e Trabalho profissional), estruturantes da formação profissional.

Como orientações básicas e fundamentais articuladas e sistematizadas pela Associação Brasileira de Ensino e Pesquisa em Serviço Social (ABEPSS), as Diretrizes Curriculares se colocam como bússola teórica e ético-política, que norteiam e subsidiam a elaboração do Projeto Político-Pedagógico de curso de graduação. Constitutivas do percurso da formação profissional em Serviço Social, expressam parâmetros e referências que direcionam a construção do projeto de formação em Serviço Social, tendo por finalidade construir um perfil profissional de assistentes sociais críticos, com competência teórica e ético-política, comprometidos com o exercício da cidadania, com a defesa da universalização das políticas sociais e com a luta pela emancipação humana, contrários a toda forma de exploração, opressão, violências e racismos, próprios da sociedade capitalista.

Compreendida como uma profissão inserida no trabalho coletivo, o Serviço Social "só pode afirmar-se como prática institucionalizada e legitimada na sociedade ao responder às necessidades sociais derivadas da prática histórica das classes sociais" (IAMAMOTO, 2005, p. 16). Logo, o vínculo que estabelece com as classes sociais — pela mediação da cultura, da política, das instituições e dos sujeitos — só pode ser desvelado se considerarmos os movimentos de afirmação/negação dos percursos teóricos, éticos e operativos que lhe são legatários.

As interlocuções que o Serviço Social constrói com as classes sociais e, por conseguinte, com sua concepção de mundo e prospecções, produzem um duplo movimento: um de natureza interna, mediante a formulação de referenciais teórico-metodológicos ou de uma direção teórica e política que justifica e dá densidade às formas de ser e existir da profissão, e outro de natureza externa, com grandes reverberações internas, conectada à afirmação de um determinado projeto societário e aos vínculos classistas da luta social. As Diretrizes Curriculares se apresentam como elemento conectivo desse duplo movimento, uma vez que expressam a síntese dos acúmulos que esta profissão construiu na travessia do diálogo com a teoria social crítica, ao mesmo tempo que atestam a vinculação teórica e política com os movimentos que lutam por educação pública, de qualidade, referenciada em valores emancipadores.

Desse modo, um dos principais destaques desta produção é sua concepção teórico-política, fundamentada no método marxista que impulsiona, numa perspectiva de totalidade, as Diretrizes Curriculares da formação na sua relação com o trabalho/profissão. Dessa forma, contribui significativamente para o exercício do debate, o conhecimento crítico e a implementação com qualidade da formação profissional, tendo em vista a direção e o fortalecimento das lutas pela emancipação humana, forjadas nas resistências e nas lutas da classe trabalhadora/categoria profissional, no âmbito da construção do Projeto Ético-Político do Serviço Social brasileiro.

Esta coletânea traz contribuição original e necessária acerca das Diretrizes Curriculares da ABEPSS, de 1996, no sentido da qualidade e atualizações das reflexões, retomando seus núcleos de fundamentação e as temáticas que se relacionam na perspectiva de totalidade. Nesse sentido, cabe destacar a originalidade do caminho percorrido na construção da proposta e a importância desta produção, que estabelece um diálogo transversal entre abordagens temáticas e conteúdos que constituem elementos basilares do processo de formação em Serviço Social.

A abordagem dos capítulos nos permite retornar aos princípios fundantes da proposta original das Diretrizes Curriculares debatida e aprovada pela categoria profissional, e confrontar com as limitações do texto aprovado pelo Ministério da Educação em 2002, o qual tem sido ponto de debate, tensão e desafios para a profissão quanto ao processo de formação profissional.

Neste sentido, as reflexões e os debates aqui produzidos e sistematizados não produzem um sistema de epistemologias de dominação que remetem a estruturas de poder, conteúdos, regras, procedimentos curriculares para a sua preservação, reprodução do pensamento eurocêntrico e de uma educação elitizada. Constroem-se a partir da teoria social crítica que potencializa o leitor e a leitora para uma compreensão mais aprofundada sobre as Diretrizes Curriculares no constante aprimoramento e acompanhamento da dinâmica histórica da sociedade como, por exemplo, a emergência pelas forças sociais e movimentos sociais do debate por uma educação para as relações étnico-raciais, nas expressões dos povos originários, da população negra, das sexualidades, de gênero, de geração e do anticapacitismo presentes hoje como desafios para a formação e a atuação profissional. Para que todas as formas de preconceitos e opressões mantidas pelo sistema capitalista vigente possam ser eliminadas e enfrentadas, destaca-se a relevância do princípio VIII do Código de Ética Profissional: opção por um projeto profissional vinculado ao processo de construção de uma nova ordem societária, sem dominação, exploração de classe, etnia e gênero. Contudo, tal compreensão exige que a formação/trabalho construa um perfil profissional generalista, com sólidas fundamentações críticas nas dimensões teórico-metodológicas da vida social, da formação sócio-histórica da sociedade brasileira e do trabalho profissional.

Esta obra nos faz questionar e retomar o debate acerca da distinção entre os perfis profissionais e, nessa relação, pergunta-se: qual perfil se deseja formar? Neste debate nos respaldamos no pensamento de Yolanda Guerra (2012, p. 65), que pondera: seria o perfil do "técnico adestrado que se limita à racionalidade do capitalismo e à aplicação acrítica de técnicas e instrumentos sem a clareza dos fins a que sua intervenção visa", ou um perfil alinhado ao conhecimento crítico, indagador e resistente, em que o profissional se orienta por projetos coletivos, por busca de alianças em defesa dos direitos humanos e das políticas sociais em uma sociedade cada vez mais individualista, consumista, mediada pelo regime de acumulação capitalista? Especialmente neste contexto de mudanças que caracterizam a esfera da produção e o mundo do trabalho, associadas à nova hegemonia liberal-financeira e a transformações que ocorrem nas políticas sociais com o advento, por um lado, da ruptura trabalho/proteção social e, por outro, com a recomposição das políticas sociais que se tornam cada vez mais focalizadas e condicionadas (YAZBEK, 2013, p. 2).

No diálogo e no questionamento de qual perfil profissional se deseja formar, retomamos a concepção de profissão parafraseando Iamamoto (1982), com sua análise teórico-metodológica do caráter contraditório do trabalho profissional no processo de reprodução das relações sociais. Nessa concepção inaugurada pela autora, a profissão só pode ser desvendada em sua inserção na sociedade, ou seja, a análise da profissão, de sua trajetória histórica, de suas demandas, tarefas e atribuições em si mesmas não permite desvendar a lógica no interior da qual essas demandas, tarefas e atribuições ganham sentido. Assim, é preciso ultrapassar a análise do Serviço Social em si mesmo para situá-lo no contexto de relações mais amplas que constituem a sociedade capitalista, particularmente, no âmbito das respostas que esta sociedade e o Estado constroem, frente à questão social[1] e às suas

---

1. A questão social é expressão das desigualdades sociais constitutivas do capitalismo. Suas diversas manifestações são indissociáveis das relações entre as classes sociais que estruturam esse sistema e, nesse sentido, a questão social se expressa também na resistência e na disputa política (YAZBEK, 2021).

manifestações, em múltiplas dimensões. Essas dimensões constituem a sociabilidade humana e estão presentes no cotidiano da prática profissional, condicionando-a e atribuindo-lhe características particulares, capazes de potencializar o trabalho e a formação profissional pela perspectiva da totalidade e da crítica contumaz a todas as formas de exploração e opressão.

Assim, a publicação desta coletânea poderá contribuir para adensar reflexões e debates coletivos acerca dos conteúdos e dos subsídios referentes aos Projetos Político-Pedagógicos, aos currículos e às disciplinas ministradas nos cursos de Serviço Social e, ao mesmo tempo, oferece indicações práticas quanto à organização dos respectivos currículos.

Ainda que os temas abordados tenham como centralidade a formação em Serviço Social, destacamos o seu caráter interdisciplinar, pois dialogam com o conjunto de outras áreas de conhecimento, especialmente as Ciências Humanas e Sociais, dado que se debruçam em torno de estudos e pesquisas relativos à sociedade contemporânea, à realidade brasileira, à educação, à universidade, aos fundamentos da formação, às políticas sociais, à ética, aos movimentos e às lutas sociais.

Por fim, a coletânea também oferece contribuição relevante e necessária para enfrentar as lacunas e os desafios ainda presentes na implementação das Diretrizes Curriculares para fortalecer uma "formação acadêmica qualificada, alicerçada em concepções teórico-metodológicas críticas e sólidas, capazes de viabilizar uma análise concreta da realidade social" (NETTO, 1999, p. 105).

Sem dúvida, a leitura desta obra é uma tarefa indispensável para aqueles e aquelas que lutam por uma educação emancipadora, por uma sociedade justa, humana e igualitária.

Mãos à obra e boa leitura!

Maria Liduína de Oliveira e Silva
São Paulo, maio de 2023.

REFERÊNCIAS

ABEPSS (1996). *Diretrizes Gerais para o curso de Serviço Social*. Texto na íntegra aprovado em Assembleia em novembro de 1996. Rio de Janeiro, 1996.

GUERRA, Yolanda. A dimensão técnico-operativa do exercício profissional. *In*: SANTOS, C. M.; BACKX, S.; GUERRA, Y. (org.). *A dimensão técnico-operativa no Serviço Social*: desafios contemporâneos. Juiz de Fora: Editora UFJF, 2012.

IAMAMOTO, Marilda Villela. *O Serviço Social na contemporaneidade*: trabalho e formação profissional. São Paulo: Cortez, 2005.

IAMAMOTO, Marilda Villela; CARVALHO, Raul. *Relações Sociais e Serviço Social no Brasil*: esboço de uma interpretação histórico-metodológica. São Paulo: Cortez, 1982.

NETTO, José Paulo. A construção do projeto ético-político do Serviço Social frente à crise contemporânea. *In*: *Módulo de Capacitação em Serviço Social e Política Social*. Brasília: CEAD/UnB, ABEPSS, CFESS, p. 91-110, 1999.

YAZBEK, Maria Carmelita. Expressões da questão social brasileira em tempos de devastação do trabalho. *Temporalis*, v. 21 n. 42, seção temática: Crise capitalista, questão social no Brasil e Diretrizes Curriculares da ABEPSS, 2021. Disponível em: https://periodicos.ufes.br/temporalis/article/view/37164. Acesso em: 3 maio 2023.

YAZBEK, Maria Carmelita. Serviço Social, história e desafios. *Katálysis*, n. 16 (especial), 2013. Disponível em: https://www.scielo.br/j/rk/a/thZNmz8v6mk4KpszWGrvqrG/?lang=pt. Acesso em: 3 maio 2023.

APRESENTAÇÃO

A organização desta coletânea foi pensada e proposta com a finalidade comemorativa dos dez anos do Grupo de Estudos e Pesquisas sobre Trabalho, Sociabilidade e Serviço Social (TRASSO), criado em 2013, registrado no Diretório de Grupos de Pesquisa do CNPq e vinculado ao Departamento de Serviço Social e ao Programa de Pós-Graduação em Política Social da Universidade de Brasília (UnB). Desde a sua criação, o TRASSO tem se dedicado a atividades de pesquisa, estudos, extensão e produção científica na área de Serviço Social, com o intuito de contribuir para a formação qualificada de recursos humanos, a formulação de políticas públicas, a produção de conhecimento e o diálogo com a sociedade e os movimentos sociais. De natureza interdisciplinar, o grupo é composto por docentes, pesquisadores/as, estudantes (de graduação e pós-graduação) e técnicos-profissionais. O grupo possui três linhas de pesquisa que estão organicamente relacionadas, que são: (1) Trabalho, Sociabilidade e Classes Sociais; (2) Questão Social, Estado e Políticas Sociais; e (3) Serviço Social, Formação Profissional e Mercado de Trabalho. Desde 2014, também compõe a Rede Nacional de Grupos de Pesquisas sobre o Trabalho de Assistentes Sociais (RETAS).

Nos últimos anos, o grupo tem estreitado uma profícua interlocução e estabelecido parcerias acadêmicas com pesquisadores/as de diversas instituições de ensino superior, tanto no Brasil quanto no exterior. Com isso, a partir da proposta inicial da coletânea, foram realizados convites para os/as integrantes do TRASSO e para os/as seus/suas interlocutores/as e parceiros/as externos/as, com a finalidade de elaboração de textos que dialogassem com um dos temas que unificam o universo heterogêneo de pesquisas dos/as seus/suas integrantes. Por isso, a escolha e a delimitação do tema "Diretrizes Curriculares e formação em Serviço Social".

Considerando a heterogeneidade dos temas de pesquisa dos/as integrantes do TRASSO e de seus/suas respectivos/as interlocutores/as externos/as que participam com textos nesta coletânea,[2] foi possível pensar um tema estruturante que é a formação profissional em Serviço Social, à luz das Diretrizes Curriculares na sua relação com os conteúdos e os eixos temáticos que são abordados no decorrer do ensino de graduação.

Também é importante ressaltar que a proposta de organização desta coletânea objetiva contribuir para preencher algumas lacunas ainda presentes em relação à produção de conhecimento em Serviço Social acerca dos desafios candentes na implementação das Diretrizes Curriculares para os cursos de graduação e, também, apresentar reflexões que fundamentam e envolvem o processo de formação profissional. Nota-se que antes mesmo da aprovação das Diretrizes Curriculares na instância da Associação Brasileira de Ensino e Pesquisa em Serviço Social (ABEPSS), em 1996, ocorreram diversos debates no interior da categoria profissional para a elaboração e a sistematização do seu documento final. Isso expressa o caráter democrático e coletivo que envolveu a categoria profissional de assistentes sociais na construção e na elaboração das Diretrizes Curriculares. Contudo, em 2002, as Diretrizes Curriculares são aprovadas pelo Ministério da Educação com modificações e reduções em relação a seu conteúdo e à proposta original. A partir de então, isso tem sido ponto de debate, tensão e desafios para a profissão no que tange ao processo de formação.

---

2. Além de docentes e pesquisadores/as vinculados/as à Universidade de Brasília (UnB), participam como autores/as desta coletânea docentes e pesquisadores/as da Universidade Federal do Rio de Janeiro (UFRJ), Universidade Federal de Pernambuco (UFPE), Universidade Estadual Paulista Júlio de Mesquita Filho (Unesp), Universidade Federal do Rio Grande do Norte (UFRN) e Universidade Federal do Tocantins (UFT). A realização deste trabalho nos possibilitou estabelecer um profícuo diálogo envolvendo interlocutores/as de diversas instituições de ensino superior, inseridos nos variados estados e regiões brasileiras.

Para pensar a formação profissional na sua totalidade e complexidade, também é preciso considerar determinantes estruturais e conjunturais que permeiam as relações sociais. Portanto, é necessário relacionar a formação profissional com o contexto social, político, cultural, econômico e ideológico, e identificar particularidades territoriais, regionais e as desigualdades sociais, étnico-raciais e de sexo/gênero presentes na realidade social.

Outro aspecto que merece destaque é que, ao abordar a formação profissional, entende-se que ela acontece no âmbito das Universidades/Instituições de Ensino Superior. Na conjuntura brasileira, especialmente durante o governo de Jair Bolsonaro (2019-2022), as universidades públicas vivenciaram diuturnamente fortes ataques e investidas para o seu completo desmonte. Tal contexto marca uma profunda radicalização ultraconservadora, caracterizada pelo negacionsimo/obscurantismo, que recusa qualquer forma de explicação racional e científica para a compreensão das questões humanas e sociais; pela censura ao pensamento científico; e pela redução e cortes orçamentários destinados para a universidade pública como um todo, colocando em risco a sua manutenção e sobrevivência. Diante dessas investidas autoritárias e dos ataques conservadores, as universidades têm resistido de forma a preservar sua autonomia acadêmico-científica e seu compromisso com as necessidades da sociedade.

Com o objetivo de sucateamento e desmonte das universidades públicas brasileiras por meio dos parcos investimentos de recursos públicos, especialmente em um contexto neoliberal de profusão da mercantilização do ensino e da educação como um todo e de prevalência de um modelo gerencial-burocrático, em que se buscam resultados e indicadores métricos, expandem-se as instituições privadas de ensino superior e também o ensino na modalidade a distância. A pandemia da covid-19 intensificou ainda mais esse processo por meio da oferta do ensino remoto emergencial, mostrando as contradições e os impasses dessa modalidade de ensino. Isso aponta para desafios em relação à oferta de cursos de graduação e pós-graduação que assegurem qualidade na formação. Além disso, as instituições de ensino superior devem ter como prerrogativa e missão institucional a oferta de cursos que assegurem uma formação ética, com competência crítica e comprometida com as necessidades e as demandas coletivas da sociedade. A universidade pública deve ser entendida e reconhecida como patrimônio da sociedade brasileira e, por isso, deve ser preservada, respeitada e defendida. A preservação desse patrimônio se dá também mediante investimento e financiamento público. Nesse sentido, compete ao Estado brasileiro reconhecer a legitimidade da universidade para a sua preservação e manutenção.

A universidade deve ser o espaço de estímulo ao pensamento crítico-reflexivo-científico, de criação cultural, de desenvolvimento de potencialidades humanas, de produção de conhecimento de forma acessível para a coletividade, de formação profissional e de pesquisadores/as atentos/as às necessidades sociais da população. Para isso, é preciso assegurar a materialização e a indissociabilidade da tríade ensino, pesquisa e extensão. É no bojo dessa compreensão que as Diretrizes Curriculares para os cursos de graduação em Serviço Social são pensadas e aprovadas.

Entre as prerrogativas e os princípios que orientam e fundamentam a formação profissional em Serviço Social, as Diretrizes apontam: (1) exercício do pluralismo e da interdisciplinaridade como dimensões formativas; (2) formação generalista e qualificada pelo rigoroso trato teórico, metodológico e histórico, que possibilite a leitura e a apreensão crítica da realidade social em sua totalidade; (3) compromisso ético-político; (4) indissociabilidade entre ensino, pesquisa e extensão; (5) articulação entre as dimensões investigativa e interventiva na formação e no exercício profissional; (6) indissociabilidade entre estágio e supervisão acadêmica e profissional; (7) padrões de qualidade e desemprenho idênticos para cursos diurnos e noturnos; (8) superação da fragmentação de conteúdos na organização curricular. Tais princípios implicam capacitação teórico-metodológica, ético-política e técnico-operativa.

O projeto de formação profissional, assentado nas Diretrizes Curriculares (ABEPSS, 1996), possibilita uma formação sintonizada com as transformações científicas, tecnológicas, sociais, culturais e com as demandas e requisições para o exercício da profissão na contemporaneidade, de forma crítica e primando pela competência profissional. Opondo-se a qualquer perspectiva reducionista, simplista, eclética e fragmentada, as Diretrizes Curriculares apresentam, a partir da teoria social crítica, uma concepção de unidade dialética que envolve conteúdos, disciplinas e demais componentes curriculares. Em uma perspectiva de totalidade, são Diretrizes Curriculares sintonizadas e comprometidas com valores democráticos e emancipatórios, que envolvem a defesa da justiça social, a ampliação dos direitos de cidadania e o respeito à diversidade, com vista à construção de uma sociedade igualitária.

A efetivação de um projeto de formação parametrado nas Diretrizes Curriculares implica a organização e a sistematização de um conjunto de conhecimentos que estão organicamente vinculados, relacionados e implicados, os quais se consubstanciam nos *núcleos de fundamentação*, assim denominados: (1) Núcleo de fundamentos teórico-metodológicos da vida social; (2) Núcleo de fundamentos da formação sócio-histórica da sociedade brasileira; (3) Núcleo de fundamentos do trabalho profissional (ABEPSS, 1996).

Os três núcleos, transversalmente relacionados, denotam a direção que orienta a formação profissional, constituída de uma totalidade de conhecimentos e saberes historicamente situados, contextualizados e particularizados, possibilitando uma apreensão crítica da realidade social.

Nesse sentido, a partir desses três *núcleos de fundamentação*, que se desdobram em conteúdos, disciplinas e outros componentes contidos nos currículos, esta coletânea foi pensada e organizada. Em seus dez capítulos, esta obra aborda conteúdos que estão previstos nas Diretrizes Curriculares e relacionados aos *núcleos de fundamentação*. Por isso, de maneira teleológica e intencional, à luz das Diretrizes Curriculares e do projeto de formação profissional, os capítulos que compõem a coletânea abordam os seguintes temas: (1) Trabalho e "Questão social"; (2) Teoria social; (3) Fundamentos históricos, teóricos e metodológicos do Serviço Social; (4) Pensamento social e realidade brasileira; (5) Políticas sociais; (6) Movimentos sociais; (7) Neofascismo, violência e conservadorismo na formação social brasileira, com seus desdobramentos na vida de mulheres, população negra, LGBTQIAPN+ e povos indígenas; (8) Ética; (9) Estágio supervisionado; e (10) Tripé ensino, pesquisa e extensão universitária.

Cabe ressaltar que, até o momento da publicação desta proposta, não havia registro de nenhuma produção em forma de livro e/ou coletânea que percorresse esse caminho. Por isso, ressalta-se a necessidade de uma produção versada sobre o tema e do diálogo transversal entre essas abordagens temáticas e conteúdos, que constituem elementos basilares do processo de formação em Serviço Social. Espera-se que, com a publicação desta coletânea, o seu material contribua para adensar os debates coletivos que estão contidos nos conteúdos curriculares e nas disciplinas ministradas nos cursos de Serviço Social. Mesmo que os assuntos retratados nesta coletânea façam uma relação direta com a formação em Serviço Social, cabe sublinhar que os temas abordados são interdisciplinares por natureza e dialogam com o conjunto de outras áreas de conhecimento, especialmente no âmbito das ciências humanas e sociais que se debruçam em torno de estudos e pesquisas sobre a socidade contemporânea, a realidade brasileira, as políticas públicas, as formações profissionais e os direitos de cidadania.

A partir do entendimento de que as temáticas abordadas nos dez capítulos constituem conteúdos expressos nos três *núcleos de fundamentação* conforme os eixos norteadores das Diretrizes Curriculares, o capítulo 1, intitulado "Trabalho e 'Questão Social': aportes teórico-conceituais no processo de formação em Serviço Social", de autoria de Reginaldo Ghiraldelli, aborda a centralidade do trabalho e da "questão social" no processo de formação profissional. A partir das premissas das Diretrizes Curriculares, assentadas na teoria social crítica, mostra as concepções sobre trabalho e "questão social" com base na produção de conhecimento em Serviço Social nos últimos anos. Apresenta o trabalho como centralidade e elemento fundante do ser social e a "questão social" como base de fundação do Serviço Social.

Ao discorrer sobre as produções de conhecimento sobre trabalho e "questão social", destaca convergências, divergências, polêmicas e tendências acerca do tema. Também discorre sobre os desafios postos para a categoria profissional de assistentes sociais no que se refere à implementação das Diretrizes Curriculares.

No capítulo 2, "Teoria social e as Diretrizes Curriculares de 1996: processo e afirmação da tradição marxista na formação profissional", os autores Marcelo Braz e Marcos Botelho enfatizam a centralidade da teoria social marxiana na conformação das diretrizes curriculares do Serviço Social de 1996. Referenciados na produção de conhecimento da área, com destaque para as reflexões de José Paulo Netto, apontam significativas conquistas teórico-políticas consolidadas nas Diretrizes Curriculares, mas também abordam as suas insuficiências e debilidades. Desse modo, também apresentam algumas das tendências problemáticas postas à profissão e à formação profissional em 1996.

No capítulo 3, "Fundamentos do Serviço Social: perspectiva disruptiva e alicerces profissionais", a autora Marileia Goin apresenta o acúmulo teórico-metodológico, que o Serviço Social vem adensando nas últimas décadas e que se consolidou desde o início da década de 1990 como alicerce que orienta e fundamenta o Serviço Social até os dias atuais. Dessa maneira, ao considerar que os Fundamentos do Serviço Social consistem nas bases que permitem apreender e explicar a profissão ao longo do seu processo sócio-histórico, tendo um caráter de profunda transversalidade na formação profissional, a autora aborda a trajetória que levou à formação de uma perspectiva disruptiva dos Fundamentos do Serviço Social na década de 1990, e aponta elementos sobre a centralidade que os fundamentos históricos, teóricos e metodológicos têm na formação e no trabalho da/o assistente social, frente aos desafios postos pela sociedade contemporânea.

No capítulo 4, "Realidade brasileira, pensamento social e formação de assistentes sociais", a autora Evelyne Medeiros Pereira aborda as análises de diversos sujeitos, que se forjaram como intelectuais e "intérpretes" do Brasil, edificando as matrizes do pensamento social brasileiro no campo do pensamento crítico. Nesta perspectiva, aponta elementos sobre o diálogo que o Serviço Social irá desenvolver com a vertente mais progressista do pensamento social brasileiro, principalmente a partir da fase em que a profissão avança nas críticas aos parâmetros do *Serviço Social Tradicional*. Com base nessas reflexões, apresenta uma síntese de estudos e pesquisas realizados sobre a contribuição do pensamento social e crítico brasileiro para o processo de formação de assistentes sociais no Brasil.

No capítulo 5, "Política Social e Diretrizes Curriculares: aproximações teóricas", as autoras Josenice Ferreira dos Santos Araújo e Sheyla Paranaguá Santos tratam da relação entre Serviço Social e políticas sociais, tendo como referência os princípios norteadores das Diretrizes Curriculares de 1996. Dessa maneira, ao considerar os elementos que fundamentam o debate sobre as políticas sociais na formação profissional em Serviço Social, ressaltam a trajetória da profissão e o alcance do trabalho da/o assistente social na dinâmica de implementação, formulação, execução e avaliação das políticas sociais. Para isso, apontam reflexões sobre a relação entre o Estado capitalista e as políticas sociais, assim como a relação entre o Serviço Social, a formação profissional e as Diretrizes Curriculares, indicando alguns desafios para a profissão.

Já no capítulo 6, "Elementos do debate sobre lutas de classes, movimentos sociais e direitos na formação profissional em Serviço Social", a autora Michelly Elias aponta elementos que visam contribuir para o debate que envolve a temática da relação entre lutas de classes, movimentos sociais e direitos, o qual está presente como conteúdo fundante na formação profissional e nas Diretrizes Curriculares de 1996. Para isso, a autora tem como referência sócio-histórica as especificidades da realidade brasileira, abordando o contexto histórico das décadas de 1970 e 1980, período a partir do qual os movimentos sociais adquiriram significativa importância no âmbito das lutas de classes no país, e situa em seguida as atuações dos principais movimentos sociais existentes em torno das lutas por direitos entre os anos de 2003 a 2016. Nesse sentido, demonstra a potencialidade da ação desses movimentos frente ao modelo de dominação e exploração existente, situando suas

DIRETRIZES CURRICULARES E FORMAÇÃO EM SERVIÇO SOCIAL

possibilidades e limites como sujeitos de políticas públicas no âmbito da realidade brasileira; e indica por que a temática dos movimentos sociais deve perpassar o conjunto da formação profissional, conforme está previsto nas Diretrizes Curriculares de 1996.

Em seguida, no capítulo 7, "Neofascismo e violência estrutural no Brasil: atualização da crítica ao conservadorismo na formação profissional", as autoras Mavi Pacheco Rodrigues e Maria Elaene Rodrigues Alves desenvolvem uma reflexão crítica sobre as condições de surgimento de uma nova versão do neoconservadorismo na contemporaneidade, destacando que a violência contra mulheres, pessoas negras e LGBTQIA+, propagada nesse contexto, é um elemento persistente da formação social brasileira. Nessa perspectiva, ao conceberem que o capitalismo, o patriarcado e o racismo são relações imbricadas, e a violência se constitui como um dos elementos estruturais e estruturantes do capitalismo no Brasil, pois resgatam elementos da origem do ultraconservadorismo e abordam a questão da violência estrutural na sociedade brasileira, em suas dimensões heteropatriarcal, racista e capitalista.

Em relação ao capítulo 8, "A transversalidade da ética na formação e no exercício profissional", a autora Valdenízia Bento Peixoto percorre os principais aspectos que envolvem os estudos da ética em Serviço Social. Tendo como concepção que o ensino dos fundamentos da ética profissional deve estar atualizado com questões contemporâneas, que implicam um posicionamento ético-político profissional, aponta como este debate deve percorrer de maneira transversal a formação profissional em Serviço Social. Nesse sentido, aborda a trajetória do Projeto Ético-Político Profissional do Serviço Social em suas bases de estruturação política, histórica e filosófica, e apresenta o debate da ética profissional inserido em elementos que constituem a formação e o exercício profissional em suas dimensões de atualidade e materialidade.

Já no capítulo 9, "Elementos conceituais e basilares do Estágio Supervisionado na formação profissional em Serviço Social", as autoras Marileia Goin e Hayeska Costa Barroso apresentam elementos que situam a discussão acerca da concepção de estágio supervisionado na formação profissional em Serviço Social, para além de uma visão pragmática e imediatista. Para isso, discorrem, a partir dos princípios norteadores das Diretrizes Curriculares de 1996, sobre o estágio supervisionado na formação profissional, destacando o seu significado e a sua elementaridade. Em seguida, abordam as concepções em torno do estágio como processo de ensino e aprendizagem no Serviço Social, tendo como parâmetro suas referências normativas, os sujeitos envolvidos e o processo da supervisão.

Por fim, no capítulo 10, "A importância do tripé ensino-pesquisa-extensão na formação em Serviço Social", as autoras Raquel Santos Sant'Ana e Anita Pereira Ferraz discutem a importância do tripé ensino, pesquisa e extensão na formação profissional em Serviço Social, tendo como referência o acervo teórico e documental construído pela profissão, em que se destacam as Diretrizes Curriculares de 1996. A partir de um conjunto de problematizações e reflexões, que envolvem a formação das universidades brasileiras, e considerando o atual contexto da realidade econômica, política e social do país, elas abordam elementos sobre a universidade brasileira e sua expansão em tempos neoliberais; também situam aspectos que dizem respeito à formação em Serviço Social, considerando a sua relação com o tripé ensino, pesquisa e extensão para, em seguida, indicar alguns desafios enfrentados pela profissão neste âmbito, frente às condições históricas estabelecidas pelo tempo presente.

A partir do conteúdo abordado nesta coletânea, desejamos uma boa leitura e profícuas reflexões para se pensar a formação profissional em Serviço Social a partir das Diretrizes Curriculares.

Reginaldo Ghiraldelli
Michelly Elias
(organizadores)

CAPÍTULO 1

Trabalho e "Questão Social":
aportes teórico-conceituais no processo de formação em Serviço Social

Reginaldo Ghiraldelli

Introdução

Este capítulo apresenta, em linhas gerais, reflexões sobre a centralidade do trabalho e da "questão social"[1] nas Diretrizes Curriculares para o curso de Serviço Social que foram aprovadas na assembleia da Associação Brasileira de Ensino e Pesquisa em Serviço Social

---

1. Ao analisar a "questão social", Santos (2012) adverte para o cuidado com o termo "questão social" e explica as razões do uso recorrente das aspas, que se dá pela origem conservadora da expressão, mas, também, pelo "[...] fato de a 'questão social não poder ser alçada ao estatuto de uma categoria, no sentido marxiano, como 'forma de ser, determinação da existência'. [...] a 'questão social' em si, a partir dessa concepção, não existe na realidade e, assim sendo, deve ser entendida como um conceito — cuja natureza é reflexiva [...] e não como categoria. As categorias, para serem categorias como tais, devem, antes, ter existência concreta, real, a fim de que seja possível a sua abstração no âmbito do pensamento. [...] trata-se de afirmar a existência real não da 'questão social' e sim de suas expressões, determinadas pela desigualdade fundamental

(ABEPSS), em 1996, as quais permanecem vigentes como parâmetros norteadores para a formação profissional. Dada a complexidade do tema, considerando a sua amplitude, tendências e divergências teóricas e conceituais no âmbito do Serviço Social e nas ciências humanas e sociais como um todo, não há pretensão de esgotar a temática, mas sim trazer reflexões aproximativas para o debate a partir do acúmulo da produção de conhecimento realizada pela categoria profissional nas últimas décadas.

O debate sobre trabalho e "questão social", tendo como referência uma produção intelectual respaldada na tradição marxista, ganha relevo, notoriedade e densidade nos anos 1980, resultado do que denominou Netto (2005) de processo de *renovação* e *"intenção de ruptura"* ocorrido no interior da profissão.

Na esteira desse processo de *renovação* e de *"intenção de ruptura"* ocorrido no Serviço Social brasileiro, a construção coletiva e a aprovação das Diretrizes Curriculares em 1996 representam um marco importante e um divisor de águas no que se refere à consolidação de um projeto de formação profissional alinhado a uma perspectiva crítica. A elaboração das Diretrizes Curriculares também expressa as exigências e as requisições de um tempo histórico, considerando a realidade social e as transformações científicas, tecnológicas e societárias em curso.[2]

A aprovação das Diretrizes Curriculares em 1996, em consonância com outros importantes passos dados pela categoria profissional na década de 1990, como pode ser exemplificado pela aprovação do Código de Ética Profissional de 1993 e da Lei de Regulamentação da Profissão também de 1993, compõe um indiscutível patrimônio teórico,

---

do modo de produção capitalista" (SANTOS, 2012, p. 18). Para Mota (2008, p. 45), a "questão social" não pode ser considerada categoria heurística ou um conceito, mas sim situada como uma "problemática", que revele condições sociais, econômicas e culturais da classe trabalhadora e possibilite conhecer a gênese, a constituição e os processos de reprodução da "questão social".

2. Também em 1996 foi promulgada a Lei de Diretrizes e Bases da Educação Nacional (LDB) n. 9.394, "[...] tornando oportuno o processo de normatização e definição de diretrizes gerais para o curso de Serviço Social, no espírito da nova lei" (ABESS/CEDEPSS, 1997, p. 58).

ético e político do Serviço Social brasileiro fecundado por inúmeras ações, esforços, maturação teórico-metodológica e lutas de assistentes sociais nas últimas décadas. Isso contribuiu para dar substancialidade e materialidade ao que se denomina *projeto ético-político do Serviço Social brasileiro*.[3]

Ao situar o Serviço Social na realidade, considerando seu significado social e sua *processualidade* na história e dinâmica da sociedade capitalista no seu estágio monopolista, as Diretrizes Curriculares (a partir dos núcleos de fundamentação da vida social, da formação da sociedade brasileira e do trabalho profissional) sinalizam para a apreensão das determinações históricas e contraditórias que alteram ininterruptamente as relações sociais e a própria profissão. Nesse sentido, a partir de uma apreensão materialista, dialética e histórica da realidade social, compreende o Serviço Social como profissão inscrita na divisão social, racial, sexual e técnica do trabalho, que incide nessa realidade e ao mesmo tempo sofre também as implicações dessa realidade, tanto do ponto de vista de questões estruturais quanto de questões conjunturais. Ao partir desse entendimento, reconhece também, de acordo com Iamamoto (2008), o/a assistente social como componente da classe trabalhadora assalariada.

Como profissão de natureza eminentemente interventiva e sem deixar de reconhecer também sua dimensão investigativa, as Diretrizes Curriculares reconhecem na "questão social" a base que fundamenta a existência do Serviço Social. A partir dessa premissa, considerando o contexto contemporâneo de agravamento da "questão social",

---

3. Projeto que se expressa na construção de uma direção social e política alinhada aos interesses e às necessidades da classe trabalhadora, tendo como horizonte a emancipação humana. De acordo com Braz (2019), é preciso analisar a construção do projeto profissional sob o prisma da história, com suas respectivas adversidades, identificando os processos históricos e dialéticos que envolvem preservações e mudanças, para não cair em fatalismos, pessimismos, desesperanças e superficialidades. A construção do projeto ético-político se dá em conjunturas históricas adversas, permeadas de tensões, pois "[...] surgiu no final dos anos 1970, ainda na ditadura, desenvolveu-se nos anos 1980 em meio a uma conjuntura econômica de graves problemas econômicos, consolidou-se na década de 1990 justamente num período em que experimentamos uma hegemonia neoliberal altamente destrutiva [...]" (BRAZ, 2019, p. 183).

inúmeros são os desafios postos ao Serviço Social, seja em matéria de investigação *sobre* e *da* realidade, seja em relação à intervenção propriamente dita *na* realidade. São muitas mudanças em curso que alteram toda a dinâmica da vida social e reconfiguram a relação Estado-Sociedade, trazendo repercussões para o mundo do trabalho, para a organização da classe trabalhadora, para as lutas sociais em geral e, também, para a profissão.

Com isso, as Diretrizes Curriculares apresentam a centralidade do trabalho e da "questão social" como dimensões fundamentais no processo de formação profissional para levar à compreensão da sociabilidade capitalista, a partir de uma perspectiva de totalidade, sem perder de vista as mediações, as complexidades e as contradições que permeiam a trama da vida social e da luta de classes. A ideia de centralidade desses temas no processo de formação profissional não significa hierarquização e priorização de certos conteúdos e disciplinas. Pelo contrário, entre os princípios norteadores das Diretrizes Curriculares, está a necessidade da transversalidade entre as matérias e os conteúdos que se desdobram em disciplinas, seminários, oficinas e demais atividades previstas nos respectivos projetos pedagógicos dos cursos. A perspectiva transversal implica o diálogo e a relação dialética entre os conteúdos. Para evitar fragmentações e reducionismos, a sua materialização deve acontecer no âmbito do ensino, da pesquisa e da extensão.

A partir desses enunciados introdutórios, apresentam-se, de forma aproximativa, algumas concepções e abordagens sobre trabalho e "questão social" no capitalismo, tendo como referência o substrato teórico-metodológico que orienta as Diretrizes Curriculares da ABEPSS (1996) e uma seleção da vasta produção intelectual e bibliográfica acumulada sobre o tema no Serviço Social. O texto está dividido em tópicos que abordam algumas produções, bases conceituais, tendências teóricas e concepções sobre trabalho e "questão social", que orientam a formação em Serviço Social. De antemão, parte-se de uma compreensão de organicidade e indissociabilidade entre trabalho e "questão social" no capitalismo. Nas considerações finais, como síntese do conteúdo abordado, apontam-se os desafios presentes no processo de implementação das Diretrizes Curriculares para os cursos de Serviço Social.

Trabalho e "questão social" nas diretrizes curriculares

As Diretrizes Curriculares da ABEPSS de 1996, alinhadas ao processo de *"intenção de ruptura"* e à aproximação à tradição marxista, apresentam a centralidade do trabalho e da "questão social" na formação de assistentes sociais como forma de apreensão analítica e crítica da gênese, da estrutura, do desenvolvimento e da dinâmica da sociabilidade capitalista. As Diretrizes Curriculares, que também são resultado e expressão de um processo de acúmulo e maturação teórica, metodológica, ética e política, trouxeram para o centro do debate da formação profissional a "questão social" e o trabalho a partir da tradição marxista.

A revisão curricular apresenta pressupostos balizadores que orientam uma concepção de formação profissional, sendo eles: (1) a particularização do Serviço Social nas relações sociais de produção e reprodução da vida social como profissão eminentemente interventiva que atua nas manifestações da "questão social", produto das contradições do desenvolvimento do capitalismo; (2) a imbricada relação do Serviço Social com a "questão social", compreendida como base de existência da profissão; (3) o agravamento da "questão social" no Brasil no contexto neoliberal e de reestruturação produtiva, que reordena a relação capital-trabalho e Estado-Sociedade, incidindo no mercado de trabalho profissional e nas formas organizativas das lutas sociais, o que coloca novas requisições para a profissão; (4) o processo de trabalho no qual se insere o Serviço Social é determinado pela conjuntura e pela estrutura social que incidem na "questão social" e nas suas estratégias de enfrentamento que são "[...] permeadas pela ação dos trabalhadores, do capital e do Estado, através das políticas e lutas sociais" (ABESS/CEDEPSS, 1997, p. 61).

Entre as diretrizes e os princípios fundamentais contidos no processo de formação profissional, o documento das Diretrizes Curriculares assinala a necessidade de flexibilização na organização dos currículos, de modo a favorecer a sua dinamicidade; o rigoroso trato teórico, histórico e metodológico da realidade social e do Serviço Social; incorporação de uma teoria social crítica que propicie a apreensão da realidade social a partir das suas mediações, numa perspectiva de totalidade; superação da fragmentação dos conteúdos e dos componentes curriculares; o reconhecimento das dimensões investigativa e interventiva como princípios formativos e da relação teoria-prática; interdisciplinaridade; indissociabilidade entre ensino, pesquisa e extensão universitária; exercício do pluralismo; a ética como princípio formativo e conteúdo transversal nos currículos; indissociabilidade entre estágio e supervisão acadêmica e profissional (ABESS/CEDEPSS, 1997, p. 61-62).

A reformulação curricular de 1996, com o propósito de enfrentar as lacunas e as problemáticas presentes no currículo de 1982, destaca a "questão social" como elemento que dá concretude ao Serviço Social, enfatizando a importância e o reconhecimento do significado social da profissão, seu estatuto profissional, sua inserção na divisão social, sexual, racial e técnica como especialização do trabalho coletivo e o exercício profissional inserido em processos de trabalho. Com isso, "[...] considerar o Serviço Social enquanto uma especialização do trabalho coletivo pressupõe demarcar a centralidade da categoria trabalho como elemento estruturador da vida social" (CARDOSO et al., 1997, p. 43).

Cabe sublinhar que essas questões foram abordadas por Iamamoto e Carvalho na obra *Relações sociais e Serviço Social no Brasil: esboço de uma interpretação histórico-metodológica*, lançada em 1982, que demarca uma "*virada crítica*" do ponto de vista teórico, metodológico e interpretativo no seio da profissão. Isso para demonstrar que tal concepção orientadora do projeto de formação profissional não era uma preocupação nova e posta nos anos 1990, pois já havia nos anos de 1980 uma discussão profícua sobre essa perspectiva no interior da profissão.

DIRETRIZES CURRICULARES E FORMAÇÃO EM SERVIÇO SOCIAL

Esse novo projeto de formação profissional materializado nas Diretrizes Curriculares reconhece também a "questão social" como base de fundação sócio-histórica da profissão na sociedade (ABEPSS, 1996), considerando as mediações históricas e as particularidades regionais, territoriais, de classe, gênero, raça/etnia e sexualidade que atravessam o conjunto das relações sociais. A "questão social" é compreendida nas suas múltiplas determinações econômicas, políticas, sociais, culturais, territoriais, raciais, sexuais e regionais a partir da lei geral de acumulação capitalista, das lutas sociais da classe trabalhadora e das respostas e intervenções do Estado por meio da formulação e da implementação de políticas públicas e sociais.

Outro elemento que merece destaque é o entendimento do/a assistente social como classe trabalhadora assalariada, ou seja, uma força de trabalho qualificada que dispõe de valor de uso e valor de troca a ser incorporada (ou não) ao mundo do trabalho.[4] Dada a condição e a natureza assalariada do trabalho de assistentes sociais e o projeto ético-político do Serviço Social, Iamamoto (2008) destaca a autonomia relativa no exercício profissional diante das formas de contratação, relação e vínculo institucional/laboral e as tensões estabelecidas entre demandas profissionais *versus* demandas institucionais.

Nas Diretrizes Curriculares, o trabalho é considerado atividade central na constituição do ser social. A abordagem sobre trabalho e processo de trabalho, conforme consta nas Diretrizes Curriculares, não reduz o Serviço Social ao gerenciamento e ao manuseio de instrumentos técnico-operativos da ação profissional. A dimensão técnico-operativa também é parte fundamental das dimensões constitutivas da profissão,

---

4. "A vinculação histórica de nosso valor de uso ao campo da reprodução social e, a partir desta, aos mecanismos institucionais das políticas sociais, não deve encerrar nossa análise apenas à consideração do processo de trabalho. [...] quando consideramos o processo de produção capitalista pressupomos dois momentos interdependentes: o processo de trabalho e o processo de valorização. No primeiro, a atividade humana é considerada enquanto trabalho útil, produtora de valores de uso (trabalho concreto). Já no segundo, a atividade é considerada apenas enquanto tempo de trabalho social gasto para a produção de valor (trabalho abstrato). O que está em jogo, no processo de valorização, são os aspectos quantitativos do trabalho e não os qualitativos" (CARDOSO *et al.*, 1997, p. 32).

mas não se reduz e tampouco se explica somente nela e por si mesma. Por isso, cabe destacar que as Diretrizes Curriculares ressaltam, entre os seus princípios, a capacitação teórico-metodológica, ético-política e técnico-operativa, o que não implica hierarquias e/ou subtrações desses componentes. São três dimensões constitutivas e indissociáveis da formação e do exercício profissional. Nessa compreensão, o processo de trabalho "[...] deve ser apreendido a partir de um debate teórico--metodológico que permita o repensar crítico do ideário profissional e, consequentemente, da inserção dos profissionais, recuperando o sujeito que trabalha enquanto indivíduo social" (ABESS/CEDEPSS, 1997, p. 63).

Para a apreensão analítica do debate sobre o trabalho e a "questão social", no documento das Diretrizes Curriculares constam três núcleos de fundamentação com naturezas complementares e indissociáveis entre si, que são: (1) núcleo de fundamentos teórico-metodológicos da vida social; (2) núcleo de fundamentos da formação sócio-histórica da sociedade brasileira; e (3) núcleo de fundamentos do trabalho profissional. Essa divisão em núcleos não significa hierarquização, classificação ou sobreposição de conteúdos e disciplinas. Esses núcleos "[...] não são autônomos nem subsequentes, expressando, ao contrário, níveis diferenciados de apreensão da realidade social e profissional, subsidiando a intervenção do Serviço Social" (ABESS/CEDEPSS, 1997, p. 64). Com isso, o diálogo indissociável entre os três núcleos de fundamentação possibilita identificar, considerando as mediações postas na realidade, os nexos causais da trama histórica, social e contraditória que circundam as relações sociais no capitalismo, permeadas por formas de exploração, opressão, dominação, embates e luta de classes.

No caso do debate sobre o trabalho e a "questão social" no contexto da formação profissional em Serviço Social, tendo as Diretrizes Curriculares da ABEPSS (1996) como parâmetro norteador e balizador desse processo, e reconhecendo a relação orgânica e horizontal entre os *núcleos de fundamentação*, apontam-se alguns elementos contidos especificamente no *Núcleo de fundamentos teórico-metodológicos da vida social* para a compreensão e a apreensão do trabalho e sua respectiva centralidade na vida social. Esse núcleo objetiva explicar o processo de conhecimento do ser social a partir dos seus fundamentos e das suas múltiplas determinações, tendo como referências as teorias modernas e contemporâneas. No mais:

> Este núcleo é responsável pelo tratamento do ser social enquanto totalidade histórica, fornecendo os componentes fundamentais da vida social que serão particularizados nos núcleos de fundamentação da realidade brasileira e do trabalho profissional. [...] o trabalho é assumido como eixo central do processo de reprodução da vida social, sendo tratado como práxis, o que implica o desenvolvimento da socialidade, da consciência, da universalidade e da capacidade de criar valores, escolhas e novas necessidades, e, como tal, desenvolver a liberdade. A configuração da sociedade burguesa, nesta perspectiva, é tratada em suas especificidades quanto à divisão social do trabalho, à propriedade privada, à divisão de classes e do saber, em suas relações de exploração e dominação, em suas formas de alienação e resistência. Implica reconhecer as dimensões culturais, ético-políticas e ideológicas dos processos sociais, em seu movimento contraditório e elementos de superação (ABESS/ CEDEPSS, 1997, p. 64).

Já o *Núcleo de fundamentos da formação sócio-histórica da sociedade brasileira* enfatiza o conhecimento e a apreensão da dinâmica econômica, sociocultural, ideopolítica da realidade brasileira (na sua condição de dependência e de país localizado na periferia do capitalismo) a partir das particularidades regionais e territoriais, da composição e da organização das classes sociais, da constituição do Estado (com suas respectivas configurações, disputas, interesses, projetos, contradições) e das históricas desigualdades sociais, de sexo-gênero e étnico-raciais atravessadas pela luta de classes. Também enfatiza o conhecimento do significado e do caráter contraditório do Serviço Social, "[...] expresso no confronto de classes vigentes na sociedade e presentes nas instituições, o que remete também à compreensão das dinâmicas organizacionais e institucionais nas esferas estatais e privadas" (ABESS/CEDEPSS, 1997, p. 65).

Em relação ao *Núcleo de fundamentos do trabalho profissional*, destaca-se o entendimento da "[...] profissionalização do Serviço Social como uma especialização do trabalho e sua prática como concretização de um processo de trabalho que tem como objeto as múltiplas expressões da questão social" (ABESS/CEDEPSS, 1997, p. 66).

A partir dessas premissas, tendo como referência a teoria social crítica, ancorada na tradição marxista e na crítica da economia política, as Diretrizes Curriculares de 1996 sinalizam um importante avanço para o projeto de formação profissional ao enfatizar a análise da realidade, do trabalho e da "questão social" a partir de uma perspectiva de totalidade, de modo a evitar interpretações residuais, simplistas, unilaterais e fragmentadas dos processos sociais.

Nota-se na tradição marxista um esforço analítico e explicativo sobre a "questão social" a partir da lei geral de acumulação capitalista, que produz riqueza na mesma proporção da produção de pobreza (NETTO, 2001), expressando as suas profundas contradições e desigualdades, desdobrando-se, por conseguinte, nos conflitos e nas lutas sociais. Tal perspectiva significa um avanço no projeto de formação profissional, pois se diferencia das abordagens conservadoras, liberais e individualistas da "questão social" sob a ótica de situações-problema, de culpabilização dos indivíduos e de criminalização dos movimentos sociais.

Desse modo, considerando a orientação teórico-metodológica e ético-política na formação profissional, é importante apreender a concepção de trabalho e a "questão social" na tradição marxista, com o objetivo de subsidiar os conteúdos que abordam transversalmente as respectivas temáticas a partir dos projetos dos cursos de graduação com suas disciplinas, matérias, oficinas, seminários e demais atividades pedagógicas.

Por isso, como recorte metodológico para a elaboração e propósito deste texto, foram selecionadas algumas produções sobre "questão social" (e sua intrínseca relação com o trabalho no capitalismo) na área de Serviço Social em forma de artigos em periódicos e livros

DIRETRIZES CURRICULARES E FORMAÇÃO EM SERVIÇO SOCIAL

publicados posteriormente à aprovação das Diretrizes Curriculares,[5] com o intuito de esboçar concepções, tendências e perspectivas circunscritas no interior da profissão.

A produção de conhecimento sobre "questão social" no Serviço Social

A produção de conhecimento em Serviço Social tem ganhado densidade, notoriedade e contribuição coletiva para a análise da realidade social nas últimas décadas. Essa produção se consolida na contemporaneidade quanto aos marcos de uma produção crítica, madura e comprometida com o rigor científico e as necessidades da sociedade. Também vale dizer que essa produção não se restringe ao diálogo endógeno *da* e *para* a categoria profissional, mas, pelo contrário, essa produção tem se espraiado e assumido destaque no conjunto da produção acadêmica e científica no que se refere às ciências humanas e sociais. Pelo seu caráter interdisciplinar e pela natureza da produção de conhecimento em Serviço Social — que se dedica a analisar as múltiplas expressões da "questão social" na sociabilidade capitalista —, entende-se que muitos temas abordados pela bibliografia da profissão são de interesse e interlocução de outras áreas do conhecimento. Isso tem demonstrado a capacidade e a competência de assistentes sociais no desenvolvimento de pesquisas

---

5. É importante lembrar que, ao se referir às Diretrizes Curriculares neste texto, está se tomando como referência o documento elaborado, coletiva e democraticamente, pela categoria profissional e aprovado na sua instância política-representativa nacional, que é a Associação Brasileira de Ensino e Pesquisa em Serviço Social (ABEPSS) em 1996. Isso porque o texto das Diretrizes Curriculares para os cursos de Serviço Social aprovado pelo Ministério da Educação (MEC), conforme Resolução n. 15, de 13 de março de 2002, sofreu modificações, supressões e reducionismos em relação ao seu conteúdo original. "As supressões incidiram tanto no perfil do profissional como no elenco das competências e na total exclusão das matérias e ementas elaboradas pela Comissão de Especialistas em 1999" (MOTA, 2007, p. 60).

(reconhecendo a natureza investigativa da profissão) e na produção de um conhecimento socialmente referenciado.

Essa produção de conhecimento se adensa e ganha relevo especialmente a partir dos anos 1980 e nota-se que aqui não se faz referência meramente ao teor quantitativo do volume da produção a partir dessa quadra histórica, mas sobretudo pela qualidade das pesquisas e da produção acadêmica e científica. Isso é resultado de uma *processualidade* histórica e merece destaque a maturação intelectual da profissão no decurso de *renovação* e *"intenção de ruptura"*; as lutas de assistentes sociais no contexto da Ditadura civil-militar e seu posicionamento político expresso no *"Congresso da Virada em 1979"* em relação à crítica ao tradicionalismo; e o compromisso com as demandas e as necessidades da classe trabalhadora e, a partir de então, com a construção do projeto ético-político profissional. Além do mais, surgem os primeiros Programas de Pós-Graduação na área de Serviço Social nos anos 1970 em nível de mestrado e nos anos 1980 em nível de doutorado, o que também contribuiu e repercutiu para esse adensamento da produção acadêmica e científica.

Nos anos 1990, na esteira da *"intenção de ruptura"*, o protagonismo político e crítico do Serviço Social ganha destaque com a aprovação do Código de Ética Profissional e da Lei de Regulamentação da Profissão, em 1993, e das Diretrizes Curriculares, em 1996. Isso representa uma conquista do ponto de vista da direção sociopolítica que a profissão imprime ao processo de formação, ao exercício profissional e às formas de organização coletiva da categoria. A partir desses acontecimentos exemplificados, que são resultados de embates, organização, mobilização e lutas da categoria, muito tem se acumulado como patrimônio intelectual, ético e político do Serviço Social.

No âmbito desse vasto patrimônio coletivo, a produção de conhecimento é uma expressão da relevância, da contribuição e da legitimidade do Serviço Social para a sociedade. Inúmeras e destacadas produções têm servido para pensar criticamente a realidade social e brasileira sob os diversos ângulos da "questão social".

DIRETRIZES CURRICULARES E FORMAÇÃO EM SERVIÇO SOCIAL

Após a aprovação das Diretrizes Curriculares, algumas produções sobre a "questão social" tiveram notória repercussão no interior da profissão. Entre elas, ganha destaque, especialmente pela efervescência do debate da época, a publicação da revista *Temporalis* (da ABEPSS) n. 3, de 2001, que apresenta quatro textos temáticos sobre a "questão social", sendo eles: (1) "A questão social no capitalismo", de Marilda Villela Iamamoto; (2) "Pobreza e exclusão social: expressões da questão social no Brasil", de Maria Carmelita Yazbek; (3) "Cinco notas a propósito da 'questão social'", de José Paulo Netto; e (4) "Questão social, Serviço Social e direitos de cidadania", de Potyara Amazoneida Pereira Pereira. Em seguida, outras produções em formato de livros também se dedicaram ao estudo da "questão social", como: (1) *A categoria "questão social" em debate*, de Alejandra Pastorini (publicado pela Cortez Editora); 2) *Questão social e Serviço Social no Brasil: fundamentos sócio-históricos*, de Ivone Maria Ferreira da Silva (publicado pela Editora da UFMT); e (3) *"Questão social": particularidades no Brasil*, de Josiane Soares Santos (publicado pela Cortez Editora, compondo a coleção Biblioteca Básica do Serviço Social).[6]

Na contemporaneidade, são reconhecidas as diversas produções acadêmicas e científicas sobre o tema da "questão social" no âmbito do Serviço Social. Porém, considerando os limites deste texto e a necessidade de um recorte metodológico para a análise proposta, serão enfatizadas as concepções, as tendências, o trato teórico e as perspectivas trazidas por autores e autoras das respectivas produções mencionadas em forma de artigos e livros.

A publicação da revista *Temporalis* n. 3, em 2001, representou, mesmo considerando as tensões e as polêmicas presentes, um ponto de inflexão importante para o Serviço Social no sentido de (re)afirmar a "questão social" como base constitutiva da profissão e sua vinculação

---

6. Apesar da delimitação dessa produção bibliográfica como recurso metodológico, em algumas passagens deste tópico são feitas referências a outras obras (relacionadas ao tema do Trabalho e da "Questão Social"), que dialogam com o objeto proposto, com o propósito de contribuir para o adensamento do debate.

analítica ao desenvolvimento do capitalismo. Os textos dessa edição são ainda referências para estudos, pesquisas, conteúdos e disciplinas que abordam o tema, tanto no âmbito da graduação quanto da pós-graduação.

O artigo "A questão social no capitalismo", de Marilda Villela Iamamoto, tendo como referencial teórico a tradição marxista e a concepção de "questão social" vinculada ao processo histórico de acumulação capitalista, parte da premissa:

> [...] de que *a análise da questão social é indissociável das configurações assumidas pelo trabalho e encontra-se necessariamente situada em uma arena de disputas* entre projetos societários, informados por distintos interesses de classe, *acerca de concepções e propostas* para a condução das políticas econômicas e sociais (IAMAMOTO, 2001, p. 10, grifos da autora).

Iamamoto (2001) se contrapõe às teses que sustentam a ideia de uma "nova questão social" (com destaque para a literatura francesa de Pierre Rosanvallon e Robert Castel), que tem como base de referência a crise capitalista dos anos 1970, o esgotamento do padrão fordista-keynesiano que esteve presente como experimento em países da Europa Ocidental e que mostrou os limites do Estado de Bem-Estar Social (também denominado de Estado-Providência) no capitalismo.[7] Ao dialogar criticamente com as teses que defendem uma gestão "humanizada" e focalizada no combate à pobreza e às diversas formas de exclusão social sem alterar a dinâmica do modo de produção capitalista, Iamamoto (2001) sustenta a concepção de que a "questão social" é parte constitutiva do desenvolvimento capitalista e o seu enfrentamento requer:

---

7. "A discussão sobre *a existência de uma 'nova questão social'* irrompe na Europa e nos Estados Unidos no final da década de 1970 e início dos anos 1980, quando alguns dos grandes problemas inerentes à acumulação capitalista (como desemprego, pobreza, exclusão), vistos como residuais e conjunturais, durante os 'Trinta Anos Gloriosos' nos países centrais e em alguns periféricos, passam a ser percebidos como problemas que atingem um número não negligenciável de pessoas de forma permanente" (PASTORINI, 2010, p. 56, grifos da autora).

DIRETRIZES CURRICULARES E FORMAÇÃO EM SERVIÇO SOCIAL

[...] *a prevalência das necessidades da coletividade dos trabalhadores, o chamamento à responsabilidade do Estado e a afirmação de políticas sociais de caráter universal, voltadas aos interesses das grandes maiorias, condensando um processo histórico de lutas pela democratização da economia, da política, da cultura na construção da esfera pública* (IAMAMOTO, 2001, p. 10-11, grifos da autora).

Ainda ao refutar a tese da "nova questão social", argumenta que a "questão social" é indissociável do processo de acumulação e desenvolvimento capitalista e, por isso, não é um fenômeno recente e decorrente do esgotamento do padrão fordista-keynesiano.

Iamamoto (2001) destaca a relação histórica e dialética entre trabalho e "questão social" na sociedade capitalista apresentando dois aspectos para a compreensão crítica do tema, que são: (1) a dimensão da mercadoria na sociedade capitalista, em que a própria classe trabalhadora torna-se vendedora da sua força de trabalho (como mercadoria) em troca de um salário, ingressando, assim, no circuito do valor; (2) a produção de mais-valia com a respectiva tendência de redução dos custos da força de trabalho. Com o desenvolvimento e o avanço das forças produtivas, ocorre um significativo aumento da produtividade do trabalho social, em que a classe trabalhadora produz mais e em menos tempo. Isso leva ao aumento do capital constante (trabalho cristalizado no maquinário) e à redução do capital variável (força humana de trabalho). Isso tem sido observado de forma célere com as transformações abruptas no mundo do trabalho, sobretudo em decorrência da inteligência artificial, com o incremento massivo e cada vez mais sofisticado de trabalho morto e redução de trabalho vivo. Esse movimento contribui para a ampliação das taxas de lucro e, sucessivamente, para a concentração e a centralização de capital. Ao mesmo tempo gera uma classe trabalhadora excedente e supérflua para as necessidades do capital, denominada por Marx de superpopulação relativa ou exército industrial de reserva, expressando a lei geral da acumulação capitalista. "Gera, assim, *uma acumulação da miséria relativa à acumulação do capital, encontrando-se aí a raiz da produção/reprodução da questão social na sociedade capitalista"* (IAMAMOTO, 2001, p. 15-16, grifos da autora).

Nessa linha analítica, afirma que:

> A questão social diz respeito ao conjunto das expressões das desigualdades sociais engendradas na sociedade capitalista madura, impensáveis sem a intermediação do Estado. Tem sua gênese no caráter coletivo da profissão, contraposto à apropriação privada da própria atividade humana — o trabalho —, das condições necessárias à sua realização, assim como de seus frutos. É indissociável da emergência do "trabalhador livre", que depende da venda de sua força de trabalho como meio de satisfação de suas necessidades vitais. A questão social expressa portanto *disparidades econômicas, políticas e culturais das classes sociais, mediatizadas por relações de gênero, características étnico-raciais e formações regionais*, colocando em causa as relações entre amplos segmentos da sociedade civil e o poder estatal. Envolve simultaneamente uma *luta aberta e surda pela cidadania* (IANNI, 1992). Esse processo é denso de *conformismo e rebeldias*, forjados ante as desigualdades sociais, expressando a consciência e a luta pelo reconhecimento dos direitos sociais e políticos de todos os indivíduos sociais (IAMAMOTO, 2001, p. 16-17, grifos da autora).

A partir dessa perspectiva, observa-se a compreensão da "questão social" como dimensão constitutiva da sociabilidade capitalista e que se explica a partir do processo de acumulação (que produz riqueza e ao mesmo tempo e na mesma proporção produz pobreza em larga escala), das contradições postas nas relações antagônicas entre as classes sociais, das lutas sociais que emergem na cena pública e do intervencionismo estatal. As formas de pressão, organização e lutas sociais são instrumentos e estratégias no reconhecimento da existência da classe trabalhadora pelo Estado e, respectivamente, de suas reivindicações materializadas em direitos e deveres de cidadania.

Iamamoto (2001) chama a atenção para algumas armadilhas postas na realidade ao analisar e abordar a "questão social". Entre elas estão: a criminalização, a naturalização e a moralização da "questão social", o que pode se desdobrar em ações repressivas, violentas, moralizantes, fragmentadas, isoladas e individualizantes, perdendo a perspectiva da dimensão coletiva e pulverizando a "questão social" sob a ótica do problema individual, o que leva à culpabilização e à responsabilização dos indivíduos sociais.

Iamamoto (2001) apresenta alguns desafios e polêmicas para a formação e o exercício profissional de assistentes sociais e destaca o recente processo de implantação das Diretrizes Curriculares. Entre os desafios sinalizados pela autora, está a relação entre "questão social", trabalho e Serviço Social. No caso dos debates coletivos acumulados e das polêmicas, a autora destaca a "questão social" como base de profissionalização do Serviço Social, sendo suas múltiplas expressões alvo do exercício profissional. Destaca a necessidade de compreender o significado social do Serviço Social na divisão social e técnica do trabalho como especialização do trabalho, de modo a reconhecer o/a assistente social como trabalhador/a assalariado/a. Discorre que:

> As diretrizes curriculares *situam o exercício profissional no centro da formação*, no esforço de ultrapassar o tratamento residual que tem sido atribuído ao "ensino da prática" geralmente relegado a um papel secundário nos currículos plenos, como se fosse destituído de dignidade acadêmica ante as disciplinas tidas como de maior fôlego teórico. E um dos caminhos propostos para essa reversão é a centralidade que as diretrizes curriculares atribuem ao debate sobre trabalho e sociabilidade e a análise do Serviço Social inscrito em processos de trabalho [...] (IAMAMOTO, 2001, p. 29, grifos da autora).

Desse modo, são identificadas importantes contribuições de Iamamoto para a compreensão da "questão social" no capitalismo, na sua relação imbricada com o trabalho e, para além disso, dessa relação com o Serviço Social.

No texto "Pobreza e exclusão social: expressões da questão social no Brasil", a autora Maria Carmelita Yazbek (2001) enfatiza a análise da pobreza e da exclusão social como algumas das resultantes da "questão social", destacando o precário sistema de proteção social público brasileiro no contexto de crise capitalista em dimensão globalizada. Parte da compreensão de "questão social" como elemento que envolve a relação entre profissão e realidade, em uma sociedade marcada pela divisão entre classes sociais antagônicas e em que a riqueza socialmente produzida é apropriada de maneira privada e desigual. Trata a pobreza como fenômeno multidimensional e a exclusão como forma de pertencimento, de inserção na vida social. Também aborda a subalternidade como "[...] ausência de protagonismo, de poder, expressando a dominação e a exploração. [...] pluralidade que configura um amplo leque de desigualdades, injustiças e opressões" (YAZBEK, 2001, p. 34). Pobreza, exclusão e subalternidade, são, para Yazbek (2001, p. 34), "[...] produtos dessas relações, que produzem e reproduzem a desigualdade no plano social, político, econômico e cultural, definindo para os pobres um lugar na sociedade".

Diante da conjuntura analisada, as expressões da "questão social", como é o caso da pobreza, da exclusão e da subalternidade, tornam-se, conforme posto por Yazbek (2001), alvos de ações filantrópicas, voluntaristas, reducionistas, privatistas e solidárias, o que leva a um processo de despolitização da "questão social", ou seja, desloca-se a compreensão de "questão social" como questão pública, política, nacional e expressão da luta de classes para um problema dos indivíduos.

Tendo em vista um contexto neoliberal de regressão de direitos, Yazbek (2001), ao compreender a reprodução ampliada da "questão social" como reprodução das contradições sociais no capitalismo, lança apontamentos para o Serviço Social em relação à necessidade da resistência cotidiana, com o objetivo de buscar rupturas e superações em um terreno emaranhado de tensões e disputas. Reforça que é preciso construir e reinventar mediações no cotidiano da ação profissional que sejam "[...] capazes de articular a vida social das classes subalternas com o mundo público dos direitos e da cidadania" (YAZBEK, 2001, p. 39).

Ao apresentar os desdobramentos das contradições da sociedade capitalista que se expressam na vida cotidiana dos indivíduos sociais, com ênfase para a pobreza, a exclusão e a subalternidade, Yazbek (2001) esboça a necessidade do intervencionismo do Estado por meio da implementação de políticas sociais e de um sistema de proteção social público, nacional e universal que responda às manifestações da "questão social" (nos limites do capitalismo) e, consequentemente, atenda às demandas imediatas e mediatas de reprodução da classe trabalhadora.

Em "Cinco notas a propósito da 'questão social'", José Paulo Netto (2001) descreve que existem compreensões diferenciadas e atribuições de sentido diferenciados sobre a "questão social". Com abordagem sobre o tema a partir da tradição marxista, sugere que a expressão "questão social" começa a ser utilizada nos anos de 1830 e, em seguida, torna-se presente nos debates dos mais variados espectros ideopolíticos. A expressão "questão social" surge na Europa Ocidental diante do fenômeno do pauperismo, resultado do processo de industrialização e dos desdobramentos sociopolíticos da época.[8] O pauperismo era um fenômeno novo e sem precedentes na história, pois, de acordo com Netto, é a primeira vez na história que:

> [...] *a pobreza crescia na razão direta em que aumentava a capacidade social de produzir riquezas.* [...] Se, nas formas de sociedade precedentes à sociedade burguesa, a pobreza estava ligada a um quadro geral de escassez [...] determinado pelo nível de desenvolvimento das forças produtivas [...], agora ela se mostrava conectada a um quadro geral tendente a reduzir com força a situação de escassez (NETTO, 2001, p. 42-43, grifos do autor).

Incorporada pelo pensamento conservador e confessional da época, Netto (2001) destaca que a "questão social" passa a ser naturalizada e moralizada. Tais correntes de pensamento objetivavam

---

8. "[...] para a ordem burguesa que se consolidava, os pauperizados não se conformaram com sua situação: da primeira década até a metade do século XIX, seu protesto tomou as mais diversas formas, da violência luddista à constituição das trade unions, configurando uma ameaça real às instituições sociais existentes. Foi a partir da perspectiva efetiva de uma eversão da ordem burguesa que o pauperismo designou-se como 'questão social'" (NETTO, 2001, p. 43).

interditar os nexos entre economia e sociedade para a compreensão do desenvolvimento capitalista e da pauperização crescente. Já para o pensamento laico, as manifestações da "questão social" eram resultantes dos desdobramentos da sociedade moderna, e a intervenção nessas manifestações seria no intuito de amenizá-las e reduzi-las por meio de reformas, com o objetivo de conservação do *status quo*. O pensamento conservador confessional, com respaldo na Encíclica *Rerum Novarum* do Papa Leão XIII de 1891, reconhece a "questão social" e seus agravantes, e ressalta a necessidade de medidas para reduzir suas sequelas. Porém, essas abordagens não questionam os fundamentos da "questão social" nem tocam na pedra de toque da sociabilidade burguesa, ou seja, na propriedade privada dos meios de produção. Outro elemento importante do período e trazido por Netto (2001) são as lutas de 1848, que fizeram emergir o caráter antagônico das classes sociais, pois:

> [...] uma das resultantes de 1848 foi a passagem, em nível histórico-universal, do proletariado da condição de classe em si à classe para si. As vanguardas trabalhadoras acederam, no seu processo de luta, à consciência política de que a "questão social" está necessariamente colada à sociedade burguesa: somente a supressão desta conduz à supressão daquela (NETTO, 2001, p. 44-45).

Netto (2001) indica a análise marxiana da "lei geral da acumulação capitalista" para a compreensão dos fundamentos e da complexidade da "questão social", ressaltando que os diferentes estágios de desenvolvimento do capitalismo produzem distintas manifestações da "questão social". Isso significa que a "questão social" é constitutiva do desenvolvimento do capitalismo e não se suprime a primeira conservando-se o segundo. Com isso, entende-se que "[...] a 'questão social' está elementarmente determinada pelo traço próprio e peculiar da relação capital/trabalho — a exploração" (NETTO, 2001, p. 45).

Apresenta também nas suas reflexões a crise capitalista dos anos 1970 diante do esgotamento do padrão fordista-keynesiano e que incide também nas experiências de construção dos Estados de Bem-Estar Social nos países da Europa Ocidental. Nesse cenário marcado pela redução das taxas de lucro e pela forte expressão dos movimentos organizados da classe trabalhadora, Netto (2001) diz que a resposta do capital foi uma ofensiva política de natureza repressiva (exemplificando o caso inglês com Margaret Thatcher) e ideológica e econômica, comprovando a inexistência, pelo capital, de qualquer compromisso com o "social".

Netto também endossa o conjunto de pensadores que refutam as teses da "nova questão social", salientando que a cada novo estágio do desenvolvimento do capitalismo a "questão social" "[...] instaura expressões sócio-humanas diferenciadas e mais complexas, correspondentes à intensificação da exploração que é a sua razão de ser" (NETTO, 2001, p. 48).

Por fim, destaca a necessidade de pesquisas, análises e produção de conhecimento sobre a "questão social" que reconheçam as mediações, as particularidades regionais, culturais, geopolíticas, nacionais e históricas, que se entrecruzam com as relações de classe, gênero, raça, etnia e gerações.

Potyara Amazoneida Pereira Pereira (2001), na introdução de seu texto "Questão social, Serviço Social e direitos de cidadania", também questiona a existência real de uma "nova questão social", enfatizando que estamos diante de uma nova conjuntura. Além disso, problematiza outros aspectos que tangenciam o debate da "questão social", indagando se estaríamos diante de uma "questão social" latente, dadas a posição da correlação de forças colocada na sociedade contemporânea e as formas organizativas da classe trabalhadora. Para Pereira (2001), considerando a "questão social" inscrita na contradição entre capital e trabalho, faltam forças sociais com efetivo poder de pressão popular para fazer incorporar na agenda pública as demandas e as reivindicações coletivas. Nesse sentido, argumenta que não há uma "questão social" explícita, mas latente, colocando na agenda da luta de classes um desafio para a classe trabalhadora e os setores progressistas. Para sustentar sua tese da "questão social" latente e explícita, diz não considerar:

> [...] os problemas atuais como explícitos aspectos, rasgos ou traços da questão social capitalista, isto é, da questão social constituída na Europa, no século XIX, no marco da revolução industrial, porque essa questão foi assim denominada por expressar contundente embate político. [...] os problemas atuais [...] são produtos da mesma contradição que gerou essa questão, mas que, contemporaneamente, ainda não foram suficientemente politizados (PEREIRA, 2001, p. 54).

Na construção de seu argumento, enfatiza as transformações societárias ocorridas nas últimas décadas, com destaque para o mundo do trabalho e as mudanças na relação Estado-Sociedade, exemplificando o desemprego em dimensão estrutural, o desmantelamento dos direitos sociais e as alterações no interior do movimento sindical.

Também sinaliza para uma preocupação em relação ao entendimento de "questão social" pelo conjunto da categoria profissional de assistentes sociais. Conforme descreve a autora, a "questão social" é muitas vezes vista e entendida de forma genérica, como representação de crises, vulnerabilidades, riscos, discriminações, aporias etc. Nesse caso, "[...] não estando esse foco teoricamente definido, corre-se o risco de tomá-lo analiticamente como um fato inespecífico, caindo-se no relativismo, ou de pensá-lo como um fenômeno espontâneo desfalcado de protagonismo político" (PEREIRA, 2001, p. 58).

Essa é ainda uma realidade presente no âmbito do Serviço Social, o que coloca para a profissão um conjunto de desafios, sendo, entre eles, aquele que perpassa a formação acadêmica circunscrita tanto na esfera da graduação quanto na da pós-graduação. Ao chamar a atenção para essa problemática posta ao Serviço Social, que se relaciona aos modos de entendimento e interpretação da "questão social", é importante identificar a contribuição das Diretrizes Curriculares no processo de formação profissional, a partir dos seus núcleos de fundamentação, como formas e estratégias de compreensão dos fundamentos sócio-históricos da "questão social".

Na esteira de um posicionamento crítico e contrário ao pensamento que atesta para a existência de uma "nova questão social", o livro *A categoria "questão social" em debate*, de Alejandra Pastorini, traz apontamentos oportunos para endossar o debate.

> Os defensores da "nova questão social" partem do pressuposto de que as mudanças ocorridas no mundo capitalista contemporâneo marcam uma ruptura com o período capitalista industrial e com a "questão social" que emergiu na primeira metade do século XIX, com o surgimento do pauperismo, na Europa Ocidental. [...] entram em cena os "novos sujeitos", "novos usuários" que teriam "novas necessidades". [...] produto das transformações da sociedade capitalista [...] a partir de meados dos anos 1970 [...] (PASTORINI, 2010, p. 25).

Pastorini (2010) dialoga com a literatura francesa, especialmente com a produção sociológica de Pierre Rosanvallon e Robert Castel. No caso de Rosanvallon, ao analisar a crise do Estado-Providência e o esgotamento do modelo de proteção social, compreende que o crescimento do desemprego e as novas formas de pobreza e exclusão social indicam a emergência de uma "nova questão social".[9] Já Castel analisa a crise dos anos 1970 sob a ótica do emprego, do desemprego e da precarização do trabalho que afeta a sociedade capitalista baseada no regime salarial e contribui para a desestabilização da classe

---

9. "Para Rosanvallon, o Estado-Providência atravessa hoje uma crise de ordem filosófica [...] colocando em dúvida os princípios organizadores da solidariedade e a concepção tradicional dos direitos sociais. [...] exclusão e desemprego de longa duração definem situações estáveis e não mais passageiras [...] Essa precarização e vulnerabilidade estariam incidindo na perda da capacidade contributiva dos trabalhadores, que, juntamente com a crise da organização sindical, colocaria em xeque esse modelo que se estruturava em torno do risco coletivo" (PASTORINI, 2010, p. 58). Assim, Pastorini discorre que Rosanvallon, ao se preocupar com soluções e saídas (dentro dessa sociabilidade) para o problema da exclusão, entendida pelo autor como principal indicador da existência de uma "nova questão social", não questiona os fundamentos da sociedade capitalista.

trabalhadora até então em condição laboral "estável".[10] Apesar da preocupação de Castel de apresentar a emergência da "questão social" a partir das consequências do processo de industrialização no século XIX, o autor "[...] entende que hoje estamos diante de uma nova (versão da) 'questão social' que, desde sua origem, há mais de um século, vem se apresentando sob diferentes formulações, versões, recolocando-se e recompondo-se constantemente" (PASTORINI, 2010, p. 70). Cabe destacar que nessas abordagens sobre a "nova questão social", o debate sobre as lutas de classes não aparece e, quando aparece, é algo secundarizado.

Ao demonstrar a relação imbricada entre "questão social" e trabalho no capitalismo, Pastorini (2010) também apresenta as teses elaboradas nas últimas décadas que questionam a centralidade do trabalho na vida social a partir da defesa do esgotamento do paradigma baseado na sociedade do trabalho. Entre os autores, destacam-se as teses de André Gorz, no livro *Adeus ao proletariado*, e de Jeremy Rifkin, no livro *O fim dos empregos*. Para autores defensores dessa concepção, "[...] estamos vivendo uma nova era que será chamada de: 'pós-mercado', 'pós-trabalho', 'pós-industrial', 'pós-capitalista' etc." (PASTORINI, 2010, p. 33), o que é um grande engodo e uma mistificação de uma realidade que sofre incessantes metamorfoses, inclusive no mundo do trabalho.

A autora, com base na tradição marxista e ancorada na produção de Ricardo Antunes, com destaque para as suas obras *Adeus ao trabalho* e *Os sentidos do trabalho*, argumenta que ao falar de crise da sociedade do trabalho, é imprescindível qualificar de qual trabalho se

---

10. "Há aqui um elemento que marca uma importante diferença entre Rosanvallon e Castel. Enquanto o primeiro insiste nas diferenças entre o antigo e o novo na 'questão social', e se preocupa em tornar evidentes as novidades, Castel tenta mostrar que uma tal separação dicotômica não existiria realmente. Embora concordemos com Castel em que não se trata de fazer uma separação dualística entre o antes e o agora, ou entre o antigo e o novo, entendemos que tampouco se trata de fazer uma crônica ou uma narrativa cronológica da evolução da 'questão social', já que, de uma forma ou de outra, estaremos perdendo a processualidade e as contradições imanentes ao movimento da realidade" (PASTORINI, 2010, p. 67-68).

trata, ou seja, do trabalho na sua dimensão concreta ou do trabalho na sua dimensão abstrata.

A perspectiva teórica que fundamenta a análise da autora compreende o trabalho na sua dimensão concreta, como atividade essencialmente humana e núcleo efetivo do ser social, em que o trabalho é responsável pela criação da realidade dos seres humanos, contribuindo como elemento organizador da vida societária, para atender às necessidades fundamentais da reprodução humana. Isso significa, conforme Engels (1990, p. 19), que o trabalho é o fundamento da vida humana, o motor decisivo do processo de humanização.

> Todo trabalho é, de um lado, dispêndio de força humana de trabalho, no sentido fisiológico e, nessa qualidade de trabalho humano igual ou abstrato, cria o valor das mercadorias. Todo trabalho, por outro lado, é dispêndio de força humana de trabalho, sob forma especial, para um determinado fim, e, nessa qualidade de trabalho útil e concreto, produz valores-de-uso (MARX, 2006, p. 68).

A partir dessa concepção de Marx, pode-se dizer que o trabalho concreto é produtor de valores de uso, ou seja, resultado do trabalho humano útil para satisfazer as necessidades vitais da humanidade. Já o trabalho na sua dimensão abstrata produz valores de troca, que são resultantes da produção de mercadorias para atender à lógica da acumulação sob relações sociais capitalistas baseadas na exploração e na compra e venda da força de trabalho.

O trabalho, em sua dimensão concreta, não deixará de ser essencial para a sociabilidade humana, pois é por ele que ocorre a interação metabólica entre seres humanos e natureza/sociedade. Em seu sentido ontológico, o trabalho não deixou de ser a categoria fundante da vida em sociedade, já que o processo de trabalho não significa meramente o ato de produzir, mas também possibilita as relações de sociabilidade, troca de experiências, cooperação, criação e liberdade. Pelo trabalho, os indivíduos constituem e estabelecem relações sociais, o que demonstra que o trabalho não perdeu sua centralidade (ANTUNES, 2007). O que se observam são mudanças nas formas de gerir e organizar os processos de produção na atual divisão internacional do trabalho. Nessa perspectiva, o trabalho permanece sendo o componente fundamental e estruturante da sociabilidade humana (MARX, 2006), em que a humanidade transcende sua forma meramente biológica e constitui também uma natureza social, tornando-se seres sociais. O trabalho funda a sociabilidade humana, e é por ele que homens e mulheres se constituem e realizam suas potencialidades sociais e humanas.

Na tradição marxista, todo trabalho é atividade humana (exercida por sujeitos de classe) e todo processo de trabalho implica uma teleologia, ou seja, uma ação voltada para finalidades com vista à produção de determinados resultados (previamente idealizados e projetados na mente). Nessa concepção, o que diferencia a humanidade da animalidade é a capacidade teleológica, exclusivamente humana, de antecipação, planejamento, projeção de finalidades, a partir de uma ideação. Pela teleologia tem-se o processo de objetivação, ou seja, um objeto externo surge como resultado do que foi previamente idealizado. Isso significa que "[...] todo processo teleológico implica o pôr de um fim e, portanto, numa consciência que põe fins [...] o pôr tem um caráter irrevogavelmente ontológico" (LUKÁCS, 2013, p. 48).

A partir do trabalho, a consciência humana se sobrepõe aos instintos puramente biológicos (não conscientes), deixando de ser um epifenômeno, pois assume dimensão teleológica, como ato dirigido, ou seja, não é uma ação involuntária, mas direcionada e com finalidade, já que "todo pôr teleológico é uma escolha, conscientemente efetuada pelo sujeito da práxis, entre duas (ou mais) possibilidades e a consequente realização prática, assim determinada, da possibilidade escolhida" (LUKÁCS, 2010, p. 212). A escolha consciente entre alternativas concretas é a essência ontológica do trabalho.

Marx, ao dissociar o gênero humano das demais espécies animais e enfatizar o trabalho como atividade exclusivamente humana, ou seja, o alicerce de toda ação humana, sublinha que:

> Uma aranha executa operações semelhantes às do tecelão, e a abelha supera mais de um arquiteto ao construir sua colmeia. Mas o que

DIRETRIZES CURRICULARES E FORMAÇÃO EM SERVIÇO SOCIAL 49

distingue o pior arquiteto da melhor abelha é que ele figura na mente sua construção antes de transformá-la em realidade. No fim do processo do trabalho aparece um resultado que já existia antes idealmente na imaginação do trabalhador (MARX, 2006, p. 211-212).

No capitalismo, o trabalho, na sua dimensão abstrata e fetichizada, passa a atender aos imperativos da lógica expansiva de acumulação e reprodução ampliada do capital, por meio da produção de mercadorias, que, de acordo com Marx (2006), sendo um objeto externo, ou seja, uma coisa, objetiva satisfazer necessidades humanas provindas do estômago ou da fantasia. Para Marx (2006; 2011), a produção capitalista não é meramente a produção de mercadorias, mas essencialmente a produção de mais-valia, decorrente do prolongamento desmesurado do trabalho excedente, além de ser também a própria produção e reprodução da relação capitalista, ou seja, de um lado o capitalista, detentor dos meios de produção, e de outro o assalariado, detentor da força de trabalho.[11] Uma das prerrogativas fundamentais do capitalismo passa a ser a subordinação do valor de uso ao valor de troca, sendo que a constante expansão do valor de troca significa a subordinação das necessidades humanas à reprodução ampliada do capital, entendido como relação social.[12]

---

11. Para Marx (2006, p. 254), a mais-valia, extração direta de trabalho não pago a trabalhadores e trabalhadoras, expressa a relação entre trabalho necessário e trabalho excedente e também o grau de exploração da força de trabalho pelo capital. A produção da mais-valia absoluta corresponde ao prolongamento desmedido da jornada de trabalho, enquanto a mais-valia relativa "[...] revoluciona totalmente os processos técnicos de trabalho e as combinações sociais" (MARX, 2011, p. 578).

12. De acordo com Marx (2006, p. 368), o verdadeiro valor de uma mercadoria não é individual, mas social, sendo medido pelo tempo de trabalho socialmente exigido para a sua produção. Marx (2011, p. 615) atesta que o valor é a forma objetiva do trabalho social despendido na produção da mercadoria, ou seja, o valor é determinado pela quantidade de trabalho vivo necessário no processo produtivo. No processo capitalista de produção da mercadoria com a finalidade de produção voltada aos valores de troca, a forma salário mascara e apaga todos os vestígios da divisão da jornada de trabalho em trabalho necessário e trabalho excedente, em trabalho pago e não pago. Todo o trabalho aparece falseado e ilusoriamente como trabalho pago.

Na produção capitalista, a força humana de trabalho assume um caráter *sui generis*, o de mercadoria, pois passa a ser fonte de valor e criação de valor, constituindo a base de solidificação da economia capitalista. No modo de produção capitalista, sustentado na propriedade privada dos meios de produção e na divisão de classes com interesses antagônicos, a classe trabalhadora é desumanizada e explorada, passando a se relacionar de maneira estranhada com os produtos e os objetos resultantes do seu trabalho, tendo em vista a característica assumida pelo trabalho no capitalismo — um trabalho obrigatório, forçado, degradante e alienado.[13]

Para Marx (2006, p. 93-94), no capitalismo, a mercadoria, fruto do trabalho humano, assume um caráter misterioso e fantasmagórico, como se as relações assumissem uma relação entre coisas, encobrindo as determinações sociais e humanas do trabalho. Ele denomina esse processo de *fetichismo da mercadoria*. A classe trabalhadora se depara com um objeto alheio, fruto de seu trabalho, mas que não lhe pertence, o que lhe causa estranheza, não pertencimento e não reconhecimento naquilo que realiza.[14]

Essa realidade não pode ser analisada de maneira determinista e fatalista, mas sim a partir de uma abordagem crítica e dialética, tendo como referência a "questão social", pois os processos de reificação devem ser apreendidos também como expressão de lutas e resistências, tendo em vista que a classe trabalhadora se manifesta e se rebela perante as atividades estranhadas e alienadas que tendem para a coisificação humana.

---

13. "[...] a alienação é própria de sociedades onde têm vigência a divisão social do trabalho e a propriedade privada dos meios de produção fundamentais, sociedades nas quais o produto da atividade do trabalhador não lhe pertence, nas quais o trabalhador é expropriado — quer dizer, sociedades nas quais existem formas determinadas de exploração do homem pelo homem. [...] a alienação penetra o conjunto das relações sociais [...] marca as expressões materiais e ideais de toda a sociedade [...] e [...] deixam de promover a humanização do homem [...]" (NETTO; BRAZ, 2007, p. 45).

14. Heller (2008, p. 58) assinala que, "existe alienação quando ocorre um abismo entre o desenvolvimento humano-genérico e as possibilidades de desenvolvimento dos indivíduos humanos, entre a produção humano-genérica e a participação consciente do indivíduo nessa produção".

O desenvolvimento tecnológico e científico contribuiu para dominar as capacidades objetivas e subjetivas de trabalhadores e trabalhadoras, visto que perdem sua autonomia no processo de trabalho frente ao quadro de desemprego estrutural instaurado, decorrente da lógica sociometabólica e destrutiva do capital (MÉSZÁROS, 2007). Os crescentes níveis de desemprego cumprem também uma função de intimidação e ameaça, e respectivamente fragilizam organizações coletivas da classe trabalhadora. Tal processo é resultante do processo de redução do trabalho vivo (capital variável) e expansão de trabalho morto (capital constante).[15]

Mesmo com os investimentos amplificados em trabalho morto (capital constante), é inconcebível a sobrevivência do ciclo reprodutivo do capitalismo sem o trabalho vivo (capital variável). O modo de produção capitalista, em sua dimensão expansiva, voltada para a valorização e a acumulação de capital, só se reproduz e sobrevive pela articulação entre trabalho vivo e trabalho morto.[16]

Com isso, retomando as reflexões de Pastorini (2010) após essa breve *incursão* na tradição marxista para compreender o trabalho e sua relação indissociável com a "questão social", a autora destaca que a partir da ofensiva neoliberal[17] e do processo de reestruturação

---

15. Como assinala Marx (2006, p. 244): "A parte do capital, portanto, que se converte em meios de produção, isto é, em matéria-prima, materiais acessórios e meios de trabalho não muda a magnitude do seu valor no processo de produção. Chamo-a, por isso, parte constante do capital, ou simplesmente capital constante. A parte do capital convertida em força de trabalho, ao contrário, muda de valor no processo de produção. Reproduz o próprio equivalente e, além disso, proporciona um excedente, a mais-valia, que pode variar, ser maior ou menor. Esta parte do capital transforma-se continuamente de magnitude constante em magnitude variável. Por isso, chamo-a parte variável do capital, ou simplesmente capital variável".

16. Uma das alavancas da acumulação e condição de existência do modo de produção capitalista é a produção da população excedente, adicional, supérflua. Em sua análise, Marx, em *O capital* (2006), informa que o "exército industrial de reserva" ou a superpopulação relativa (flutuante, latente e estagnada) é o pano de fundo sobre o qual se move a lei da oferta e da demanda do trabalho. Quando maior o exército industrial de reserva, tanto maior será o pauperismo oficial. Essa é a lei geral absoluta da acumulação capitalista.

17. O Estado também passa por transformações. "Uma das mudanças mais importantes refere-se ao encolhimento da ação reguladora do Estado na esfera do social; mas isso não implica ruptura com o 'Estado intervencionista'. A ideia de desregulação faz parte do próprio corpo

produtiva,[18] que rompe com o pacto fordista-keynesiano do pleno emprego e produção em massa para consumo em massa, expandem-se as formas laborais caracterizadas por maior insegurança no emprego, com modalidades contratuais flexíveis, subcontratações, terceirizações, informalidade e precarizações, acompanhadas de desemprego, aumento da pobreza e regressão de direitos sociais, o que incidirá também em impasses na dimensão organizativa dos sindicatos.

Nesse contexto de profundas transformações que alteram o conjunto da vida em sociedade e em que a realidade muda permanentemente, Pastorini (2010) entende que é preciso capturar a *processualidade* sócio-histórica e contraditória na análise da "questão social", de forma a conhecer suas múltiplas determinações sob uma perspectiva de totalidade. Desse modo:

> Não se trata de escrever a história da "questão social", senão de pensá-la historicamente. Isso implica entender o desenvolvimento histórico como um processo contraditório e não linear, que permita capturar a processualidade social e o movimento da realidade, deixando de fora aquelas interpretações fechadas que orientam e conduzem a esquemáticas análises, levando-nos, necessariamente, a pensar em períodos cronológicos rigidamente fixados, em que existe uma sucessão de acontecimentos históricos não inter-relacionados, em que cada momento é visto como superação do anterior (PASTORINI, 2010, p. 55).

---

ideológico do neoliberalismo, colocando e redefinindo os papéis (do mercado, do Estado, do capital e do trabalho). [...] No centro da proposta neoliberal encontra-se a ideia de que é necessário limitar a intervenção do Estado [...] alertando que, caso contrário, estar-se-ia destruindo a liberdade dos indivíduos" (PASTORINI, 2010, p. 46-47).

18. Segundo Alves (2005, p. 11), o "novo complexo de reestruturação produtiva" surge sob os auspícios do processo de mundialização do capital e envolve inovação tecnológica, científica e organizacional com o surgimento da robótica, microeletrônica, modalidades de gestão do trabalho pautadas nos programas de qualidade total e nos Círculos de Controle de Qualidade (CCQs), reengenharia, centralização e concentração de capitais, descentralização produtiva diante de relocalizações espaciais/territoriais das indústrias, terceirização e a adoção de uma legislação trabalhista de cunho flexível. Tal cenário contribuiu para o desencadeamento de um profundo e acelerado quadro de precarização do trabalho vivo, decorrente da perda e regressão de direitos sociais e trabalhistas, adoecimento laboral, acidentes no trabalho, sofrimento psíquico e mortes por exaustão.

DIRETRIZES CURRICULARES E FORMAÇÃO EM SERVIÇO SOCIAL   53

Pastorini (2010) reforça em sua obra o pressuposto da "questão social" como traço constitutivo do modo de produção capitalista, determinada pelas formas de exploração contidas nas relações contraditórias entre capital e trabalho,[19] e suas manifestações compreendidas a partir da lei geral da acumulação elaborada por Karl Marx na obra *O capital*, especialmente no capítulo 23. Enfatiza a *processualidade* na análise da "questão social", reconhecendo sua natureza política, econômica, ideológica, social e sua inserção no movimento das classes sociais na luta pela hegemonia. Também ressalta que a "questão social" assume expressões particulares conforme as especificidades de cada realidade e formação sócio-histórica. Destaca os riscos de análises que naturalizam a "questão social", levando a compreensões despolitizadas e desprovidas de conteúdo histórico e econômico.

Em seu livro *Questão social e Serviço Social no Brasil: fundamentos sócio-históricos*, Ivone Maria Ferreira da Silva (2008) traça uma análise da "questão social" brasileira a partir das raízes colonial-escravistas e patriarcal, assentadas nas particularidades do processo de formação social do país.[20] Com o objetivo de compreender o Brasil, suas relações sócio-históricas e as razões da dependência econômica, cultural, política e social do país, dialoga com Caio Prado Júnior, Sérgio Buarque de Holanda, Gilberto Freyre, entre outros pensadores da literatura brasileira. Na interlocução com Freyre, refuta a ideia de uma relação amistosa e harmoniosa entre senhores e escravizados, o que serviu para a construção do mito da "democracia racial".

Sob a influência de Caio Prado Júnior, enfatiza o sentido exploratório de uma colonização brasileira estruturada na grande propriedade de terras, nos marcos do capitalismo mercantil europeu. A colonização,

---

19. "[...] a "questão social como totalidade processual remete à relação capital/trabalho (à exploração capitalista); e que as ações estatais, como as políticas sociais, têm como meta primordial o enfrentamento daquelas situações que possam colocar em xeque a ordem burguesa" (PASTORINI, 2010, p. 113).

20. "Quando os historiadores definem formação social, se referem não só às determinações econômicas, sociais e políticas que produzem um acontecimento histórico, mas, também, em transformação e, portanto, na continuidade ou na descontinuidade dos acontecimentos, percebidos como processos temporais" (SILVA, 2008, p. 22).

sustentada economicamente no escravismo mercantil e permeada por contradições, tensões e conflitos, teve efeitos devastadores para o conjunto da vida e dinâmica social brasileira, produzindo problemas ainda não solucionados na agenda contemporânea, como é o caso do racismo estrutural.

A partir dessas premissas, Silva (2008) aborda, a partir do seu recorte teórico-metodológico, momentos históricos importantes para se pensar a constituição da "questão social" no Brasil, como o escravismo, a Independência,[21] o abolicionismo, as lutas republicanas, a configuração do Estado brasileiro com seu caráter autoritário e corporativo, a emergência e consolidação do movimento operário, o papel e intervenção da Igreja Católica no tratamento da "questão social", entre outros elementos que servem de parâmetro analítico para a compreensão e a interpretação deste país complexo, profundo e de dimensão continental.

Segundo Silva (2008), é na transição do Império para a República que aparecem, de forma mais evidenciada, as primeiras manifestações da "questão social" por meio de lutas "[...] de caráter quase sempre elitistas — ou, por outro lado, messiânicos —, mas que incluem muitos movimentos populares que sucumbiram lutando contra a fome e por terra e trabalho" (SILVA, 2008, p. 24).[22] Também, ao discorrer sobre a vinculação intrínseca entre "questão social" e Serviço Social, apresenta o processo de institucionalização da profissão no Brasil, o movimento de renovação e *intenção de ruptura* com o tradicionalismo e o conservadorismo, e os desafios postos para o projeto profissional crítico. Nessa análise, a autora conclui que, na sua origem, as ações do Serviço

---

21. "A Independência significou uma *solução conservadora* para os dilemas políticos, econômicos e sociais do sistema colonial: *um pacto entre elites*. Até porque a escravidão — que imobilizava os homens, abafando e aniquilando seu cabedal de cultura — continuou sendo a base econômica do Brasil imperial. Tratou-se de uma *modernização conservadora* [...]" (SILVA, 2008, p. 45, grifos da autora).

22. "Analisando as contradições sociais bastante agudizadas durante o processo de emancipação política, Caio Prado Júnior (1969) nos coloca a par das frequentes fugas e insurreições que desmascaram o aparente conformismo dos escravizados, num quadro constante de revolta contra as elites senhoriais" (SILVA, 2008, p. 43).

Social tinham como foco os fragmentos da "questão social". O debate sobre os fundamentos da "questão social" ganha evidência no processo de renovação da profissão e maior "[...] densidade nas novas diretrizes curriculares, a partir dos anos de 1990, o que deverá estreitar ainda mais seus vínculos históricos" (SILVA, 2008, p. 17). A autora apresenta em linhas gerais algumas das produções acadêmico-científicas sobre a "questão social", tanto no âmbito do Serviço Social (no diálogo com José Paulo Netto, Marilda Iamamoto, Vicente de Paula Faleiros, Maria Carmelita Yazbek e Potyara Amazoneida Pereira Pereira) quanto no âmbito das ciências sociais, dialogando com a literatura brasileira (Octavio Ianni, Gisálio Cerqueira Filho e Luiz Eduardo Wanderley) e a literatura francesa (Robert Castel e Pierre Rosanvallon). Sobre a interpretação da "questão social", sustenta que esta:

> [...] traduz-se nas lutas sociais, partidárias ou sindicais, que os segmentos ou as classes sociais vêm travando ao longo da formação socioeconômica do Brasil; na maioria das vezes, o Estado, a Igreja e o mercado utilizam-se dessas lutas para harmonizar os conflitos e as contradições decorrentes das relações sociais de produção [...] (SILVA, 2008, p. 14).

Ainda nesse entendimento, argumenta que as mudanças desencadeadas na sociedade brasileira desde o período da colonização, em que se identificam lutas, formas de resistência e também conformismo, contribuíram para as primeiras manifestações da "questão social", o que a autora denomina como "questão social" latente (SILVA, 2008). Desse modo,

> [...] só afirmar a inexistência de organização e de *correlação de forças* como ausência de uma *questão social ainda que latente*, é negar a capacidade e a diversidade dos instrumentos de luta dos segmentos explorados, apenas reconhecendo a força dos colonos exploradores; é negar a capacidade dos escravizados de resistir à opressão e à exploração. Esse é o sentido que atribuímos à expressão *questão social latente*: valorizar o conjunto dessas lutas, ressalvando-se as limitações históricas que atravessam a formação social brasileira (SILVA, 2008, p. 18, grifos da autora).

A partir de uma perspectiva histórica e dialética na compreensão da sociedade como uma totalidade complexa permeada por avanços e recuos, resistências e conformismos, Silva (2008) situa a "questão social" no processo de formação da realidade brasileira com o objetivo de identificar algumas passagens históricas determinantes para a análise da "questão social" nas particularidades do Brasil. Para a autora, apesar das raízes evidentes da "questão social" durante a colonização e do escravismo mercantil, é no contexto de desenvolvimento do capitalismo, em sua fase monopolista, que é cunhada a expressão "questão social", representando também o nível de consciência política da classe trabalhadora, mas em outros contextos históricos passados, a "[...] questão social estava apenas obscurecida e, quase sempre, denominada, pelo pensamento social conservador, de *problema* ou de *males sociais*" (SILVA, 2008, p. 19, grifos da autora).

No século XX, diante do acirramento da luta de classes, "[...] a questão social, antes latente e obscurecida, ganhou visibilidade e legitimidade no sentido do seu enquadramento" (SILVA, 2008, p. 192). Para atender a demandas, pressões e reivindicações da classe trabalhadora de forma a enquadrá-la e amenizar os conflitos de classe, o Estado e a Igreja Católica, alinhados aos interesses da classe dominante, criam um conjunto de profissões na área social, emergindo, entre elas, o Serviço Social.

Nota-se também que as primeiras décadas do século XX significaram o início de implementação de medidas e legislações sociais atinentes à proteção ao trabalho. Entre elas, verificam-se a Lei de Acidentes de Trabalho de 1919, a criação das Caixas de Aposentadoria e Pensão (CAPs) em 1923, a criação do Ministério do Trabalho e a Lei do Salário Mínimo na década de 1930, a Consolidação das Leis do Trabalho (CLT) em 1943, entre outras.

Ao analisar a constituição e o desenvolvimento das particularidades da "questão social" no Brasil, Silva (2008) alerta que negá-la pode ser um ingrediente para as classes dominantes e para o Estado que historicamente se desresponsabilizam no trato, nas respostas e no enfrentamento às suas expressões cotidianas. Isso também leva a armadilhas ideopolíticas, pois negar a "questão social" "[...] significa o mesmo que dizer que não teve ou não têm mais classes sociais no Brasil e, que por consequência, também, não temos mais luta de classes" (SILVA, 2008, p. 197).

No livro *"Questão social": particularidades no Brasil*, Josiane Soares Santos (2012) ressalta a centralidade da "questão social" no projeto de formação profissional como conteúdo transversal a partir do que se estabelece nas Diretrizes Curriculares para os cursos de graduação em Serviço Social. Para tanto, destaca a necessidade de apreensão histórica e conceitual da "questão social" a partir dos fundamentos marxianos e a relação dialética entre os *núcleos de fundamentação* contidos nas Diretrizes Curriculares, longe de qualquer esquematismo. A autora também apresenta as variadas abordagens teóricas e espectros ideopolíticos acerca da "questão social". Parte da compreensão de "questão social" como expressão das desigualdades oriundas do modo de produção capitalista, considerando seus fundamentos econômicos, políticos e históricos. Como escolha teórica-metodológica, elege no seu estudo o tema do desemprego como expressão da "questão social" nas particularidades do Brasil, afirmando que:

> [...] o desemprego estrutural e, principalmente, o "subemprego" no Brasil não são novidades recentes, existindo uma conexão entre este fato e a superexploração da força de trabalho que se "naturalizou" como condição para a inserção subordinada do país nas engrenagens do capitalismo monopolista de corte imperialista (SANTOS, 2012, p. 19).

Longe de qualquer fragmentação na apreensão da realidade social, a autora se preocupa em demonstrar criticamente os nexos entre desemprego, política econômica e política social no modo de produção capitalista.[23]

---

23. A partir da tradição marxista, compreende modo de produção "[...] como categoria que é muito mais que um 'modelo' ou 'instrumento de análise' e de interpretação de uma determinada realidade social. Antes de sua existência como categoria reflexiva, corresponde a uma realidade

As premissas teóricas que subsidiam a argumentação da autora sobre a "questão social" são referenciadas na tradição marxista, tendo como base a lei geral da acumulação capitalista e a crítica da economia política. Em relação aos pressupostos históricos, destaca as relações entre capital e trabalho na Europa do século XIX, com os respectivos desdobramentos do processo de industrialização e suas consequências para o pauperismo e as lutas sociais emergentes em meados dos anos de 1830.[24] Esse processo é contraditoriamente permeado pela produção de abundância e escassez. Ressalta Santos (2012) que essa escassez, produzida socialmente e que gera o pauperismo,[25] não expressa sozinha a "questão social". Outro elemento que a particulariza na sociedade capitalista são os seus desdobramentos sociopolíticos, demonstrando que as lutas da classe trabalhadora são constitutivas da "questão social", expressão das relações sociais antagônicas entre as classes sociais.

Ainda sobre esse período da gênese da "questão social" no contexto de consolidação do capitalismo com base na grande indústria

---

ontológico-social, cujas relações com a práxis são inelimináveis. [...] na categoria modo de produção manifestam-se mediações não só das instâncias de organização da vida material, mas também da sociabilidade contemplando, simultaneamente, um determinado modo de organizar os aspectos político-jurídicos, morais, ideológicos, culturais etc." (SANTOS, 2012, p. 51-52).

24. Santos (2012, p. 29) descreve que "[...] a pobreza existente antes do capitalismo era determinada socialmente pela divisão entre classes, mas se devia, principalmente, ao baixo desenvolvimento das forças produtivas que deixavam, por exemplo, a produção agrícola inteiramente vulnerável às pragas que acometiam as plantações ou outras catástrofes naturais, produtoras de longos períodos de fome e epidemias nos países do 'velho mundo'. Isso não significa dizer, porém, que no século XIX, em pleno desenvolvimento da Revolução Industrial, não ocorressem mais esses fenômenos. Hobsbawm nos fala da 'Grande Fome Irlandesa' de 1847, como parte da 'Grande Depressão' ocorrida em toda a Europa Ocidental ante o fracasso na colheita de batatas".

25. "[...] é preciso retroagir alguns séculos para localizar, com a gênese do próprio capitalismo, os fatores que levaram a esse processo de pauperização acentuada no século XIX. [...] tratar do pauperismo e das lutas sociais do século XIX requer uma compreensão mínima do período chamado por Marx de 'acumulação primitiva do capital', responsável por criar o 'trabalhador livre'. Esse processo que configura a 'pré-história do capitalismo' (Marx) se inicia na Inglaterra, entre o último terço do século XV e o início do século XVI, consistindo na pura e simples expropriação dos camponeses de suas terras, objetivando transformá-las, majoritariamente, em pastagens para ovelhas" (SANTOS, 2012, p. 31).

do século XIX, destaca a acentuada pauperização da classe trabalhadora, a incorporação do emprego de mulheres e crianças nas fábricas diante das necessidades crescentes de exploração da força de trabalho, extensas jornadas de trabalho, habitações insalubres, doenças, fome, baixos salários, altas taxas de natalidade, prostituição, alcoolismo, aumento do custo de vida e altas taxas de mortalidade por exaustão de trabalho (quando o progresso técnico-científico coloca pela primeira vez na história da humanidade a possibilidade de redução do tempo de trabalho socialmente necessário e, ao mesmo tempo, o aumento no volume da produção), o que expressam um nível extremo de *barbarização* da vida social. Nesse ínterim:

> As revoluções burguesas haviam, no entanto, deixado uma lição. Era evidente que em vez da "liberdade" prometida ao povo que lutou pela causa da burguesia, apenas esta havia verdadeiramente "lucrado" e, após conquistar o que queria, essa classe consolidou novas estruturas de dominação às quais submeteu a maioria da população. [...] *tais revoluções evidenciaram o caráter histórico das relações sociais*" (SANTOS, 2012, p. 39, grifos da autora).

Diante dessa conjuntura de degradação da vida humana e das condições de trabalho, emergem inúmeros protestos desencadeados por segmentos diversificados da classe trabalhadora, que "[...] foram gestando um dos genuínos 'produtos' da terceira década do século XIX: a consciência de classe, que culminaria no movimento revolucionário de 1848" (SANTOS, 2012, p. 38). Essas lutas e resistências expressam a passagem da "classe em si" a "classe para si", em que se identificam as percepções da classe trabalhadora sobre suas condições socioeconômicas, e apontam para a necessidade do seu protagonismo político como classe como forma de enfrentamento dessa realidade.[26] A partir

---

26. Vale dizer que formas organizativas, manifestações espontâneas e de resistência da classe trabalhadora à exploração capitalista se deram antes de 1830, sendo que "[...] essas manifestações representavam, para as classes dominantes, apenas desordem e ameaças episódicas, pois não

de então, o *"espectro do comunismo"* passa a ser uma das principais razões de preocupação da classe dominante.

> Os acontecimentos dos seis primeiros meses de 1848 tiveram lugar na França e foram precedidos pela fundação da "Liga dos Comunistas", em 1847. Tratava-se de uma associação internacional de trabalhadores cujo programa, redigido por Marx e Engels — o Manifesto do Partido Comunista — expressava, além de uma lúcida análise dos acontecimentos sociopolíticos nos principais centros do capitalismo, também uma clara direção ao movimento que se materializou em 1848. [...] Junho de 1848 [...] é um divisor de águas na constituição da "questão social". [...] porque expõe [...] o antagonismo entre os projetos das duas classes fundamentais do capitalismo. Mostra, com clareza, que a gênese de todos os problemas dos trabalhadores residia na propriedade privada (SANTOS, 2012, p. 41).[27]

Santos (2012) destaca que, embora a concepção de "questão social" não seja hegemônica entre assistentes sociais, uma parte significativa de autores/as com filiação à tradição marxista a considera e a explica a partir da crítica da economia política, tendo como base de fundação a "lei geral da acumulação capitalista" e sua gênese relacionada ao processo de acumulação e reprodução ampliada do capital. Esse processo é caracterizado por inovações técnico-científicas, o que contribui

---

chegavam a colocar o sistema social em questão. Entre essas formas de luta que antecedem a gênese da 'questão social', merece destaque o movimento ludita de destruição das máquinas. [...] esse movimento da primeira década do século XIX ainda não atesta a consciência de classe 'para si' já que era incapaz de mirar o alvo correto, ou seja, de captar que atingindo as máquinas não atingiam seu verdadeiro opositor: o capitalista" (SANTOS, 2012, p. 39-40).

27. Ainda com base nesses apontamentos, é importante destacar que após 1848 houve uma espécie de refluxo do movimento operário, contribuindo para a fase de expansão capitalista até os anos de 1870. Isso volta a se alterar em 1870 com a experiência da Comuna de Paris, "[...] quando os trabalhadores controlam o poder político daquela cidade durante dois meses, proclamando o primeiro governo proletário da história" (SANTOS, 2012, p. 43). Ainda nesse período dos anos de 1870 ocorre uma crise de superprodução que se estende até os anos 1930, que "[...] vai levar à nova fase de expansão do capital, conhecida como capitalismo monopolista, superando a fase concorrencial [...]" (SANTOS, 2012, p. 44).

para o aumento da produtividade do trabalho social e a diminuição do tempo de trabalho socialmente necessário à produção das mercadorias. Isso desencadeia o aumento do capital constante e a redução do capital variável, que corresponde à força de trabalho, no intuito de valorização do capital para a obtenção de mais-valia.

Para os capitalistas, a redução do tempo de trabalho socialmente necessário, ao mesmo tempo que contribui para maximizar a extração de trabalho não pago aos trabalhadores, também é uma forma de produzir o chamado "exército industrial de reserva", ou seja, um contingente de trabalhadores/as 'excedentes', aptos/as ao trabalho, mas condenados/as a uma ociosidade socialmente forçada (SANTOS, 2012).

Por fim, para a análise e a compreensão da "questão social" e de suas respectivas manifestações, Santos (2012) considera indispensável a apreensão histórica, dialética e ontológica das mediações e das determinações que circunscrevem as diferentes sociedades, reconhecendo suas formações sociais e particularidades. Para a autora, uma leitura da "questão social" sob o prisma genérico, universal e abstrato das relações de exploração do trabalho pelo capital, sem as devidas mediações, não é suficiente para decifrar a natureza complexa da "questão social". Por isso é preciso reconhecer, na apreensão da "questão social", as mediações constitutivas e as particularidades das realidades em análise, na sua relação com a universalidade (e suas devidas conexões com os fenômenos singulares), permeadas por relações contraditórias, pelo embate da luta de classes e pelas determinações ideopolíticas, socioeconômicas, regionais e culturais.

A partir dessa breve apresentação de algumas das produções de conhecimento na área de Serviço Social que versam sobre o tema da "questão social" na sua vinculação orgânica com o debate do trabalho no capitalismo, observa-se, mesmo com ressalvas e devidas divergências, uma linha de convergência dessa interlocução intelectual com os princípios formativos que balizam o processo de formação acadêmico-profissional de assistentes sociais a partir das Diretrizes Curriculares.

As Diretrizes Curriculares enfatizam a necessidade da apreensão crítica do processo histórico da sociedade brasileira como totalidade, destacando a necessidade da investigação sobre a formação social com suas devidas particularidades, de modo a elucidar a constituição e o desenvolvimento do capitalismo no Brasil. Também ressaltam a apreensão do significado social da profissão, com sua inserção em processos de trabalho a partir de uma dimensão assalariada. Apontam igualmente para a necessidade do desvelamento das contradições postas na realidade e nos espaços sócio-ocupacionais, de forma a identificar demandas, possibilidades, ações e formulação de respostas que potencializem o enfrentamento das múltiplas manifestações da "questão social".

Com isso, nota-se que o conhecimento e a decifração da "questão social" são desafios colocados para o Serviço Social, tanto na sua dimensão investigativa *sobre* e *da* realidade quanto na sua dimensão interventiva *na* realidade.

Considerações finais (ou os desafios na implementação das diretrizes curriculares para os cursos de Serviço Social)

Desde a aprovação das Diretrizes Curriculares da ABEPSS em 1996, inúmeros têm sido os desafios para a implementação de princípios e eixos norteadores estabelecidos no documento das Diretrizes, de forma a assumir um parâmetro integrador e orientador para os cursos de Serviço Social no Brasil. Como já informado e também destacado em estudos anteriores sobre o tema, as Diretrizes Curriculares aprovadas pelo MEC em 2002 sofreram mudanças e reducionismos, o que implica a concepção de projeto de formação construída coletivamente pela categoria nos anos 1990, resultado de amplos e acumulados debates no interior da profissão. Além disso, no contexto das transformações societárias, mudanças conjunturais no ensino superior brasileiro também contribuíram para os impasses na implementação das Diretrizes nas Unidades de Ensino públicas e privadas. Desde os anos 1990, em

DIRETRIZES CURRICULARES E FORMAÇÃO EM SERVIÇO SOCIAL

um contexto neoliberal e de contrarreformas, observa-se uma forte investida da mercantilização do ensino superior brasileiro, com destaque para a expansão dos cursos privados e, a partir dos anos 2000, também com a implantação de forma massificada do ensino na modalidade a distância (EaD). Outro elemento dessa conjuntura são as precárias condições de trabalho docente que incidem tanto no ensino público quanto no ensino privado. Também, no período específico de 2016 a 2022, diante de um projeto ideopolítico e econômico de governos brasileiros de traços conservadores e ultraneoliberais (de Michel Temer e de Jair Bolsonaro), vivenciaram-se diuturnamente a censura ao pensamento crítico e um forte ataque à ciência e à universidade como um todo, em um cenário de desmantelamento e de cortes orçamentários na política de educação. O desfinanciamento da política de educação superior, expressão de um projeto político-econômico sintonizado com as demandas do capital financeiro, coloca em risco a manutenção, a sobrevivência e a existência das universidades brasileiras.

Em 2007, a revista *Temporalis* da ABEPSS publicou na sua edição n. 14 artigos referentes aos resultados da pesquisa realizada em 2006 sobre a implementação das Diretrizes Curriculares.[28] No artigo de Amaral (2007), são apresentadas algumas das dificuldades na implantação das Diretrizes Curriculares que englobam três dimensões: teórico-metodológica, didático-pedagógica e condições de trabalho. As dificuldades apresentadas nessas dimensões eram: a garantia da transversalidade dos conteúdos, o domínio do conteúdo proposto na ementa, a compreensão da própria lógica curricular, a articulação entre os conteúdos das disciplinas, a repetição dos conteúdos, a articulação das disciplinas com os demais conteúdos curriculares, a distribuição dos conteúdos entre as disciplinas, a insuficiência de recursos, a relação entre o conteúdo e a carga horária, a sobrecarga

---

28. Em 2006, todas as Instituições de Ensino que participaram da pesquisa ofereciam o ensino de graduação em Serviço Social na modalidade presencial e, naquele ano, "[...] havia no Brasil 2.270 Instituições de Ensino Superior. Os dados do Censo do Ensino Superior mostram que, entre essas IES, 178 eram Universidades, 119 Centros Universitários, 116 Faculdades Integradas, 1.649 Faculdades/Escolas/Institutos e 208 Centros Federais de Educação Tecnológica e Faculdades Tecnológicas" (AMARAL, 2007, p. 16).

das atividades acadêmicas, o reduzido quadro docente, o acúmulo de disciplinas por docente, instalações físicas inadequadas e turmas com número elevado de estudantes.

No caso do debate sobre trabalho e "questão social" como conteúdos e componentes curriculares, os artigos de Mota (2007) e Tavares (2007) apresentam indicadores relevantes para a reflexão, e para se pensar estratégias e proposições no sentido de assegurar os princípios formativos contidos nas Diretrizes Curriculares. Entre os apontamentos mencionados pelas autoras, destaca-se a ampliação do debate sobre a categoria trabalho (na sua dimensão ontológica e histórica) no interior do Serviço Social a partir dos fundamentos da crítica da economia política, enfatizando a centralidade do trabalho na constituição do ser social. Para tanto, na perspectiva das Diretrizes Curriculares, apresentam-se a necessidade dos estudos sobre o trabalho no capitalismo, a teoria do valor-trabalho, o trabalho assalariado, a teoria da alienação e do estranhamento, a práxis, as crises no capitalismo e as mudanças no mundo do trabalho. No caso do Serviço Social, a profissão é compreendida na sua inserção na divisão social, racial, sexual e técnica do trabalho, especialização do trabalho coletivo e o exercício profissional de assistentes sociais inserido em processos de trabalho cuja ação recai sobre as múltiplas expressões da "questão social". Esse entendimento ressalta a capacidade humano-teleológica dos sujeitos profissionais (classe trabalhadora assalariada) que atuam na realidade, sendo que o produto de suas ações tem implicações materiais, ideopolíticas e econômicas. Um avanço significativo diz respeito à superação da ideia anterior de um processo de trabalho próprio do Serviço Social. Pensar o Serviço Social inserido em processos de trabalho não é uma mera mudança terminológica. Ao contrário, é "[...] uma concepção muito distinta do ponto de vista teórico-metodológico e com desdobramentos importantes e positivos no conteúdo das disciplinas que tratam sobre Trabalho e Serviço Social" (MOTA, 2007, p. 66).

Um outro aspecto, expressão dos avanços dos princípios formativos contidos nas Diretrizes Curriculares, refere-se às dimensões teórico-metodológicas, ético-políticas e técnico-operativas como um todo orgânico e indissociável, elementos constitutivos e constituintes da formação e do exercício profissional, dialeticamente vinculados. Essa chave interpretativa rompe com qualquer ideia fragmentada, reducionista, acrítica, eclética e tecnicista da formação e do exercício profissional de assistentes sociais.

No caso da aproximação ao debate da "questão social" como base de fundação e elemento que dá concretude à profissão, as Diretrizes Curriculares, alinhadas à teoria social crítica, com destaque para a tradição marxista, enfatizam a análise e a "[...] apreensão da totalidade social, o que equivale a privilegiar as determinações e não as definições. A questão social é um objeto em constante movimento: pode-se descrevê-la por meio de suas expressões, nunca defini-la" (TAVARES, 2007, p. 90). Isso implica o conhecimento dos fundamentos da "questão social", tendo como referência o processo de desenvolvimento e acumulação capitalista, com suas respectivas contradições, as relações de trabalho caracterizadas pela exploração, a emergência das lutas da classe trabalhadora, a intervenção do Estado frente aos interesses antagônicos das classes sociais, e as particularidades históricas, nacionais, regionais, territoriais, socioeconômicas, políticas, étnico-raciais e culturais. Por isso é imprescindível compreender qual a concepção de trabalho e de "questão social" que orienta os projetos pedagógicos dos cursos de Serviço Social, ou seja, se estes estão (ou não) sintonizados com os princípios formativos contidos nas Diretrizes Curriculares.

Cabe sublinhar, especialmente nos últimos anos, o adensamento de estudos, pesquisas, ações coletivas e produção de conhecimento na área de Serviço Social sobre temas que tangenciam a "questão social" no capitalismo. Podem-se mencionar e exemplificar o debate sobre as relações étnico-raciais e a luta antirracista; a questão de gênero, sexualidades e as lutas feministas e da população LGBTQIAPN+; a precarização do trabalho, as lutas sindicais e demais formas organizativas da classe trabalhadora; a questão urbana e a luta pela moradia; a questão agrária e a luta pela terra; a questão ambiental e a luta dos povos originários, entre outros. Evidências da "questão social" também são retratadas por meio da estética e da arte no seu sentido mais amplo, como na pintura, no cinema, na música, na fotografia, no teatro etc. Todo esse arcabouço tem contribuído para a compreensão dos fundamentos da "questão social" no capitalismo e de suas respectivas manifestações.

Dada a natureza complexa e relevante desses temas e elementos que incidem na totalidade da vida social e que não se esgotam nessas exemplificações, é de fundamental importância que eles sejam compreendidos criticamente a partir das lutas antagônicas de classes e das formas históricas de exploração, dominação e opressão presentes na sociabilidade capitalista, racista e heteropatriarcal.

Para finalizar, é importante pensar a perspectiva da *processualidade* histórica e observar os significativos passos e avanços no âmbito da formação em Serviço Social e na profissão como um todo. Nas últimas décadas, muitos esforços coletivos foram e têm sido empreendidos para superar uma formação fragmentada, tecnicista, pulverizada, aligeirada, acrítica e eclética. As Diretrizes Curriculares da ABEPSS de 1996 simbolizam um divisor de águas no sentido de estabelecer, entre os seus princípios, a defesa de uma formação de qualidade, crítica e que privilegie a transversalidade e a dialogicidade entre conteúdos e componentes curriculares. É tarefa contínua, nos marcos das Diretrizes, buscar uma formação competente que não atenda meramente aos interesses, às demandas e às necessidades do mercado de trabalho. É necessária uma formação sólida, crítica e de qualidade que extrapole as requisições do mercado de trabalho, ou seja, uma formação que tenha uma direção social respaldada na crítica da sociabilidade capitalista, racista e heteropatriarcal. Além disso, uma formação referenciada no projeto ético-político profissional em que a perspectiva da emancipação humana esteja no horizonte. Isso implica árdua caminhada, luta, resistência, mobilização, organização coletiva e a tarefa de seguir remando contra a maré de tormentas cotidianas postas na agenda dos interesses de acumulação, reprodução e concentração do capital.

REFERÊNCIAS

ABESS/CEDEPSS. Diretrizes gerais para o curso de Serviço Social (com base no currículo mínimo aprovado em Assembleia Geral Extraordinária de 8 de novembro de 1996). *Cadernos ABESS*. São Paulo: Cortez, edição especial, n. 7, p. 58-76, nov. 1997.

ALVES, Giovanni. *O novo (e precário) mundo do trabalho:* reestruturação produtiva e crise do sindicalismo. São Paulo: Boitempo, 2005.

AMARAL, Ângela Santana do. Implementação das Diretrizes Curriculares em cursos de Serviço Social: os rumos e desafios da formação profissional. *Temporalis*, Brasília, n. 14, p. 13-29, jul./dez. 2007.

ANTUNES, Ricardo. *Adeus ao trabalho?* Ensaios sobre as metamorfoses e a centralidade do mundo do trabalho. 12. ed. São Paulo: Cortez, 2007.

BRAZ, Marcelo. Projeto ético-político e lutas sociais: história em processo. *In*: SILVA, Maria Liduína de Oliveira e (org.). *Congresso da Virada e o Serviço Social hoje*: reação conservadora, novas tecnologias e resistências. São Paulo: Cortez, 2019.

CARDOSO, Isabel Cristina da Costa *et al*. Proposta básica para o projeto de formação profissional — novos subsídios para o debate. *Cadernos ABESS*. São Paulo: Cortez, edição especial, n. 7, p. 15-57, nov. 1997.

ENGELS, Friedrich. *O papel do trabalho na transformação do macaco em homem*. 4. ed. São Paulo: Global, 1990.

HELLER, Agnes. *O cotidiano e a história*. 8. ed. Rio de Janeiro: Paz e Terra, 2008.

IAMAMOTO, Marilda Villela. A questão social no capitalismo. *Temporalis*, Brasília: ABEPSS, n. 3, p. 9-32, 2001.

IAMAMOTO, Marilda Villela. *Serviço Social em tempo de capital fetiche*: capital financeiro, trabalho e questão social. 3. ed. São Paulo: Cortez, 2008.

IAMAMOTO, Marilda; CARVALHO, Raul. *Relações sociais e Serviço Social no Brasil*: esboço de uma interpretação histórico-metodológica. 13. ed. São Paulo: Cortez, 2000.

LUKÁCS, Gyorgy. *Prolegômenos para uma ontologia do ser social*. São Paulo: Boitempo, 2010.

LUKÁCS, Gyorgy. *Para uma ontologia do ser social II*. São Paulo: Boitempo, 2013.

MARX, Karl. *O capital*: crítica da economia política. 23. ed. Rio de Janeiro: Civilização Brasileira, 2006. Livro I: O processo de produção do capital, v. 1.

MARX, Karl. *O capital*: crítica da economia política. 24. ed. Rio de Janeiro: Civilização Brasileira, 2011. Livro I: O processo de produção do capital, v. 2.

MÉSZÁROS, István. *O desafio e o fardo do tempo histórico*: o socialismo no século XXI. São Paulo: Boitempo, 2007.

MOTA, Ana Elizabete. Trabalho e Serviço Social: considerações sobre o conteúdo dos componentes curriculares. *Temporalis*, Brasília: ABEPSS, n. 14, p. 55-88, jul./ dez. 2007.

MOTA, Ana Elizabete. Questão social e Serviço Social: um debate necessário. *In*: MOTA, Ana Elizabete. *O mito da assistência social*: ensaios sobre Estado, política e sociedade. 2. ed. São Paulo: Cortez, 2008.

NETTO, José Paulo. Cinco notas a propósito da "questão social". *Temporalis*, Brasília: ABEPSS, n. 3, p. 41-49, 2001.

NETTO, José Paulo. *Ditadura e Serviço Social*: uma análise do Serviço Social no Brasil pós-64. 8. ed. São Paulo: Cortez, 2005.

NETTO, José Paulo; BRAZ, Marcelo. *Economia política*: uma introdução crítica. 3. ed. São Paulo: Cortez, 2007.

PASTORINI, Alejandra. *A categoria "questão social" em debate*. 3. ed. São Paulo: Cortez, 2010.

PEREIRA, Potyara Amazoneida Pereira. Questão social, Serviço Social e direitos de cidadania. *Temporalis*, Brasília: ABEPSS, n. 3, p. 51-61, 2001.

SANTOS, Josiane Soares. *"Questão social"*: particularidades no Brasil. São Paulo: Cortez, 2012.

SILVA, Ivone Maria Ferreira da. *Questão social e Serviço Social no Brasil*: fundamentos sócio-históricos. Cuiabá: EdUFMT, 2008.

TAVARES, Maria Augusta. Questão social e Serviço Social em debate. *Temporalis*, Brasília: ABEPSS, n. 14, p. 89-117, jul./dez. 2007.

YAZBEK, Maria Carmelita. Pobreza e exclusão social: expressões da questão social no Brasil. *Temporalis*, Brasília: ABEPSS, n. 3, p. 33-40, 2001.

CAPÍTULO 2

Teoria social e as Diretrizes Curriculares de 1996:
processo e afirmação da tradição marxista na formação profissional

Marcelo Braz
Marcos Botelho

Introdução

Este capítulo trata do processo de gestação e consolidação de um dos traços mais importantes para a formação profissional do Serviço Social na contemporaneidade: a centralidade da teoria social marxiana na conformação das Diretrizes Curriculares do Serviço Social de 1996. As contribuições teóricas de José Paulo Netto no debate crítico que precede e acompanha a elaboração das *Diretrizes*[1] nos balizam

---

1. Elegemos um conjunto muito reduzido de obras do autor para estruturar a argumentação deste capítulo. Mas esta escolha não foi aleatória; são produções referenciais para a profissão na análise da temática que abordamos e foram elaboradas, como dissemos, no período que precede e acompanha a aprovação das *Diretrizes*. Duas, entre as escolhidas, são "textos de combate": "A crítica conservadora à reconceituação", publicado originalmente em 1981 (cf. NETTO, 2017a),

na reconstituição de uma síntese da: (a) processualidade histórica da emergência e da consolidação do segmento profissional que intencionou uma ruptura com o Serviço Social "tradicional" e — como pressuposto e produto — da (b) progressiva incorporação da teoria social de Marx e da tradição marxista na reflexão teórica e na formação profissional. A maturidade desta relação se materializa nas *Diretrizes* de 1996. Seus apontamentos nos revelam a importância das conquistas teórico-políticas consolidadas nas *Diretrizes*, mas também suas insuficiências e debilidades. Portanto, vincados nas questões postas pelo autor, concluiremos elencando algumas das tendências problemáticas postas à profissão e à formação profissional em 1996.

A teoria social de Marx e a "intenção de ruptura"

O percurso de aproximação do Serviço Social com a tradição marxista no Brasil[2] tendo sido marcado, em primeiro lugar, pela apro-

---

e o "O Serviço Social e a tradição marxista", publicado originalmente em 1989 (cf. NETTO, 2017b). Já o seu livro *Ditadura e Serviço Social*, publicado originalmente em 1990 (cf. NETTO, 2008) e o artigo "Transformações societárias e Serviço Social: notas para uma análise prospectiva do Serviço Social no Brasil" (1996) são reconhecidamente elaborações paradigmáticas sobre a história da profissão. Mas a produção do autor sobre as principais temáticas apresentadas aqui, mesmo se nos restringíssemos a este período, é imensa. As temáticas relativas à obra de Marx e ao Serviço Social ocupam o maior espaço no interior das preocupações teóricas do autor e cobrem um largo período de produção ininterrupta, desde a década de 1970 até os dias atuais. Braz (2017) qualifica-o como um "intelectual produtivo e multifacetado": "Sua ponderável produção teórica tem características muito diversas: dos textos ensaísticos àqueles de divulgação, dos textos de combate às obras de maior fôlego. Seu trabalho teórico ininterrupto cobre uma ampla e diversificada produção construída ao longo de cerca de 50 anos, envolvendo contribuições às ciências sociais e humanas no Brasil, em Portugal e na América Latina. [...] Deve-se destacar que estamos diante de um volume expressivo e variado de trabalhos que merecem ser salientados no conjunto da obra do docente, que envolve livros, ensaios e artigos científicos, traduções, prefácios, introduções e apresentações de livros, material jornalístico etc." (BRAZ, 2017, p. 29). Este mesmo autor arrola, em seguida, seus 18 livros, seus incontáveis ensaios e artigos científicos, suas edições, apresentações e traduções (cf. BRAZ, 2017, p. 29-34). De 2017 para cá, Netto, o "marxista sem repouso", seguiu avolumando sua extensa obra em que se destaca o lançamento, em 2020, de uma monumental pesquisa biográfica intitulada *Karl Marx*: uma biografia. São Paulo: Boitempo, 2020.

2. Orientamo-nos, nesta seção, pela rota e pela periodização traçada por Netto (2008; 2017a; 2017b).

ximação de segmentos profissionais com o movimento latino-americano de Reconceituação (1965-1975), desenvolve-se no Brasil em uma processualidade histórica que comporta três etapas (ou momentos) da perspectiva da *intenção de ruptura*: a sua emergência (1972-1975), a sua consolidação acadêmica (1975 até o primeiro terço da década de 1980) e o seu espraiamento entre a categoria profissional (a partir do segundo terço da década de 1980).

No Brasil, a *crise* do Serviço Social "tradicional" — particularmente na América Latina — é impulsionada por detonadores extraprofissionais: é a dinâmica sociopolítica da vida brasileira, a "quente" conjuntura compreendida entre 1960-61/64, momento de aprofundamento e de problematização do processo democrático na sociedade e no Estado brasileiros que a desencadeia. Esta impulsão externa movimenta os elementos endógenos (ou seja: próprios da realidade da profissão) da *crise*, a partir (1) do amadurecimento profissional na sua relação com outros protagonistas (equipes multiprofissionais, grupos da população organizados etc.); (2) do novo relacionamento com a Igreja Católica — especialmente com os chamados "católicos progressistas" —; (3) da ascensão do movimento estudantil, que faz seu ingresso nas Escolas de Serviço Social; e (4) do contato com as ciências sociais, que estão, neste período, saturadas de dimensões críticas e nacional-populares (NETTO, 2008, p. 139-140).

Durantes estes anos da primeira metade da década de 1960, temos "um duplo e simultâneo movimento" no Serviço Social brasileiro: o crescente desprestígio do Serviço Social "tradicional" e a emergente valorização da intervenção no plano "comunitário" — trata-se da prática profissional desenvolvida no interior do chamado *"Desenvolvimento de Comunidade"*. Nesta inserção, três correntes se constituíram e expressaram, em germe, uma primeira diversificação de tendências profissionais no Serviço Social: uma que busca adaptar os procedimentos e as representações tradicionais para o novo âmbito interventivo; outra que erige "uma perspectiva macrossocietária, supondo mudanças socioeconômicas estruturais, mas sempre no bojo do ordenamento capitalista"; e, por fim, a que vislumbra a intervenção comunitária desenvolvida nas práticas profissionais do *Desenvolvimento de Comunidade* como "instrumento de um processo de transformação social substantiva, conectado à libertação social das classes e camadas subalternas" (NETTO, 2008, p. 140). Este rico processo, que ainda esboçava seus primeiros contornos e diferenciações, foi abortado com o golpe de 1964, impedindo a efetivação de propostas críticas e deixando o campo escancarado para as tendências "modernizadoras" e "conservadoras" — aquelas que não se chocavam com a autocracia burguesa.

As tendências críticas ao tradicionalismo profissional, portanto, tiveram seu avanço constrangido pela instauração da autocracia burguesa. Neste período, as transformações econômicas, políticas e sociais inauguradas contribuíram "para uma ponderável reformulação do cenário do Serviço Social". As "modernas" condições — com destaque para a reorganização do Estado e as profundas modificações socioeconômicas comandadas pelo grande capital — afetam, sobremaneira, o Serviço Social, especialmente, em dois níveis: o da sua prática e o da sua formação (NETTO, 2008, p. 118-119).

Estas mudanças se alinham à direção política e econômica encetada pela autocracia burguesa, trata-se de uma "modernização conservadora". No campo profissional, ela engendrou um mercado *nacional* de trabalho para os assistentes sociais e, respondendo às necessidades daí derivadas, "produziu" um profissional "moderno", alterando "os mecanismos vigentes da *formação* dos assistentes sociais" (NETTO, 2008, p. 119). A política educacional da ditadura — a reforma universitária, particularmente — tratou de responder, a seu modo, a esta necessidade.

O Serviço Social passa a se inserir no âmbito universitário.[3] Esta nova inserção teve impacto direto na formação profissional; a profissão,

---

3. "Estas pequenas agências de formação convertem-se, em pouco tempo, em unidades de complexos universitários": "Com efeito, as referidas condições novas reclamavam uma inteira refuncionalização das agências de formação dos assistentes sociais, apta a romper de vez com o confessionalismo, o paroquialismo e o provincianismo que historicamente vincaram o

neste espaço, viu-se condicionada pela "refuncionalização global da universidade pelo regime autocrático burguês" quando ainda debutava na vida acadêmica universitária. Por estes motivos, mostrou-se absolutamente "vulnerável aos constrangimentos gerais do ciclo ditatorial"[4] (NETTO, 2008, p. 125).

O contexto da autocracia burguesa instaurou condições para "uma renovação do Serviço Social" — enquadrada no âmbito de seus interesses e necessidades — e criou, simultaneamente, "um espaço onde se inscrevia a possibilidade de se gestarem alternativas às práticas e às concepções profissionais que ela demandava" (NETTO, 2008, p. 129). É no interior desta contraditoriedade sócio-histórica que se desenvolve a renovação do Serviço Social no Brasil. Como se sabe, Netto (2008) indica a conformação de três direções na renovação da profissão no Brasil: a "perspectiva modernizadora", a "perspectiva de reatualização do conservadorismo" e a que se propõe como "intenção de ruptura" com o Serviço Social "tradicional". Como nosso objeto se vincula diretamente ao desenvolvimento desta última, é o que vamos explorar em seguida.

Pensando nos elementos postos pela *reconceituação latino-americana* e sua relação com a *intenção de ruptura* no Brasil, é importante notar que estes influxos se deram em duplo sentido, em momentos diferentes. Primeiramente, é a renovação do Serviço Social no Brasil que "rebate no primeiro momento da reconceituação latino-americana",[5] depois, "este rebatimento praticamente desaparece e o movimento

---

surgimento e o evolver imediato do ensino do Serviço Social no Brasil — além, naturalmente, da expansão quantitativa das próprias agências" (NETTO, 2008, p. 124-125).

4. O impacto desta inserção para o perfil da formação, entretanto, foi contraditório. Um aspecto positivo foi a interlocução com a disciplinas vinculadas às ciências sociais ("principalmente se se leva em conta o fato, consensualmente reconhecido, da ausência de fortes tradições intelectuais e de investigação na formação profissional"); porém, "registrou-se o largo flanco aberto na formação aos traços mais deletérios deste influxo — residentes no viés tecnocrático e asséptico das disciplinas sociais possíveis na universidade da ditadura" (NETTO, 2008, p. 125-126).

5. Note-se que esta influência que advém da renovação no Brasil não se vincula à tradição marxista, mas sim à "perspectiva modernizadora": é o produto dos dois primeiros "seminários de teorização" promovidos pelo CBCISS que é exportado (NETTO, 2008, p. 156, nota 93).

interativo se inverte"[6] (NETTO, 2008, p. 160, nota 98). O que é significativo na observação desta "via de mão dupla" é notar que parte do movimento de *reconceituação* incorpora acriticamente as formulações da "perspectiva modernizadora" brasileira, e, no sentido contrário, quando da incorporação pela *intenção de ruptura* no Brasil das formulações da *reconceituação*, a mesma postura acrítica se deu em relação aos fortes traços positivistas presentes nas formulações marxistas da *reconceituação*.

Levando em consideração o que já afirmamos, podemos nos dedicar a mapear os principais atributos da *reconceituação*. Interessa-nos sublinhar a afirmação categórica de Netto (2008, p. 148-150): "é no marco da reconceituação que, pela primeira vez de forma aberta, a elaboração do Serviço Social vai socorrer-se da tradição marxista". Essa constatação é da maior importância e ilustra um dos principais legados deste movimento. Mas o autor delineia um conjunto de problemas nesta aproximação:[7] o *"ecletismo"*[8], a ausência das "fontes originais"[9] e "o *epistemologismo*"[10] (NETTO, 2017a, p. 283).

Vejamos, então, tendo em mente estes influxos da *reconceituação*, as características fundamentais da emergência e consolidação da *intenção de ruptura* — sua grandeza e suas idiossincrasias.

A *intenção de ruptura* se enfrentava com um desafio muito maior que as correntes submissas às linhas gerais da autocracia burguesa e ao núcleo conservador profissional; a ela cabia "construir-se sobre

---

6. "Aproximadamente já por volta de 1975, começa a sentir-se nos vetores mais insubmissos do Serviço Social no Brasil a forte influência de autores latino-americanos (ou de brasileiros obrigados ao exílio na América Latina — é o caso de Faleiros)" (NETTO, 2008, p. 160, nota 98).

7. Muitos deles serão reproduzidos, posteriormente, na perspectiva de *intenção de ruptura* no Brasil.

8. Derivado de uma "assimilação mal digerida da teoria marxiana" (NETTO, 2017a, p. 283).

9. "Haurida não em suas fontes originais, mas na divulgação rasteira, de tipo manualesco — e em contrafações como uma certa 'teoria da dependência', a 'teoria do populismo' e quejandos" (NETTO, 2017a, p. 283).

10. José Paulo Netto indica as raízes teóricas deste "epistemologismo", refere-se à "clara marca althusseriana" e aponta "os equívocos dele derivados": "a postulação de uma 'teoria' própria do Serviço Social, bem como, ainda, a utilização arbitrária e indevida das propostas de Paulo Freire" (NETTO, 2017a, p. 283).

DIRETRIZES CURRICULARES E FORMAÇÃO EM SERVIÇO SOCIAL

bases quase que inteiramente novas", já que só poderia se afirmar plenamente rompendo *"substantivamente com o tradicionalismo e suas implicações teórico-metodológicas e prático-profissionais"* (NETTO, 2008, p. 250).

As "bases sociopolíticas" da perspectiva da *intenção de ruptura* estavam postas "na democratização e no movimento das classes exploradas e subalternas derrotadas em abril"[11]. Mas este bloqueio não impede completamente o seu desenvolvimento;[12] é no cenário da autocracia burguesa "que se articulam as tendências sociopolíticas que mais imediatamente suportaram a perspectiva da intenção de ruptura" (NETTO, 2008, p. 257). Mas a *intenção de ruptura* não pôde emergir imediata e abertamente. Ou seja, diante destas relações umbilicais com o destino do avanço democrático e das lutas da classe trabalhadora, ela "encontrará os maiores óbices para tomar forma" se comparada com as demais tendências profissionais renovadoras. Somente a partir da "crise da autocracia", quando do protagonismo do movimento operário e ascenso das lutas democráticas, é que ela poderá vir à tona de corpo inteiro.

A autocracia burguesa produziu transformações significativas no "mundo do trabalho": o proletariado torna-se quantitativa e qualitativamente mais significativo. A abertura dos canais para o vínculo mais próximo à classe trabalhadora e para o estudo das condições de trabalho e existência operárias, possibilitaria, assim, a superação de certo viés teoricista predominante até então (NETTO, 2008, p. 258). Mas a *intenção de ruptura*, diante do contexto em que emerge, desenvolveu a sua "politização" "no marco da oposição pequeno-burguesa radicalizada". Não desenvolve laços orgânicos com o movimento operário, está centrada no movimento intelectual e estudantil (na segunda

---

11. Ela é "impensável sem o processo que se precipita entre 1961 e 1964 e é abortado em abril". "Esta perspectiva expressa geneticamente, no plano do Serviço Social, as tendências mais democráticas da sociedade brasileira próprias da década de sessenta" (NETTO, 2008, p. 257).

12. Que se processa na mobilização antiditatorial, na "ambiência cultural e ideológica que se caldeia com o exercício oposicionista de segmentos das camadas médias urbanas" (NETTO, 2008, p. 257).

metade dos anos 1960) e ignora ou despreza "o patrimônio de lutas e organizações anteriormente construído pela classe operária e pelas forças democráticas".[13] Soma-se a isso o peso dos "desgarramentos de setores afetos à Igreja Católica" e está posto o "caldo de cultura" para o desenvolvimento, no solo deste segmento profissional, do "*testemunho* (cristão), agora reposto sob a lente do *militantismo*". Reproduz-se assim, com repercussões que ainda hoje ecoam, "a opção político-profissional comportando um cariz visivelmente *messiânico*" (NETTO, 2008, p. 259-260).

A *intenção de ruptura* é a única vertente renovadora no Brasil que sustenta, em relação ao Serviço Social "tradicional", uma "crítica sistemática ao desempenho 'tradicional' e aos seus suportes teóricos, metodológicos e ideológicos".[14] O sucesso de tal empreitada depende, entre outros determinantes, de seu amadurecimento político e teórico. Um dos indicadores fundamentais deste amadurecimento encontra-se no modo como ela se relaciona com a tradição marxista.

Para Netto (2017b), a aproximação do Serviço Social com a tradição marxista se vincula a "três processos interligados": (1) realizou-se sob exigências teóricas muito reduzidas (cariz instrumental); (2) criou-se uma referência à tradição marxista seletiva e vinculada a perspectivas prático-políticas e organizacional-partidárias; (3) desenvolveu-se sem que se recorresse às fontes marxianas e/ou aos "clássicos" da tradição marxista (mas por meio de divulgadores e manuais). O que houve foi "uma aproximação enviesada de setores do Serviço Social à tradição marxista — um viés derivado de constrangimentos políticos, do ecletismo teórico e do desconhecimento das fontes 'clássicas'" (NETTO, 2017b, p. 303-304). É através da análise das "superações" e das "permanências" destas características que poderemos parametrizar o grau

---

13. Pode-se compreender por que "esta politização, experimentada num quadro de dilaceramento das esquerdas, acabou por adquirir contornos de partidarização que, nas circunstâncias da época, facilmente descaíam em posturas de evidente estreiteza" (NETTO, 2008, p. 259).

14. Ela resgata, criticamente, "tendências que, no pré-64, supunham rupturas político-sociais de porte para adequar as respostas profissionais às demandas estruturais do desenvolvimento brasileiro" (NETTO, 2008, p. 159).

DIRETRIZES CURRICULARES E FORMAÇÃO EM SERVIÇO SOCIAL

de amadurecimento da incorporação da tradição marxista e da teoria social de Marx pela profissão. Em retrospectiva, pode-se afirmar que se construiu um caminho "progressivo" — o que não significa dizer que esta trajetória não contenha tendências problemáticas. Vejamos, portanto, como a *intenção de ruptura* recorrerá progressivamente à tradição marxista, mas de modo distinto nos três momentos de sua evolução.[15]

No momento de sua *emersão*, a interação com o marxismo se deu pela via política[16] e padece de alguns vícios — "a instrumentalização para legitimar estratégias e táticas", "a pouca possibilidade de reflexão teórica sistemática" e "o visceral empirismo" — "que se escora em extratos do maoísmo" e reduz o "arsenal marxiano ao epistemologismo de raiz estruturalista" (NETTO, 2008, p. 268).

A emergência está "visivelmente objetivada" no trabalho desenvolvido "pelo grupo de jovens profissionais que ganhou hegemonia na Escola de Serviço Social da Universidade Católica de Minas Gerais, onde se formulou o depois célebre 'Método Belo Horizonte'" (NETTO, 2008, p. 261). Esta é não só a primeira formulação da *intenção de ruptura* como expressa uma "alternativa global" ao tradicionalismo profissional, pois procura romper com este tradicionalismo em suas diferentes dimensões: a ideopolítica, a teórica-metodológica, a prático-interventiva e a da formação.[17]

---

15. A sua emersão está "configurada no célebre 'Método Belo Horizonte'" e se dá na primeira metade da década de 1970. Depois, "à medida que avança a crise da ditadura, e o 'marxismo acadêmico' se desenvolve, ela se adensa, sobretudo enquanto padrão de análise textual; quando a autocracia burguesa entra na defensiva e se processa a transição democrática, ela empolga vanguardas profissionais, fortemente mesclada ao novo irracionalismo [...]. Na primeira metade dos anos oitenta, é esta perspectiva que dá o tom da polêmica profissional e fixa as características de retórica politizada (com nítidas tendências à partidarização) de vanguardas profissionais de maior incidência na categoria, permeando o que há de mais ressonante na relação entre esta e a sociedade — e de forma tal que fornece a impressão de possuir uma incontuste hegemonia no universo profissional" (NETTO, 2008, p. 159-160).

16. "Frequentemente, político-partidária: mormente via os grupamentos de esquerda influenciados pela Igreja, situados fora do leito histórico do PCB" (NETTO, 2008, p. 268).

17. "Uma formulação abrangente que até hoje se revela uma arquitetura ímpar" (NETTO, 2008, p. 261).

Para os formuladores do método BH, a base ideopolítica da ação profissional não pode ser escamoteada, ela deve indicar como objeto da atuação profissional "a ação social da classe oprimida" (NETTO, 2008, p. 279). Este simplismo da noção política de "classe oprimida" se soma à problematicidade do "objeto-meta" profissional que definem: "a transformação da sociedade e do homem" (NETTO, 2008, p. 280). Sem qualquer indicação do quadro dos projetos societários a que se vinculam perspectivas profissionais, objetivos profissionais assim definidos abrem o flanco para "posturas militantistas messiânicas" (NETTO, 2008, p. 281).

Do ponto de vista teórico-metodológico, a sua reflexão também está eivada de deformações. A partir de uma simplificação da teoria lenineana do reflexo, produz uma empobrecida concepção acerca da relação teoria-prática, "segundo a qual a prática é 'produtora de conhecimentos'". Pode-se observar, "apesar de enfática declaração de princípio antiempirista" de seus formuladores, a vulgarização e a influência positivista nesta incorporação da tradição marxista, que deriva num "epistemologismo formalista" (NETTO, 2008, p. 282-283).

Mais um desdobramento, derivado das deficiências anotadas anteriormente, apresenta-se quando a atividade teórica tende a ser reduzida a procedimentos sistematizadores, à sistematização da prática. Há aí uma "identificação operada pelos formuladores mineiros entre *método científico* e *método profissional*" (NETTO, 2008, p. 283). Esse "metodologismo", convertendo a prática profissional em prática científica, levaria à busca pela legitimação de um estatuto profissional fundado na concepção da profissão como uma especialização do saber científico.

Há grande mérito na experiência belo-horizontina, especialmente por ter desbravado o território da incorporação teórica e ideológica da tradição marxista no Serviço Social brasileiro. Mas a incorporação que realizou está marcada pela "contaminação positivista"; trata-se de um "marxismo sem Marx" (NETTO, 2008, p. 287). Apesar disso, ela foi capaz de fomentar uma interessante proposição de "reestruturação da formação profissional", projetando um quadro profissional cuja *competência* se expressaria tridimensionalmente: política, teórica e interventivamente.[18] Note-se: apesar das fragilidades que marcam a sua base teórica, a projeção de uma formação que reclama um profissional com "capacidades técnicas" ancoradas em uma "sensibilidade política, respaldada por informação teórica e disposição investigativa" (NETTO, 2008, p. 289), é atual e necessária.

A interrupção deste processo desenvolvido em BH,[19] com a asfixia de uma única unidade de ensino, demonstra o caráter isolado (ou "insular", nas palavras de Netto) desta alternativa — caráter derivado dos limites impostos pela conjuntura da autocracia burguesa e de fatores endógenos às opções profissionais neste cenário. De todo modo, mesmo neste ambiente restrito e constrangido, a pouco e pouco o cenário se move. No segundo momento, o da *consolidação da intenção de ruptura*, o que predomina é o "marxismo acadêmico". Numa primeira fase, a referência à tradição marxista se conecta ao contexto da universidade "insulada e neutralizada" e mantém "fortes traços de redução epistemologista", mas passa a obedecer a "exigências intelectuais mais rigorosas" (NETTO, 2008, p. 269). Depois, na segunda fase, a política e a história, antes submetidas "às lentes paradigmáticas", passam a ser "objetos práticos inelimináveis e possíveis da reflexão" e, no contexto da transição democrática, "a elaboração passa a socorrer-se da análise das fontes originais, com recurso a 'clássicos' que, à diferença do marxismo estruturalizado, contemplam a historicidade" (NETTO, 2008, p. 269).

Vejamos mais sobre estes dois "patamares". O primeiro se desenvolve até a abertura dos anos 1980. Nesta ocasião, são elaborados "estudos que resgatam o projeto de ruptura em formulações latino-americanas e/ou submetem à discussão propostas modernizadoras",

---

18. "Política (com a capacidade de analisar a sociedade como campo de forças contraditórias), teórica (com a aquisição do acúmulo existente e da habilitação investigativo-sistematizadora) e interventivamente (com aptidão para enfrentar eficientemente a prática profissional estrita)" (NETTO, 2008, p. 289).

19. Este processo foi interrompido em 1975, com uma crise que levou "à demissão dos seus principais formuladores e gestores" (NETTO, 2008, p. 263).

e o seu saldo positivo principal foi "recolocar no centro do debate profissional o projeto de ruptura". Nesta fase, "é notável a influência das ideias da Profª Miriam Limoeiro Cardoso" (NETTO, 2008, p. 265). Erguendo-se sobre este acúmulo, o segundo patamar[20] da consolidação se diferencia porque "avança para elaborações crítico-históricas mais abrangentes, apoiadas nomeadamente no recurso a concepções teórico-metodológicas colhidas em suas fontes originais" (NETTO, 2008, p. 265). A própria instituição Serviço Social é pensada criticamente à luz das "fontes 'clássicas' da teoria social". Nesta fase, "a elaboração mais típica é a de Iamamoto (1982)" (NETTO, 2008, p. 266).

Sem poder abordar neste espaço o "clássico" material produzido por Iamamoto (nem a análise realizada por Netto sobre ele), sublinhemos o que há de novo em sua elaboração em relação ao tratamento dispensado à obra de Marx (e ao marxismo) pela *intenção de ruptura* até este momento: ela se apropria da riqueza da tradição marxista através de suas "fontes originais".

Em *Relações sociais e Serviço Social no Brasil*, Iamamoto desenvolve uma "interpretação do Serviço Social a partir da sua inserção na dinâmica capitalista, à luz de uma inspiração teórico-metodológica haurida direta e legitimamente na fonte marxista" (NETTO, 2008, p. 300). Ela "consegue superar os vieses mais generalizados na tradição marxista e comprometer-se com a perspectiva ontológica original de Marx", sua correta postura teórico-metodológica garante "uma angulação do processo social que está sempre inscrita no *ponto de vista da totalidade* e lhe assegura a base para procedimentos sempre felizes na caça às mediações" (NETTO, 2008, p. 293).

Iamamoto só realiza este intento porque havia enfrentado teoricamente as tendências políticas problemáticas da profissão (inclusive às do interior da *intenção de ruptura)* de modo lúcido. Sua crítica às abordagens da "vertente *mecanicista* do sociologismo vulgar" e da

---

20. "Cobrindo o primeiro terço da década de oitenta, capitaliza a precipitação da crise da ditadura e a sua ultrapassagem, com toda a movimentação social que a acompanha e todos os seus rebatimentos na universidade e na categoria profissional" (NETTO, 2008, p. 265).

"vertente voluntarista" é parte integrante da análise crítico-sistemática que realiza da profissão (NETTO, 2008, p. 291). Pôde, partindo destas críticas, identificar uma "dimensão política" na prática profissional que não se confunde imediatamente com a "militância" ou a política partidária. A sua produção (e aqui nos referimos estritamente ao campo da elaboração teórica) supera os problemas mais graves existentes nos "três processos interligados" que marcaram, até então, a aproximação do Serviço Social com a tradição marxista — que nos referimos antes. A qualificação desta superação como *superação teórica* deve ser marcada já que, sabemos, a conquista de um novo patamar na reflexão profissional exige a construção de uma nova hegemonia no seio profissional. Para isso, não são suficientes os avanços na esfera da produção teórica; a reprodução destas conquistas — por meio, fundamentalmente (mas não só), da formação profissional — precisa se consolidar.

O momento aberto a partir do segundo terço da década de 1980, já numa conjuntura de transição democrática, é o do *espraiamento* da *perspectiva de intenção de ruptura* para o conjunto da categoria profissional: nos debates, na produção intelectual, na formação de quadros e nas organizações representativas dos assistentes sociais (NETTO, 2008, p. 266-267).

O avanço do processo democrático na vida política e social brasileira e o acúmulo profissional precedente criam as condições para a *perspectiva de ruptura*, à medida que recupera "substratos da tradição marxista" (entre outras referências), possa analisar criticamente a atualidade profissional nas suas diferentes dimensões: desde a formação até campos de intervenção e políticas de prática (NETTO, 2008, p. 269). Algumas limitações, por sua vez, são resilientes, como o "*lastro eclético* que percorre as formulações significativas desta vertente renovadora"[21] (NETTO, 2008, p. 269-270).

---

21. Esta característica "marca presença no empirismo da elaboração belo-horizontina, é flagrável no primeiro patamar do momento da consolidação acadêmica e, consolidada a perspectiva, permanece dando o tom em formulações nas quais a ela se acresce o novo irracionalismo" (NETTO, 2008, p. 269-270).

Este "lastro eclético" e as dificuldades típicas enfrentadas na disseminação das conquistas teóricas às esferas da formação e da prática profissional marcam esta última etapa da intenção de ruptura. A aprovação do Currículo Mínimo em 1982 carrega as marcas desta transição. O "lastro eclético" nele presente deve-se tanto às características da incorporação enviesada do marxismo pela *perspectiva de ruptura* quanto pelo fato de que ele expressa um compromisso "entre tendências diversas do meio profissional" (NETTO, 2008, p. 254). Isso se justifica por dois motivos: pelas condições em que se deu o processo de debates sobre a revisão curricular desde fins dos anos 1970; e pelo projeto-modelo que imantou as discussões — a proposta da Escola de BH. Recorde-se de que, em 1975, ocorre a XIX Convenção da ABESS, cujo temário central se voltou para "as mudanças necessárias na formação profissional". Neste debate, "a proposta da Escola de Belo Horizonte foi retomada, havendo grande embate e tensão entre as duas posições existentes no Brasil". Mais tarde, em 1979, por ocasião da XXI Convenção da ABESS realizada em Natal (RN), após novas discussões, tivemos a aprovação do novo Currículo Mínimo (BRAVO *et al.*, 2019, p. 63-64).

O novo currículo de 1982 trouxe ganhos significativos para a *perspectiva de intenção de ruptura*, mas a presença parca e a construção fragmentada do referencial marxista no documento devem-se, por um lado, ao "compromisso das tendências", assinalado anteriormente, e por outro, às próprias debilidades políticas e teóricas que ainda persistiam na *intenção de ruptura* naquele momento. Esta realidade impede a superação da defasagem existente entre a apropriação dos avanços da perspectiva da *intenção de ruptura* no âmbito universitário em relação à incidência que eles obtiveram na prática profissional, ali na primeira metade dos anos 1980. Netto (2008, p. 254) indica que há "um descompasso entre o universo simbólico a que a produção teórico-metodológica e profissional das vanguardas remete e aquele que parece pertinente à massa da categoria". O que nos permite afirmar que a ruptura, no terreno da prática profissional, "permanece ainda como intenção" (NETTO, 2008, p. 255, nota 291).

A teoria social de Marx e as diretrizes curriculares de 1996

Em 2021, comemoramos os 75 anos da ABESS[22] (atual ABEPSS[23]) e os 25 anos das *Diretrizes Curriculares* de 1996. Eventos dignos de celebração. Celebramos o papel decisivo desta instância profissional na organização do processo democrático de debates teóricos[24] e na direção teórico-política que culminou com a elaboração dessas diretrizes (aliás, são vários os momentos em que o protagonismo da ABESS foi decisivo no rumo de nossa profissão). Comemoramos a aprovação das diretrizes como uma das mais emblemáticas expressões da consolidação teórica, política e jurídico-formal da maturidade profissional — um desfecho das importantes vitórias da categoria na década de 1990, que já havia aprovado o novo Código de Ética e a nova Lei de Regulamentação da Profissão em 1993. O futuro da profissão e do projeto profissional que defendemos depende da preservação da memória e da recuperação dos processos históricos que nos permitiram avançar. Urge que as novas gerações, nas quais se depositam as possibilidades de continuação dos avanços que até aqui obtivemos, conheçam a história para que reafirmem o seu legado positivo, e superem as dificuldades e os limites que restaram.

É, portanto, partindo da afirmação da importância deste momento para a profissão que desenvolvemos nossa retrospectiva e análise crítica. Nessa retrospectiva, ao passo que recuperamos a formulação

---

22. Inicialmente denominada Associação Brasileira de Escolas de Serviço Social. Na XVIII Convenção da ABESS, em 1973, "houve a primeira mudança com relação à denominação da entidade, que passou a chamar-se Associação Brasileira de Ensino de Serviço Social" (BRAVO *et al.*, 2019, p. 63, nota).

23. Em 1996 passa a chamar-se Associação Brasileira de Ensino e Pesquisa em Serviço Social.

24. "Entre 1994 e 1996 foram realizadas aproximadamente 200 (duzentas) oficinas locais, nas 67 unidades acadêmicas filiadas à ABESS, 25 (vinte e cinco) oficinas regionais e duas nacionais" (ABESS/CEDEPSS, 1997, p. 58). Se esta pujança gremial não é característica nova na profissão, o elemento novo é que este rico processo de debates e reuniões se diferencia e muito do caráter celebrativo e autoemulador tão marcante no passado. Naqueles fóruns, houve um efetivo confronto de ideias e a construção de consensos.

histórico-crítica de Netto para delinear a "história" da vertente profissional que buscou romper radicalmente com o Serviço Social "tradicional", refiguramos o processo progressivo — mas não linear, visto que composto por rupturas e permanências — de aproximação deste segmento profissional com a teoria social de Marx e a tradição marxista. A análise — que revelou, na seção anterior, as tendências problemáticas desenvolvidas ao longo desta aproximação —, neste momento, ancora-se na própria textualidade das *Diretrizes* e nos debates correlatos a sua elaboração.

Começaremos a análise já antecipando o seu desfecho com esta afirmação: as *Diretrizes* de 1996 são o ponto alto, na história dos projetos formativos profissionais do Serviço Social, do processo de aproximação da profissão com a teoria social de Marx. Por dois motivos: (1) porque incorporam no conjunto da proposição do documento, de forma inédita, as categorias oriundas das "fontes clássicas" da tradição marxista e da teoria social de Marx; (2) pelo impacto, também inédito, destas *Diretrizes* na formação profissional e na prática profissional. Seus desdobramentos atingiram um conjunto amplo de unidades de ensino na maioria dos estados, os diferentes níveis da formação — na graduação e na pós-graduação — e as iniciativas no campo da pesquisa, da extensão, do estágio e da formação continuada.[25] Pelos limites deste trabalho, trataremos apenas do primeiro motivo.

A base textual para a nossa análise crítica são os três documentos que expressam o acúmulo de debates e deliberações sobre as

---

25. Com a aprovação da LDB (Lei n. 9 394, em dezembro de 1996), o "currículo mínimo para os cursos de graduação" foi transformado em "Diretrizes Curriculares (nacionais)" como parâmetros para os "Projetos Político-Pedagógicos" de cada unidade de ensino. No caso das diretrizes do Serviço Social, além deste "rebaixamento", houve a demora na aprovação por parte das instâncias federais responsáveis que, quando as aprovaram, acabaram por desconfigurar a proposta original. O resultado foi que as diretrizes, aprovadas nos fóruns da categoria em 1995, só foram regulamentadas como resolução (com cortes e alterações) em 2002 (cf. CNE/CES. Resolução n. 15, de 13 de março de 2002). Pode-se ver, portanto, que apesar do impacto inédito, muitas foram as dificuldades e limitações, desde antes de sua aprovação, para a sua implementação efetiva.

DIRETRIZES CURRICULARES E FORMAÇÃO EM SERVIÇO SOCIAL

"Diretrizes": a "Proposta básica para o projeto de formação profissional";[26] a "Proposta básica para o projeto de formação profissional — novos subsídios para o debate";[27] e, destacadamente, as "Diretrizes gerais para o Curso de Serviço Social (com base no Currículo Mínimo aprovado em Assembleia Geral Extraordinária de 8 de novembro de 1996)".[28] O último texto, o das "Diretrizes" propriamente ditas, é o que conta efetivamente para a análise dos avanços inscritos na regulamentação profissional relativos à formação, mas a referência aos demais se faz necessária na busca por mais informações sobre as temáticas, as categorias e o trato teórico-metodológico que podem estar diretamente imbricados na sua elaboração.

Como já vimos, a materialização da relação da profissão com a tradição marxista na formação profissional não tem o seu *début* em 1996. Não se pode afirmar que as "Diretrizes" sejam o primeiro projeto de formação profissional em que ecoam as referências marxistas. Essa primazia se deve à "Proposta de Reformulação do Currículo Mínimo" aprovada em 1982. Os formuladores da "Proposta Básica" de 1996 reconhecem esta trajetória, quando citam os princípios norteadores da revisão curricular: "a preservação dos avanços do currículo/82, bem como do Código de Ética aprovado em 1993, tomando como ponto de partida o patamar teórico-metodológico e ético-político construído pela categoria profissional" (ABESS/CEDEPSS, 1996, p. 144).

---

26. "Documento apresentado na XXIX Convenção Nacional da ABESS, realizada em Recife-PE, em novembro de 1995", elaborado pelos seguintes consultores: Ana Elizabete Mota, Isabel Cristina Cardoso, Marilda Iamamoto, Nobuco Kameyama, Maria Lucia Barroco e Maria Rosangela Batistoni (ABESS/CEDEPSS, 1996, p. 143).

27. É a síntese dos debates realizados em junho de 1996 na Universidade Estadual do Rio de Janeiro — UERJ — com os consultores convocados pela ABESS. Elaborado por Isabel Cristina da Costa Cardoso, Sara Granermann, Elaine Rossetti Behring e Ney Luiz Teixeira de Almeida, sob a supervisão de Marilda Iamamoto (CARDOSO *et al.*, 1997, p. 15).

28. "Na etapa final do processo de revisão curricular as proposições do conjunto das unidades de ensino foram sistematizadas, resultando em seis documentos regionais a partir dos quais a diretoria da ABESS, as representações da ENESSO e do CFESS, o Grupo de Consultores de Serviço Social e a Consultoria Pedagógica elaboraram a presente proposta" (ABESS/CEDEPSS, 1997, p. 59).

Vimos que, no Currículo Mínimo de 1982,[29] a incorporação da tradição marxista, ou, precisamente, da teoria social de Marx, apresenta-se, ainda, de modo episódico, fragmentado e eclético. Diferentemente será a relação das "Diretrizes de 1996" com a teoria social de Marx, como veremos a seguir.

Enfrentemos, a partir de agora, a análise imanente da textualidade das "Diretrizes". Não comparecem no texto das "Diretrizes" de 1996 os termos "teoria social de Marx" ou "teoria marxiana", nem mesmo "tradição marxista" ou "marxismo". As referências diretas à teoria social de Marx aparecem sob o nome de "teoria social crítica" — em seus "princípios" — e a referência direta a Marx só surge na descrição do conteúdo da disciplina "Economia Política" — quando incorpora a "Crítica Marxista da Economia Política" (ABESS/CEDEPSS, 1997, p. 60 e 69).[30] Mas este procedimento é típico em documentos como esse. O que mais importa é o rico arsenal de categorias que será utilizado, bem como o método adotado na concepção das "Diretrizes".

Os "princípios" e as "diretrizes" da formação profissional são muito bem construídos; a perspectiva de totalidade e a teoria social de Marx governam a proposta formativa da profissão. Isso está patenteado em todos os "princípios", mas especialmente no terceiro — "adoção de uma teoria social crítica que possibilite a apreensão da totalidade social em suas dimensões de universalidade, particularidade e singularidade"[31] — e quinto — "superação da fragmentação de conteúdos na organização curricular, evitando-se a dispersão e a pulverização de disciplinas e outros componentes curriculares". À frente, na exposição

---

29. Cf. Parecer CFE n. 412, de 4 de agosto de 1982.

30. No documento "Proposta básica...", a referência era mais explícita: "Esse núcleo é responsável, nesse sentido, por explicitar o processo de desenvolvimento do conhecimento do ser social, enfatizando as teorias modernas e contemporâneas denominadas 'ciências humanas e a teoria social marxista'" (ABESS/CEDEPSS, 1996, p. 169).

31. No documento "Proposta básica...", a assertiva tinha sido feita do seguinte modo: "A perspectiva fundante da formação profissional é um rigoroso trato teórico, histórico e metodológico da realidade social. Sua hipótese é a adoção de uma teoria social crítica e de um método que permita a apreensão do singular como expressão da totalidade social" (ABESS/CEDEPSS, 1996, p. 166).

da primeira diretriz, a categoria de totalidade é enriquecida com a categoria de historicidade dos processos sociais — a "apreensão crítica do processo histórico como totalidade". A proposta como um todo está assentada na afirmação do "trabalho como atividade central na constituição do ser social" (ABESS/CEDEPSS, 1997, p. 61-62), centralidade reafirmada quando se explicita que as mudanças no "mundo do trabalho" são fundantes das transformações na profissão.

Tendo estes princípios e diretrizes inscritos em nosso documento-base para a formação, podemos afirmar que o projeto de formação profissional do Serviço Social se filia ao método e à teoria social de Marx na forma e no conteúdo. Vejamos como isso aparece na organização dos "núcleos de fundamentação constitutivos da formação profissional" (ABESS/CEDEPSS, 1997, p. 63).

Os núcleos de fundamentação — (1) núcleo de fundamentos teórico-metodológicos da vida social; (2) núcleo de fundamentos da formação sócio-histórica da sociedade brasileira; e (3) núcleo de fundamentos do trabalho profissional — obedecem a uma diretriz organizativa que ressalta a perspectiva de totalidade — a unidade na diferença[32] — e a relação dialética entre os núcleos.[33]

Outra inovação, articulada à perspectiva e à relação que acabamos de citar, é que, nas "Diretrizes", rompe-se "com a visão formalista do currículo, antes reduzido a matérias e disciplinas. Esta articulação favorece uma nova forma de realização das mediações — aqui entendida como a relação teoria-prática — que deve permear toda a formação profissional, articulando ensino-pesquisa-extensão" (ABESS/CEDEPSS, 1997, p. 63).

---

32. "Os núcleos mencionados não são autônomos nem subsequentes, expressando, ao contrário, níveis diferenciados de apreensão da realidade social e profissional, subsidiando a intervenção do Serviço Social" (ABESS/CEDEPSS, 1997, p. 64).

33. "O primeiro núcleo, responsável pelo tratamento do ser social enquanto totalidade histórica, analisa os componentes fundamentais da vida social, que serão particularizados nos dois outros núcleos de fundamentação, o da formação sócio-histórica da sociedade brasileira e o do trabalho profissional. Portanto, a formação profissional constitui-se de uma totalidade de conhecimentos que estão expressos nestes três núcleos, contextualizados historicamente e manifestos em suas particularidades" (ABESS/CEDEPSS, 1997, p. 63).

A teoria social de Marx, portanto, está presente em toda a lógica da organização curricular de 1996. Se habitualmente a sua "localização" no currículo é situada no interior do "Núcleo de Fundamentos Teórico-Metodológicos da Vida Social", a verdade é que a teoria social marxiana preside o método e o conteúdo de todos os três núcleos de fundamentação do currículo, assim como de seus princípios e diretrizes gerais. Analisemos, brevemente, o conteúdo desse primeiro núcleo.[34]

A assimilação madura da teoria social de Marx, com particular referência na leitura lukacsiana sobre a obra marxiana, sustenta o arsenal categorial desse núcleo por completo. Ao tratar de "vida social", "centralidade do trabalho", "produção e reprodução da vida social", "práxis", "socialidade", "consciência", "universalidade", "valores", "escolhas", "novas necessidades", assim como de "sociedade burguesa", "divisão social do trabalho", "propriedade privada", "divisão de classes", "exploração", "dominação", "alienação", "superação" (acrescentaríamos: dialética, pois, apesar de não citar explicitamente esta categoria, é a este processo que remete), "conhecimento das múltiplas determinações da realidade" ("processo de conhecimento do ser social", com ênfase nas "teorias modernas e contemporâneas"), entre outras (ABESS/CEDEPSS, 1997, p. 64-65), as "Diretrizes" se afinam com a riqueza categorial da obra marxiana e da tradição marxista, com referência nas "fontes clássicas". Esse núcleo está ancorado na "ontologia do ser social",[35] na crítica da economia política e no método crítico-dialético.

Se a relação das "Diretrizes" com a teoria social de Marx está presente de modo orgânico no "todo" e nas "partes" (em princípios, diretrizes e em cada núcleo de fundamentação[36]) que as compõem,

---

34. Não poderemos nos dedicar às problemáticas relativas ao núcleo de fundamentos da formação sócio-histórica da sociedade brasileira e ao núcleo de fundamentos do trabalho profissional devido aos limites deste capítulo.

35. A presença desta perspectiva ontológica extraída da obra de Marx se patenteia na própria seleção de categorias que acabamos de citar. Além disso, na proposta de conteúdo das *Diretrizes* para a disciplina "Filosofia", a temática privilegiada é: "os fundamentos ontológicos do ser social" (ABESS/CEDEPSS, 1997, p. 69).

36. Somam-se a estas conquistas inscritas nas "Diretrizes" outras importantes e factíveis diretrizes e metas mais detalhadas contidas no documento "Proposta básica...", ricas propostas

DIRETRIZES CURRICULARES E FORMAÇÃO EM SERVIÇO SOCIAL

podemos afirmar que é no núcleo de fundamentos teórico-metodológicos da vida social que ela se apresenta na sua maior riqueza e integridade. Nossa hipótese, que infelizmente não teremos espaço para tratar de maneira mais detalhada neste texto, é que na formulação desse núcleo, muito mais articuladamente do que na dos demais, nossas colegas puderam se apropriar dos debates e das produções teóricas vinculados à elaboração do novo Código de Ética Profissional de 1993 — ainda que tenham sido diversos os referenciais teóricos utilizados para a formulação do documento, são notórias a presença da teoria social de Marx e as contribuições de Lukács nas discussões teóricas que culminaram na renovação do Código naquele ano.

As diretrizes de 1996 como patrimônio do projeto ético-político: elementos histórico-críticos

Passados 27 anos do surgimento das *Diretrizes* tornou-se possível afirmar, considerando os limites e as possibilidades postos pela dinâmica da história, que elas formam um dos principais pilares da renovação do Serviço Social brasileiro, cuja expressão mais clara, ainda que genérica, encontra-se no chamado projeto ético-político da profissão. Nesse sentido, o documento é um patrimônio da profissão no Brasil, do qual devemos nos orgulhar e defender. Defesa que se fez necessária nas diversas conjunturas que atravessamos desde 1996. Elas puseram à prova, por inúmeras vezes, a pequena fortaleza que edificamos no Serviço Social em nosso país.

Nos anos 1990, enfrentamos um dilúvio neoliberal, uma hegemonia abertamente liberalizante que promovia verdadeiros assaltos aos direitos dos trabalhadores, cujas consequências foram um desastre para a maioria do povo. Mesmo numa década de extrema ofensiva

---

teórico-metodológicas e formativas encontram-se ali presentes (cf. ABESS/CEDEPSS, 1996, p. 165-168).

neoliberal, não só soubemos resistir ao lado dos trabalhadores, como também fomos capazes de obter algumas conquistas que hoje, apesar dos retrocessos, formam pilares da seguridade social inconclusa no Brasil. Fomos decisivos para a conquista da Lei Orgânica da Assistência Social (LOAS). Participamos fortemente das lutas pelo Sistema Único de Saúde (SUS). Estivemos juntos da luta para superar o fatídico Código do Menor e ajudamos a construir o Estatuto da Criança e do Adolescente (ECA). Em comunhão com os "Princípios Fundamentais" de nosso Código de Ética, labutamos no dia a dia profissional e no âmbito de nossas entidades para aprovar políticas voltadas ao enfrentamento de todo tipo de preconceito e discriminação. Somos parte da edificação de medidas que fizeram avançar os direitos humanos no Brasil. Não tenhamos dúvidas de que, está escrito na história, de 1990 a 2002 estivemos presentes nos bons combates que, a duras penas, ajudaram a consolidar alguns avanços sociais e democráticos, na contracorrente da maré neoliberal dos governos Collor e Fernando Henrique Cardoso.[37]

As políticas adotadas pelos governos do Partido do Trabalhadores (PT) nos anos 2000 estabeleceram alguns avanços que estiveram longe de nos levar a um pós-neoliberalismo. Mas uma nova fase da hegemonia neoliberal se abriu, comportando um pacto de classes que, em seus limites e contradições, possibilitou aos governos petistas adotar importantes medidas que reduziram as perdas dos trabalhadores em alguns níveis. Os programas e as ações sociais do PT focados na pauperização absoluta alteraram parte das condições de vida de uma parcela expressiva da população, ainda que muito distante de se obterem as mudanças estruturais tão necessárias e urgentes na agenda nacional. Contudo, somados à política de valorização do salário mínimo puderam, até 2013, recuperar parcialmente os rendimentos das famílias mais empobrecidas, reduzindo assim o pauperismo absoluto, ainda que, por outro lado, tenhamos assistido ao surgimento

---

37. Este e os próximos cinco parágrafos foram reproduzidos, com poucas alterações, de Braz (2019).

de novas formas de pauperismo relativo. Os efeitos contraditórios dessas políticas adotadas explicitavam a conciliação de classes em curso, visível no consentimento *passivo* das massas alcançadas pelos programas sociais ou na cooptação e no consentimento *ativo* de seus organismos políticos mais vigorosos.

O jogo da conciliação de classes se expressou em vários momentos: no "Programa Minha Casa, Minha Vida" que atendeu, ao mesmo tempo, demandas reprimidas de habitação popular e interesses do capital imobiliário e da construção civil; no fortalecimento e na expansão da assistência social como política pública, combinados com a mercantilização da previdência social e da saúde; em programas, como o Reuni (Programa de Apoio a Planos de Reestruturação e Expansão das Universidades Federais), o ProUni (Programa Universidade para Todos) e o Fies (Fundo de Financiamento Estudantil), que ampliaram o acesso, em condições precárias, ao ensino superior para os "de baixo", por meio de vultosos subsídios fiscais que retroalimentaram os negócios educacionais, mercantilizando-os. Passados 13 anos do PT no governo federal, o mais importante é que soubemos preservar a autonomia da profissão e de suas entidades. E também porque conseguimos manter alguma unidade das forças progressistas em torno das lutas comuns a toda a categoria profissional.

Em todas estas conjunturas, muito diferenciadas entre elas, o debate em torno do projeto ético-político nem sempre foi consensual, como no período em que se discutia sua eventual crise, colocando em evidência uma acesa discussão em torno de sua capacidade de manter a hegemonia no meio profissional, em que se destacavam os riscos postos à formação profissional e, em seu interior, os limites que se estabeleciam para as próprias Diretrizes — obstáculos reais vivenciados pelas unidades de ensino, por cada docente em suas aulas e pesquisas e, por consequência, por cada discente. Os constrangimentos financeiros impostos às universidades pelas políticas neoliberais punham em xeque a qualidade do processo formativo em todos os níveis. Eles já eram severos, mas o que viria a seguir abriu uma época profundamente regressiva.

Com o golpe desferido contra Dilma Rousseff em 2016, levando à Presidência o seu vice golpista, Michel Temer, abriram-se caminhos para a ascensão de uma direita mais retrógada e para o conservadorismo a ela associado. O governo ilegítimo de Temer conseguiu, em pouco tempo, implementar um programa de radical supressão de direitos, posto em ação por meio das mudanças na legislação trabalhista e do estabelecimento de um, assim chamado, "teto dos gastos sociais". Diante desses ataques, nossas entidades representativas aumentaram suas ações de defesa dos direitos, participando ativamente das lutas mais amplas da classe trabalhadora. O saldo final mostrou que, apesar da destruição operada por Temer e seus aliados, nosso projeto profissional foi capaz de resistir às adversidades, participando das lutas sociais que, se não puderam conter todos os ataques da pauta regressiva do presidente golpista, acabaram unificando os profissionais em torno da defesa dos princípios ético-políticos da profissão e de suas balizas teórico-políticas estabelecidas entre os anos 1980 e 1990, incluídas aí o que temos nas *Diretrizes* de 1996.

Entretanto, a surpreendente vitória eleitoral da extrema direita em 2018, que alçou ao poder a triste figura de Jair Bolsonaro em 2019 e fortaleceu um conservadorismo ainda mais reacionário próprio de uma cultura fascista, colocou-se como uma perigosa ameaça ao nosso projeto ético-político, que passou a ser mais confrontado por segmentos profissionais cooptados por essas forças.

A vitória de Lula representa a derrota eleitoral dessa maquinação de caráter fascista da extrema direita, encabeçada por Bolsonaro. Ela expressou também a vitória das forças democráticas de bases populares, que resistiram e se mobilizaram contra a radicalização neoliberal e conservadora-reacionária e os retrocessos sociais dos governos, impostos desde 2016 por Temer e Bolsonaro.

É esse o cenário em que temos de pensar nas formas de preservação de nossas conquistas condensadas no projeto ético-político, refletindo as condições com as quais se defrontam aquilo que chamamos de suas dimensões constitutivas: a dimensão teórica relativa à produção de conhecimentos do Serviço Social brasileiro; a dimensão político-organizativa referente às entidades representativas da categoria dos assistentes sociais no Brasil; e a dimensão jurídico-política concernente ao conjunto de leis, resoluções, diretrizes e princípios que envolvem a profissão no Brasil (BRAZ, 2019).

Ainda é possível pensar o projeto profissional a partir dessas três dimensões, mas as mudanças históricas promovidas no transcorrer do tempo exigem que se problematizem as condições nas quais se expressam cada uma daquelas dimensões na atualidade, algo que não será possível neste texto.

Entretanto, apenas como pontuação, deve-se ter em conta, no que se refere à formação, a impressionante expansão de cursos de Serviço Social em todas as suas formas, seja aqueles de modalidade presencial, seja aqueles numerosos cursos criados para a modalidade a distância. Isto não só trouxe mudanças quantitativas profundas (sabe-se que o número de assistentes sociais brasileiros já se aproxima de duzentos mil), como também tem modificado os padrões de formação profissional que parecem indicar que está a se criar um novo perfil profissional que pouco conhecemos, principalmente aqueles formados em EADs. Este quadro, que se radicalizou com o ensino remoto,[38] tende a nos dificultar a reprodução da massa crítica que foi criada nos últimos 40 anos e, em especial, a partir de 1996, algo que pode se agravar se os ataques às universidades públicas triunfarem, uma vez que nelas reside o grosso daquela massa crítica.

São estes aspectos contextuais brevemente observados aqui que devem balizar qualquer análise que se proponha a investigar a relação histórica entre a teoria social e o processo de implantação e desenvolvimento das *Diretrizes Curriculares* entre nós. Já há colegas que nos ofereceram algumas boas pistas de análise que, para além

---

38. Não há dúvidas de que a adoção do ensino remoto que se estabeleceu nestes tempos pandêmicos acirra esta tendência, quase a naturalizando. As questões postas à formação a partir deste quadro são extremamente desafiadoras e escapam às nossas possibilidades aqui. Ainda são muito incipientes e insuficientes as reflexões críticas acerca das consequências da vigência do ensino remoto entre nós.

de seus muitos méritos, ainda exigem maiores aprofundamentos por parte de pesquisadores e pesquisadoras da área. Mas cabe lembrar que um deles, já em 1996, no mesmo ano em que saíram as *Diretrizes*, ofereceu-nos um primoroso ensaio analítico, cujos apontamentos gerais se mantêm, espantosamente, atuais.

Naquele ano, José Paulo Netto, autor com quem dialogamos ao longo deste texto, indicou pioneiramente em um belo ensaio algumas prospecções acerca do desenvolvimento futuro do Serviço Social. As tendências apontadas pelo autor, identificadas a partir de uma rica análise das "transformações societárias" e de seus possíveis vetores de desenvolvimento, continuam servindo, desde que contextualizadas, como prognósticos gerais para pensarmos a profissão no Brasil e, especialmente, os rumos do processo de formação profissional. Como se sabe, trata-se do seu artigo "Transformações societárias e Serviço Social: notas para uma análise prospectiva da profissão no Brasil", publicado na mesma edição da revista *Serviço Social & Sociedade* (número 50, de abril de 1996), que publicou o documento da primeira "Proposta básica..." — produto dos debates realizados em 1995, e o texto que embasou os debates e a elaboração das *Diretrizes* em 1996.[39]

Se é certo que Netto não participou diretamente na elaboração das *Diretrizes*,[40] é também seguro afirmar que sua intervenção teórica com essa publicação teve (e ainda tem) a maior importância na análise dos desafios profissionais.

Em "Transformações societárias e Serviço Social", a análise multidimensional das mudanças na dinâmica capitalista, no mundo e na realidade brasileira, é o preâmbulo para a exposição de um conjunto

---

39. Outro importante expoente intelectual do Serviço Social, Vicente de Paula Faleiros, que também não participou das consultorias precedentes à elaboração das *Diretrizes*, publica um artigo nesta mesma revista, intitulado "Serviço Social: questões presentes para o futuro".

40. Embora José Paulo Netto não tivesse participado *diretamente* das consultorias para a elaboração da "Proposta básica para o projeto de formação profissional", nem da "Proposta básica para o projeto de formação profissional — novos subsídios para o debate", tampouco das "Diretrizes gerais para o curso de Serviço Social de 1996", a influência do autor já era significativa por conta de textos saídos entre o final dos 1980 e a entrada da década de 1990 que gozaram de ampla repercussão nos debates profissionais, alguns deles tratados aqui.

de desafios e tendências problemáticas vivenciadas pela profissão — lembremos que no subtítulo se indicava o objetivo de realizar "uma análise prospectiva da profissão no Brasil". Elencaremos algumas dessas problemáticas, pois acreditamos que, a partir delas, sublinharemos alguns desafios que permanecem inscritos na realidade profissional. Esse elenco se restringe às questões que nos iluminam na análise da centralidade (ou possível deslocamento dela) da teoria social de Marx na formação profissional.

Netto (1996) registra que o Serviço Social no Brasil, na primeira metade da década de 1990, era já uma profissão relativamente consolidada: na formação, na pós-graduação, nas organizações acadêmicas e nos conselhos profissionais, na produção científica, na relação da categoria com profissionais de outros países, em seus encontros nacionais etc. Mas indica que essa consolidação não havia ainda resolvido alguns problemas fundamentais, um deles diz respeito à necessidade de consolidação de uma "nova legitimidade" junto às classes subalternas.[41] Esta tarefa, evidentemente, só pode ser obra dos que defendem uma ruptura com o conservadorismo profissional e que se filiam à tradição marxista. Tendo conquistado uma hegemonia nos principais organismos representativos da profissão e na formação profissional, o que, portanto, ainda impede o legado da *perspectiva de ruptura* de ganhar terreno na "massa" da categoria profissional e dos usuários dos serviços a que estão vinculados?

Ao contrário do que se pode pensar, os problemas não se encontram apenas na "base", ou seja, nas relações imediatas nos campos e nas experiências de prática profissional. Alguns deles vêm "de cima". Apesar dos enormes avanços e esforços de pesquisa e produção de conhecimentos por parte da perspectiva de *intenção de ruptura*, há muito o que se avançar "em face das novas realidades societárias e mesmo da própria extensão das práticas profissionais". Há também

---

41. "Se amadureceu, no campo profissional, um vetor de ruptura com o conservadorismo, ele ainda não consolidou uma 'nova legitimidade' para o Serviço Social junto às classes subalternas" (NETTO, 1996, p. 108).

a necessidade de criação de mecanismos[42] mais amplos e mais eficientes "que operem uma efetiva socialização de tais avanços". Por tudo isso, a distância "entre as vanguardas acadêmicas e a massa dos profissionais 'de ponta'" (NETTO, 1996, p. 109) tem se ampliado. Em relação à formação, pesam as limitações impostas pelo sucateamento da universidade pública[43] e pelo domínio quase absoluto das constrições meramente mercadológicas no setor privado. Temos, também, a mudança no perfil socioeconômico do alunado e um empobrecimento do seu universo cultural. No campo da prática profissional, há a consolidação e crescente diferenciação do mercado nacional profissional, mas as experiências inovadoras não encontram canais para sua visibilidade e ampliação. Isso se dá pela insuficiente conexão entre centros de formação e campos de intervenção (NETTO, 1996, p. 110-111).

Diante de todas estas questões em aberto, em que pese a democratização que se experimentou no interior da categoria desde a década de 1980 — a partir da constituição de uma *perspectiva de ruptura* com o conservadorismo e seu avanço em diferentes dimensões da profissão —, ainda é possível afirmar que "na imediaticidade das expressões da categoria, a magnitude dessa ruptura foi *hiperdimensionada*" (NETTO, 1996, p. 112).

Por outro lado, alguns avanços são promissores e podem significar um caminho para a superação destas limitações. Por exemplo,

---

42. Deve-se reconhecer o esforço das entidades representativas da profissão no sentido de responder a estes problemas. Entre tantas iniciativas tocadas por elas desde os anos 1990 até os nossos dias, não podemos deixar de nos lembrar do *Projeto Ética em Movimento*, do conjunto CFESS/CRESS, e de duas edições de cursos de especialização a distância voltados para a qualificação da massa da categoria profissional. Ambas as iniciativas legaram à área preciosos materiais teóricos de que são exemplos os cinco volumes de *Capacitação em Serviço Social e política social*, organizados por CFESS e ABEPSS e publicados, entre 1999 e 2001, pelo CEAD — UnB, Brasília, além do volume *Serviço Social: direitos e competências profissionais*, também organizado pelas mesmas entidades representativas, em 2009. Além disso, lembremo-nos dos investimentos feitos por diversas unidades de ensino direcionados à realização de variados cursos de especialização, de atualização e de extensão dirigidos às assistentes sociais que atuam no mercado de trabalho profissional, muitos deles dedicados à qualificação de supervisoras de campos de estágios.

43. "E pela permanência de traços herdados da ditadura (o burocratismo, o parasitismo, concepções atrasadas e/ou inoperantes da relação ensino-pesquisa-extensão) e outros gestados nos anos oitenta (o 'populismo acadêmico', o corporativismo)" (NETTO, 1996, p. 109).

DIRETRIZES CURRICULARES E FORMAÇÃO EM SERVIÇO SOCIAL 97

a ampliação do "mercado de bens simbólicos da profissão" e, nesse mercado, a forte predominância da "produção influenciada pela tradição marxista". Outros exemplos são o vigor e a capacidade teórica e política das "vanguardas" da *intenção de ruptura* nos combates e nas polêmicas mais relevantes na profissão (e na sociedade brasileira) nestas últimas décadas. A maturidade da apropriação marxista é um dos fatores que concorrem para isso. Netto (1996, p. 112-113) chega a afirmar que "a tradição marxista se colocou no centro da agenda intelectual da profissão: *todas* as polêmicas relevantes foram *decisivamente* marcadas pelo pensamento marxista". Como vimos, esta também foi a tônica no processo de construção das *Diretrizes*.

No início da década de 1990, porém, "as bases dessa dominância teórico-cultural começam a ser deslocadas", entre os seus determinantes temos: "o impacto, nas esquerdas, do colapso do 'socialismo real'; a ofensiva neoliberal; a reconversão de numerosos intelectuais ao ideário da ordem; os giros no processo político brasileiro etc.". É neste contexto que adentra, nos meios acadêmicos, a maré montante da pós-modernidade (NETTO, 1996, p. 113-114). No Serviço Social, a "crítica formal às correntes marxistas" que emergem neste cenário "não se apresenta como antimarxista": apresenta-se como "crítica à ortodoxia" e como crítica "às lacunas existentes nos seus trabalhos".[44] Têm por objetivo, no primeiro caso, "flexibilizar a perspectiva teórica" e, no segundo, constatar uma suposta "inépcia imanente às correntes marxistas" no enfrentamento ao conjunto de temáticas emergentes (NETTO, 1996, p. 114).

Naquela ocasião, Netto observou algumas possíveis perspectivas para o desenvolvimento profissional. Uma delas se traduz numa indagação: haverá a manutenção, consolidação e aprofundamento da atual direção estratégica ou sua contenção, modificação ou reversão?[45]

---

44. Crítica que se faz presente ainda hoje na profissão, embalada por segmentos profissionais à direita e à esquerda.

45. Diversas autoras e autores da área se debruçaram sobre este problema ao longo destes mais de 20 anos, a maior parte deles buscou refletir sobre os limites e as possibilidades do

Ele indica que uma das mais fortes ameaças à direção social está, justamente, na possibilidade de a pós-modernidade jogar água no moinho do conservadorismo (NETTO, 1996, p. 118). Acreditamos que Netto, naquela ocasião, projetava um avanço mais imediatamente avassalador no Serviço Social brasileiro desta última tendência observada por ele. Ele estava de olho no que estava acontecendo nas ciências sociais e humanas — o pós-modernismo migrava sem peias dos centros capitalistas para o Brasil. Mas, em balanço retrospectivo, podemos dizer que, apesar de não ter sido pequeno o avanço destas influências na profissão desde a década de 1990 até os dias atuais, o pensamento pós-moderno[46] não se fez presente como um modismo incontestavelmente hegemônico — como ocorreu (e continua a vigorar)

---

chamado projeto ético-político do Serviço Social. Entre os estudiosos, para ficarmos apenas em *algumas* das publicações mais recentes, destaquem-se, a partir da publicação mais atual: IAMAMOTO, Marilda V.; RAICHELIS, Raquel; BRAVO, Maria Inês S. A pesquisa científica no Serviço Social latino-americano: gênese e atualidade. *In:* IAMAMOTO, M. V.; SANTOS, C. M. dos. *A história pelo avesso*: a reconceituação do Serviço Social na América Latina e interlocuções internacionais. São Paulo: Cortez; CNPq, 2021; PRATES, Jane C.; REIS, Carlos N. dos; ANDRADE, Roberta F. C. de. *Serviço Social, economia política e marxismo*. Porto Alegre: PUC-RS; UFAM; Alexa Cultural; EDUA, 2021; ABRAMIDES, Maria Beatriz C. *O projeto ético-político do Serviço Social brasileiro*: ruptura com o conservadorismo. São Paulo: Cortez, 2019; BRAZ, Marcelo. Lutas sociais e projeto ético-político: história em processo. *In:* SILVA, Maria Liduína de Oliveira e (org.). *Congresso da Virada e o Serviço Social hoje*: reação conservadora, novas tensões e resistências. São Paulo: Cortez, 2019; CISNE, Mirla; SANTOS, Silvana Mara M. dos. *Feminismo, diversidade sexual e Serviço Social*. São Paulo: Cortez, 2018. Capítulo 3; SILVA, Maria Liduína de O. e (org.). *Serviço Social no Brasil*: história de resistências e de ruptura com o conservadorismo. São Paulo: Cortez, 2016 [todos os textos são interessantes para o que trabalhamos aqui, mas recomendamos, por conta da relação direta com o assunto de nosso texto, o texto de Marina Maciel Abreu, cap. 9]; RODRIGUES, Mavi; SOUSA, Adrianyce A. Silva de (org.). *O marxismo impenitente de José Paulo Netto*. São Paulo: Outras Expressões, 2019 (ver os textos de, p. 185 a 208, e o de p. 241 a 264); MOTA, Ana E.; AMARAL, Ângela (org.). *Cenários, contradições e pelejas do Serviço Social brasileiro*. São Paulo: Cortez, 2016 (conferir os textos das Partes I e IV); VASCONCELOS, Ana M. de. *A/o assistente social na luta de classes*: projeto profissional e mediações teórico-práticas. São Paulo: Cortez, 2015; SILVA, José Fernando S. da. *Serviço Social*: resistência e emancipação? São Paulo: Cortez, 2013; CARDOSO, Priscila F. G. *Ética e projetos profissionais*: os diferentes caminhos do Serviço Social no Brasil. São Paulo: Papel Social, 2013.

46. Para um bom apanhado de tal influência entre nós, é muito útil o estudo de SANTOS, Josiane Soares. *Neoconservadorismo pós-moderno e Serviço Social brasileiro*. São Paulo: Cortez, 2007 (Coleção Questões da Nossa Época). O estudo da autora, da primeira década do século XXI, talvez não seja suficiente para identificar as bases do avanço de uma ideologia pós-moderna de esquerda no Serviço Social brasileiro *na última década*.

em grande parte dos departamentos de ciências sociais e humanas nas universidades brasileiras. A nosso ver, as conquistas da década de 1990, entre elas a aprovação das *Diretrizes* (assim como este vigor da pesquisa e da produção teórica já citado) e as lutas políticas das correntes críticas e democráticas que se aproximam da tradição marxista, foram fundamentais para esta resistência.

Mas esta resistência não pode se apresentar como uma passiva defesa de um legado estático e imutável. Esta resistência deve incorporar o que há de mais dinâmico e criativo na reflexão teórica marxista e nas lutas sociais do povo brasileiro e das assistentes sociais. A *perspectiva de ruptura* não pode deixar de se abrir à autocrítica, de encontrar na sua trajetória as suas lacunas, os seus erros, e avançar na elaboração de novas construções que preservem os avanços teóricos, políticos e formativos inegáveis que se constituíram a partir da interlocução cada vez mais densa e madura com a tradição marxista e a teoria social de Marx.

REFERÊNCIAS

ABESS/CEDEPSS. Proposta básica para o projeto de formação profissional. *Serviço Social & Sociedade*, São Paulo: Cortez, n. 50, 1996.

ABESS/CEDEPSS. Diretrizes gerais para o curso de Serviço Social (com base no currículo mínimo aprovado em Assembleia Geral Extraordinária de 8 nov. 1996). *Cadernos ABESS*, São Paulo, n. 7, 1997.

BRAVO, Maria Inês *et al*. O protagonismo da ABESS/ABEPSS na virada da formação profissional em Serviço Social. *In*: SILVA, Maria Liduína. *O Congresso da virada e o Serviço Social hoje*: reação conservadora, novas tensões e resistências. São Paulo: Cortez, 2019.

BRAZ, Marcelo. Apresentação: Pequeno inventário de um *marxista sem repouso*. *In*: BRAZ, Marcelo (org.). *José Paulo Netto*: ensaios de um marxista sem repouso. São Paulo: Cortez, 2017.

BRAZ, Marcelo. Lutas sociais e projeto ético-político: história em processo. *In:* SILVA, Maria Liduína de Oliveira e (org.). *Congresso da Virada e o Serviço Social hoje*: reação conservadora, novas tensões e resistências. São Paulo: Cortez, 2019.

CARDOSO, Isabel Cristina *et al.* Proposta básica para o projeto de formação profissional — novos subsídios para o debate. *Cadernos ABESS*, São Paulo, n. 7, 1997.

CONSELHO FEDERAL DE EDUCAÇÃO (CFE). *Parecer n. 412.* Brasília, 4 ago. 1982.

CNE/CES. *Resolução n. 15, de 13 de março de 2002.* Estabelece as Diretrizes Curriculares para os cursos de Serviço Social. Brasília, 2002.

IAMAMOTO, Marilda Villela. *Serviço Social em tempo de capital fetiche*: capital financeiro, trabalho e questão social. São Paulo: Cortez, 2007.

SILVA, Maria Liduína de Olvieira e. *Serviço Social no Brasil*: história de resistências e de ruptura com o conservadorismo. São Paulo: Cortez, 2016.

NETTO, José Paulo. Transformações societárias e Serviço Social: notas para uma análise prospectiva da profissão no Brasil. *Serviço Social & Sociedade*, São Paulo: Cortez, n. 50, 1996.

NETTO, José Paulo. Das ameaças à crise. *Revista Inscrita*, Brasília: CFESS, n. 10, 2007.

NETTO, José Paulo. *Ditadura e Serviço Social:* uma análise do Serviço Social no pós-64. 12. ed. São Paulo: Cortez, 2008.

NETTO, José Paulo. A crítica conservadora à reconceituação. *In*: BRAZ, Marcelo (org.). *José Paulo Netto:* ensaios de um marxista sem repouso. São Paulo: Cortez, 2017a.

NETTO, José Paulo. O Serviço Social e a tradição marxista. *In*: BRAZ, Marcelo (org.). *José Paulo Netto:* ensaios de um marxista sem repouso. São Paulo: Cortez, 2017b.

RODRIGUES, Mavi; SOUSA, Adrianyce A. Silva de (org.). *O marxismo impenitente de José Paulo Netto*. São Paulo: Outras Expressões, 2019.

CAPÍTULO 3

Fundamentos do Serviço Social:
perspectiva disruptiva e alicerces profissionais

Marileia Goin

Considerações para introduzir o debate dos fundamentos

Os Fundamentos do Serviço Social consistem nas bases que permitem apreender e explicar a profissão ao longo do seu processo sócio-histórico, ao lhe conferir configuração distinta das demais profissões a partir da profícua relação que estabelece com a realidade, tendo no seu bojo as dimensões histórica, teórica, ética, política e técnica.

Sob esse ponto de vista analítico, os Fundamentos, longe de se constituírem uma disciplina isolada, interpelam seu espraiamento e sua transversalidade na totalidade da formação, de modo (1) a transcender as tendências formais-abstratas que remontam seu passado recente; e (2) a inscrever o Serviço Social na teia ontológica e dialética, ao suscitar a constituição de mediações que se reverberem no trabalho profissional — a transição da perspectiva instrumental para a dialética que denominamos de perspectiva disruptiva.

Em face desse entendimento de que não separa formação e trabalho profissional, é que se torna ainda mais necessário asseverar, com rigor, os Fundamentos do Serviço Social. Não que antes fossem menos importante, mas a sociedade contemporânea tem se defrontado com posições que demonstram o esgotamento das possibilidades civilizatórias ao desprezar a ciência, abominar o pensamento diverso, alimentar a ânsia pela valorização da família tradicional, pelos valores religiosos, pelo fenótipo regido de privilégios — que não sofre a força brutal de uma sociedade que historicamente discrimina — e enfeixa qualquer posição contestatória ou de oposição no enredo do comunismo. Emerge, nessa tônica, uma sociabilidade assentada num conjunto de processos assimétricos que atingem as múltiplas dimensões da vida social e que, por sua vez, não deixa ileso o Serviço Social e as bases que lhe sustentam como profissão.

Torna-se indispensável, nessa conjuntura, não perdermos de vista por onde perpassa a perspectiva disruptiva que se acena aos Fundamentos do Serviço Social a partir da sétima década do século XX, elementarmente seu significado social, seu eixo fundante como profissão e as peculiaridades que lhe particularizam no âmbito da divisão social, sexual e técnica do trabalho, sem abandonar as características de uma sociedade cujo "caráter predatório das relações coloniais e do escravismo deixou, sem dúvida, suas marcas na história do país e implantou bases importantes na construção da lógica que vem presidindo a expansão do capitalismo dependente na periferia em tempo mais recentes" (YAZBEK, 2019, p. 90).

Nessa esteira, essa produção se propõe sintonizar a perspectiva disruptiva dos Fundamentos do Serviço Social a partir da incorporação de elementos teóricos marxianos e marxistas, e da consecutiva rejeição das bases advindas da razão formal-abstrata e, com isso, evidenciar o acúmulo teórico-metodológico que a profissão vem adensando nas últimas décadas que culminaram, nos limiares da década de 1990, nos condutos de apreensão dos alicerces que fundamentam o Serviço Social até os dias atuais.

A perspectiva disruptiva dos fundamentos do Serviço Social

A década de 1990 é disruptiva quando se faz referência aos Fundamentos do Serviço Social. Inscrita no permanente movimento de revisão das formulações profissionais, a aproximação a categorias e elementos basilares ao marxiano inaugura a adoção de uma perspectiva histórica, teórica e metodológica no trato da profissão, no âmbito do movimento da sociedade capitalista, o que lhe denota avanços inestimáveis em relação ao passado recente.

Todavia, o giro crítico da formação que culmina na referida década ganha tônus a partir do início de 1979, quando a então Associação Brasileira de Escolas de Serviço Social (ABESS) atualiza a proposta de currículo mínimo e propõe a incorporação dos debates que vinham sendo maturados em dimensões geográficas latino-americanas. O que ficou conhecido como Currículo de 1982 — ano de aprovação do Currículo Mínimo pelo Ministério da Educação — é um "divisor de águas" na formação em Serviço Social, no Brasil, como refere Guerra (2018), e será um dos eixos propulsores para a fundamentação do que nos anos 1990 ficou amplamente conhecido como projeto profissional crítico.

Num processo de revisão crítica do divisionismo e da tricotomia presente nas então disciplinas de História do Serviço Social, Teoria do Serviço Social e Metodologia do Serviço Social presentes no Currículo de 1982 — que significavam um salto qualitativo em relação ao Currículo anterior, ao colocar em disputa as vigentes perspectivas de Caso, Grupo e Comunidade do Currículo de 1970 — em que prevaleciam o que denominaremos aqui de "*ismos profissionais*", é que se assenta a perspectiva disruptiva dos Fundamentos.

A negação do *historicismo*, do *teoricismo* e do *metodologismo*, e nessa esteira do pragmatismo[1] e do endogenismo profissional,[2] suspende a hegemonia da razão formal-abstrata que, sublinhada pela perspectiva positivista,[3] trata a racionalidade com instrumentalidade — ou com razão instrumental, como denomina Horkheimer (2016) —, como mecanismo de manipulação, dominação e alienação. Funcional ao capitalismo monopolista, ignora as determinações e as contradições emanadas dos processos sociais e torna imperativo um modo de pensar que recupera a confiança no capitalismo e, assim, "a racionalidade inerente às formas de pensar e agir das sociedades burguesas é reposta ao nível de uma política cultural capaz de exercer a dominação necessária à sobrevivência dessa ordem" (GUERRA, 2007, p. 72).

Em oposição à instrumentalização da razão — ou à razão formal-abstrata — está a razão crítica ou razão dialética que, amparada na ontologia, abomina abordagens deterministas, etapistas, cronológicas, lineares e evolutivas da história como fatos históricos, presos ao passado — abordagens clássicas do *historicismo* presente na profissão até meados do século XX — e institui a primazia da existência humana à história das sociedades. A história, sob essa apreensão de base ontológica, "deixa de ser uma coletânea de fatos inanimados, como para os empiristas, ainda abstratos, ou uma ação imaginária de entidades imaginárias, tal como para os idealistas" (MARX; ENGELS, 2006, p. 52), para ser entendida como um "*processo dinâmico e dialético, permeada de contradições que são medulares ao próprio processo de configuração e*

---

1. Escola filosófica que entende a teoria como um conjunto de ideias que tem desdobramentos práticos imediatos — daí resulta a equívoca concepção de aplicabilidade da teoria na prática ou de utilitarismo da teoria.

2. Pensar a profissão nela e por ela mesma, sem as mediações com a realidade social, como se fosse independente e deslocada do movimento da sociedade.

3. É indispensável referir, em face do objetivo desta produção, que figura expressiva do positivismo, Émile Durkheim (1858-1917) pode ser tributário da racionalidade formal-abstrata, sem deixar de levar em consideração a sua vinculação estrita com a ciência positiva de Augusto Comte (1798-1857). Ao analisar a sociedade como organismo vivo, Durkheim considera seu objeto de estudo (os fatos sociais) como coisas e, portanto, passível de abstração e conhecimento, cujo todo está articulado por partes que se interconectam funcionalmente.

transformação da sociedade. O real é história. Assim, *não é estático, mas dialético"* (GOIN, 2019a, p. 35, grifos da autora).

Como vimos afirmando em produções recentes, a superação de vieses mecanicistas e historicistas tem proeminência nessa abordagem dialética (GOIN, 2019b), ao passo que é elementar apreender a processualidade histórica, em seus avanços e retrocessos, como constitutiva da cultura profissional e base de fundamentação da profissão na realidade social, engendrada pelas particularidades de capitalismo dependente e periférico. Outrossim, como passado, presente e devir, a perspectiva sócio-histórica permite que a profissão: (1) sintonize seu significado social no movimento e no desenvolvimento da sociedade; e (2) decifre as necessidades sociais que geram demandas profissionais e, consecutivamente, que requisitam as políticas e a prestação de serviços sociais (públicos ou privados), além das estratégias de resistência constituídas pelos sujeitos sociais — a questão social, razão de sua existência como profissão, sua base fundante.

Nessa mesma via, a perspectiva de superação do *teoricismo*,[4] atrelada aos Fundamentos, pressupõe que o denso e rigoroso adensamento teórico-metodológico não basta por si mesmo, uma vez que não se trata de um utilitarismo manifesto — pego aqui e aloco ali — ou de manual teórico a ser transposto para o trabalho profissional — ou para a prática, como ainda equivocadamente se refere no Serviço Social, por reproduzir a lógica formal/abstrata de separação da teoria e da prática, sob a falsa dicotomia entre tais, como unidades independentes. A apropriação teórico-metodológica, sem as devidas e necessárias mediações com a realidade (processos conectados com outros processos ou determinações), não passa de uma mera idealização do real, carente de apreensão das múltiplas determinações constitutivas da vida em sociedade.

---

4. "O teoricismo é resultante de uma apropriação idealista do real. À medida que se abstrai o conceito da sua constituição ontológica, não capta suas mediações constitutivas que o vinculam às determinações universais e singulares, limitando-se a suas representações que têm que se enquadrar no conceito" (GUERRA, 2018, p. 31).

A disrupção, outrora referida, pressupõe, assim, não apenas a ruptura com o *historicismo*, mas também com o *teoricismo* e com o *praticismo*, uma vez que a teoria emerge da concretude e a ela retorna, num movimento eminentemente dialético de apreensão das determinações que constituem o real — por isso se dá *a posteriori* à existência material (MARX, 2011). Não há, assim, coincidência imediata entre teoria e prática, mas a primeira encontra na segunda seu fundamento, porque "[...] não vê no conhecimento um fim em si, mas, sim, uma atividade do homem vinculada às necessidades práticas às quais serve de forma mais ou menos direta, e em relação com as quais se desenvolve incessantemente" (VÁZQUEZ, 2011, p. 243). Assim como indica Lefebvre (1991, p. 235): "[...] a prática, portanto, é um momento da teoria: momento primeiro e último, imediato inicial e retorno ao imediato".

Nessa esteira, o denso e rigoroso trato teórico-metodológico, como pressupõem as Diretrizes Curriculares da Associação Brasileira de Ensino e Pesquisa em Serviço Social (1996), constitui-se, em consonância com Guerra (2018), em instrumento de leitura e apreensão das múltiplas determinações da realidade, de modo que sejam formuladas estratégias e táticas, e acionados instrumentos e técnicas capazes de elaborar propostas interventivas atentas ao tempo histórico e às requisições profissionais no âmbito das particularidades que lhe são atribuídas na divisão social, técnica e sexual do trabalho.

A teoria social,[5] com seu método, subsidia a análise concreta das situações concretas (LENIN, 2010) e a apreensão das múltiplas determinações circunscritas no que inicialmente aparece como imediato e como aparente, pois como indica Yazbek (2019), o dado é

---

5. Nas palavras de Yazbek (2009, p. 147), a teoria social "[...] constitui conjunto explicativo totalizante, ontológico, e, portanto, organicamente vinculado ao pensamento filosófico, acerca do ser social na sociedade burguesa, e a seu processo de constituição e de reprodução. A teoria reproduz conceitualmente o real, é, portanto, construção intelectual que proporciona explicações aproximadas da realidade e, assim sendo, supõe uma forma de autoconstituição, um padrão de elaboração: o método. Neste sentido, cada teoria social é um método de abordar o real. O método é, pois, a trajetória teórica, o movimento teórico que se observa na explicação sobre o ser social".

DIRETRIZES CURRICULARES E FORMAÇÃO EM SERVIÇO SOCIAL

apenas indicador, sinal, não fundamento último do horizonte analítico. É a dimensão teórico-metodológica, juntamente à ético-política, que fundamenta a dimensão técnico-operativa e lhe atribui estatuto teleológico, ao preceder o que, o porquê e o para que do processo interventivo profissional.

A refuta do *empirismo* e do *metodologismo*[6] está fundada na crítica à instrumentalidade da razão e conduz à apreensão de que a dimensão técnico-operativa não se fundamenta nela mesma, não é livre de intencionalidade e tampouco é simplista, na medida em que conduz ao alcance de um objetivo prévio — não se faz menção a respostas previamente formuladas, mas de conceder intencionalidade à intervenção.

Outrossim, em face da recusa ao *metodologismo* que vem sido engendrado, certeiramente, na profissão, tem reverberado um giro para a dimensão teórico-metodológica, com sustentáculo de não reproduzir a clássica tecnificação que é combatida. Entretanto, existem riscos. O avanço na apreensão de que a dimensão técnico-operativa não se ampara por si só, tampouco pode colocar a forma de aparecer da profissão na sociedade, a sua imagem social — a dimensão interventiva — em segundo plano, como menos elementar que a teórico-metodológica. A formação profissional pressupõe, como refere Guerra (2018), que sejam criadas condições para que os/as futuros/as assistentes sociais possam exercer o trabalho profissional com o mesmo nível de criticidade que analisam os fundamentos da sociedade burguesa. Indica-se, com isso, que não há prevalência da teoria em relação à prática — como reitera a razão instrumental —, mas ambas estão compassadas pelo mesmo direcionamento estratégico.

Tal dimensionamento teórico-crítico introduz um reordenamento na apreensão dos *Fundamentos do Serviço Social*, tendo em vista que,

---

6. Trata-se de "um conjunto de propostas de trabalho ajustadoras e um perfil manipulatório, voltado para o aperfeiçoamento dos instrumentos e técnicas para a intervenção, com as metodologias de ação, com a busca de padrões de eficiência, sofisticação de modelos de análise, diagnóstico e planejamento" (YAZBEK, 2009, p. 148).

em primeiro lugar, a *história é apreendida como processo*, à medida que a dinâmica da realidade social se traduz pela ação dos homens,[7] e, logo, o Serviço Social, elementarmente, deve acompanhar a dinâmica do processo social, pois é a partir dele que seu objeto de trabalho e seus processos interventivos se (re)configuram. Isso se deve ao fato de suas possibilidades de trabalho profissional encontrarem-se inscritas na teia social, na realidade concreta e não sob ela, com um olhar distanciado, formalista e pragmatista. Em segundo lugar, esse redimensionamento inclui também a teoria, que possibilita tematizar a relação entre profissão e realidade. *É por intermédio da matriz teórica que a profissão se vê e se coloca na dinâmica social*, seja sob uma ótica conservadora, que corrobora o *status quo* para instituir função subsidiária e "serviçal" da profissão à ordem vigente, seja sob uma ótica revolucionária, que privilegia a luta de classes e reconhece a produção e a reprodução das relações sociais, a disputa por interesses antagônicos e a presença de forças sociais contraditórias, que precisam ser apreendidas como movimento orgânico do próprio modo de produção capitalista. Em terceiro lugar, o método, intrínseco à teoria social, como *subsídio teórico-metodológico para apropriação e leitura da realidade, tendo em vista uma finalidade*, ou seja, sua dimensão teleológica (GOIN, 2019a, p. 30, grifos da autora).

As Diretrizes Curriculares de 1996 — que são esvaziadas politicamente quando aprovadas pelo Ministério da Educação, em 2002 — trazem a chave heurística de apreensão dos Fundamentos do Serviço Social, livre de idealismos e determinismos, ao transcender a tricotomia entre história, teoria e método vigentes no Currículo de 1979. As dimensões históricas, teóricas e metodológicas tornam-se orgânicas e imanentes à formação, diluídas no seu conjunto de componentes e atividades pedagógicas — em face disso, os Fundamentos não devem ser abordados em uma ou noutra disciplina. Logo, hegemonizada pela perspectiva marxiana e pela tradição marxista, a nova lógica curricular toma a indissociabilidade entre história, teoria e realidade

---

7. Homens no sentido genérico, não de gênero.

como eixo articulador da proposta e a transversaliza no conjunto do processo formativo.

É nessa direção que os Fundamentos assentam o rigoroso trato: (1) da questão social no âmbito das particularidades da sociedade brasileira — em face das "[...] desigualdades econômicas, políticas e culturais das classes sociais, mediatizadas por disparidades nas relações de gênero, características étnico-raciais e formações regionais" (IAMAMOTO, 2010, p. 160) — e como matéria-prima, que justifica a constituição do mercado de trabalho para assistentes sociais; (2) do significado social da profissão no movimento histórico da sociedade capitalista; e (3) do trabalho, como fundamento ontológico, uma vez que dada a inserção na divisão social, técnica e sexual do trabalho, lhe designa não apenas sua condição de assalariamento, mas também sua subsunção às determinações contraditórias da venda de sua força de trabalho.

Nesse sentido, os Fundamentos do Serviço Social são apreendidos a partir da interlocução entre profissão e realidade, cuja acepção, fundada na abordagem marxiana e na tradição marxista, incorpora o movimento sócio-histórico da sociedade, e assenta as bases e os alicerces da formação e do trabalho profissional (GOIN, 2019a).

Essa concepção, inaugurada em 1996, pressupõe ultrapassar a noção formalista de matéria curricular — os conhecidos Fundamentos Históricos e Teórico-Metodológicos do Serviço Social — para situar a profissão na totalidade e na processualidade histórica, na medida em que, como indica Iamamoto (2014), sintonizar o Serviço Social na história é distinto da história do Serviço Social — afirmação que representa a mudança de perspectiva instrumental para a crítica no entendimento dos Fundamentos do Serviço Social.

> Tal perspectiva se espraia pela totalidade de conhecimentos intrínsecos à vigente proposta formativa que, pedagogicamente, organiza-se em Núcleos de Fundamentação — Núcleo de Fundamentos Teórico-metodológicos da Vida Social, Núcleo de Fundamentos da Particularidade da Formação Sócio-histórica da Sociedade Brasileira e Núcleo de

Fundamentos do Trabalho Profissional — e não permite a separação dos componentes curriculares em um ou noutro Núcleo, pois "não se trata de eixos hierarquizados, classificatórios e autônomos, mas interdependentes e indissociáveis, que expressam níveis diferenciados e complementares de abstração para decifrar a profissão na dinâmica societária e ancoram os Fundamentos do Serviço Social. Aliás, é na articulação que a sua apreensão se torna possível" (GOIN, 2019b, p. 2).

O Núcleo de Fundamentos da Vida Social congrega um conjunto de conhecimentos relativos ao ser social como totalidade histórica, trazendo componentes que se particularizam nos Núcleos da realidade brasileira e do trabalho profissional. O intuito é apreender o ser social no processo de constituição e desenvolvimento da sociedade burguesa, na qual o trabalho assume eixo central na (re)produção da vida social e fundamento ontológico. O denso trato de teorias, filosofias e pensamentos busca fornecer insumos para a apreensão dos fundamentos da vida em sociedade e das múltiplas determinações da realidade social (ABEPSS, 1996).

O Núcleo de Fundamentos da Formação Sócio-histórica Brasileira, em sua articulação com o Núcleo abordado, remete à formação econômica, social, política, racial, sexual e cultural da sociedade brasileira, na sua configuração periférica e historicamente dependente dos países de economia central. É no bojo desses elementos que se carimba o selo particular da sociedade brasileira, não de hoje marcada por desigualdades sociais; concentração de renda; conformação de um Estado nitidamente classista; políticas sociais pensadas para os pobres; diferenciação de classe, de gênero e étnico-raciais; resistências coletivas; e que contornam a questão social e o modo como impactam a vida dos sujeitos (ABEPSS, 1996).

Não menos importante, o Núcleo de Fundamentos do Trabalho Profissional aciona conhecimentos incorporados pelos Núcleos anteriores para apreender o Serviço Social como especialização do trabalho, partícipe de processos de trabalho coletivos, que tem na questão social seu eixo fundante como profissão e, por isso, objeto

DIRETRIZES CURRICULARES E FORMAÇÃO EM SERVIÇO SOCIAL

profissional. Em face disso, esse Núcleo reúne conhecimentos que habilitam profissionalmente ao trabalho profissional investigativo, ético, competente, política e socialmente referenciado, os quais, intelectiva e ontologicamente, levam *ao que fazer, por que fazer, como fazer e para que fazer*. Esse estatuto interventivo e operativo tem como solo a realidade, pois é dela que emanam as requisições profissionais e as respostas formuladas pelo seu trabalho (ABEPSS, 1996). Ademais, pensar a operatividade da profissão como organização técnica do trabalho, o que a subsidia, onde se assenta e o que lhe fundamenta, é requisito indispensável para a aquisição de sólidas competências e para a constituição de um direcionamento profissional calcado em seus Fundamentos.

Como vimos demonstrando, é notório que o que estamos definindo como perspectiva disruptiva — que se dá a partir do profícuo diálogo com categorias e elementos basilares do marxismo — permite captar as determinações constitutivas da realidade e dos processos sociais, no bojo da reprodução da vida em sociedade. Todavia, isso é insatisfatório. A formação deve expressar o ensino dos Fundamentos nos quais se alicerça, para não cair em armadilhas que reproduzam a fragmentação dos conteúdos e os *"ismos profissionais"*, outrora referidos.

Ademais, o processo formativo demanda a incorporação da lógica dialética,[8] em que a formação generalista e crítica transcenda as linhas dispostas em documentos formais e adentre os espaços constitutivos da formação profissional, seja o ensino, seja a pesquisa, seja a extensão universitária. Para cunhar o trabalho, a formação precisa desenvolver o pensar crítico, a dúvida, a investigação, e estar incorporada de dimensões que se afastem do "ensinar a fazer Serviço Social".

Com base nas reflexões apresentadas, são notórios os avanços teórico-políticos a partir da aproximação ao marxismo no redirecionamento das bases da profissão. Não se trata, somente, da incorporação teórico-metodológica de cariz crítico, mas do direcionamento ético e

---

8. Termo cunhado por Lefebvre (1991).

político da formação e do trabalho profissional — com isso, se está afirmando que o trabalho sustentado crítica, ética, democrática e tecnicamente só se torna possível se a formação lhe trouxer subsídios suficientes para isso.

Assim, para além *do que estamos ensinando*, é elementar que nos atentemos para o *como estamos ensinando*,[9] no intento de refletir se é condizente com o perfil que se deseja formar.[10] Não é suficiente a previsibilidade do perfil de egresso/a no Projeto Pedagógico de cada curso, se a formação teórico-metodológica e ético-política não estiver acompanhada de mediações que capacitem discentes a transcender a abstração do universal e a se conectar com o singular e o particular, com vista à apreensão da realidade e à constituição de frentes de trabalho diretivas, consoantes com seus Fundamentos.

Condutos para apreender os fundamentos do Serviço Social

Durante muitos anos, o Serviço Social brasileiro endossou o entendimento de que a profissão se constituía como evolução das anteriores formas de ajuda e como profissionalização das damas de caridade. Associada a essa concepção, está a perspectiva endogenista, na qual a profissão é vista por ela mesma sem as mediações com a dinâmica

---

9. Em pesquisa recente que coordenei sobre o "Ensino dos Fundamentos do Serviço Social, no Brasil", entre 2018 e 2021, em que a amostra foi selecionada pelo curso mais antigo de cada região administrativa brasileira, os resultados apontaram que são expressivos os esforços dos cursos analisados para abandonar a concepção tricotômica entre história, teoria e método, mas ainda carecem de espraiamento e transversalidade da acepção dos Fundamentos constantes nas Diretrizes Curriculares de 1996 e recaem no formalismo instrumental de ensino na disciplina de Fundamentos Históricos e Teórico-Metodológicos do Serviço Social.

10. As Diretrizes interpõem a formação de um perfil que apreenda criticamente: (1) o processo histórico como totalidade; (2) as particularidades de constituição e desenvolvimento da sociedade brasileira e do Serviço Social; (3) o significado social da profissão e as possibilidades interventivas contidas na realidade; (4) as demandas postas à profissão (ABEPSS, 1996).

da sociedade brasileira, à época da gênese, tatuada pelo movimento de 1930, que levou à presidência o ruralista gaúcho Getúlio Dornelles Vargas. O então presidente suspende a hegemonia política de grupos ligados às oligarquias mineiras e paulistas, cria o Estado Novo (1937) e outorga a Constituição de 1937 — três anos após a promulgação da Constituição que durou menos tempo na história brasileira. No plano econômico, Vargas adotou uma política pendular, que gerou concessões à crescente burguesia industrial brasileira, sem romper com as oligarquias, em especial cafeeiras. Tais questões provocaram mudanças profundas nas relações entre Estado e sociedade, e tensionaram o primeiro a desenvolver novas formas para atenuar as tensões políticas oriundas da luta de classes.

Entretanto, a mudança disruptiva a que outrora referimos modifica veementemente a forma não só de entender a gênese da profissão, que se dá nos marcos dos anos 1930,[11] mas também o significado da sua existência social como profissão e o seu objeto profissional, que traduz seu eixo fundante no bojo da divisão social, sexual e técnica do trabalho.

Desde que o Serviço Social iniciou seu movimento de aproximação ao marxismo, exíguas são as polêmicas no interior da profissão sobre os condutos de sua emergência, que deixam de ser circunstanciais e adjetivas, para se tornar alicerces que lhe fundamentam. Indispensável apontar que a profissão se torna necessária quando o Estado passa a intervir nos processos de reprodução das relações sociais, tanto para o aprofundamento da acumulação capitalista quanto na constituição de estratégias estatais de atendimento às necessidades da classe trabalhadora (as políticas sociais), que se configuram como respostas estatais ao tensionamento político exercido pela classe trabalhadora, em face da necessidade de reconhecimento de direitos, essencialmente trabalhistas — tese que refuta veementemente a ótica evolucionista.

---

11. Importante referir que a primeira escola de Serviço Social marca os anos 1936, em São Paulo, na hoje conhecida Pontifícia Universidade Católica de São Paulo (PUC-SP).

Ademais dessa conversão no modo de conceber a existência da profissão no âmbito do modo de produção capitalista, há rotação na apreensão da hoje concebida questão social, uma vez que é ela que cria sua necessidade social e justifica a constituição dos espaços de trabalho profissional à época. Esse debate sobre o objeto, todavia, está distante de estar consensuado na profissão e se apresenta de forma difusa, pois além de adentrar as pautas nos espaços políticos da categoria, está embebido de disputas e dissonâncias que vão desde seu entendimento — se é conceito ou categoria — até a indagação se de fato é matéria-prima profissional.

O "caso de polícia" de Washington Luís, pela via repressiva; os problemas ou disfuncionalidades sociais, pela perspectiva funcionalista (detentora de uma racionalidade instrumental), que teve hegemonia desde o que Iamamoto (2007) definiu como "arranjo teórico-doutrinário"[12] até os anos 1970; e a ajuda social, pela perspectiva fenomenológica, mesmo que na breve preeminência, sob a perspectiva marxiana e da tradição marxista, são mediatizados pelas circunstâncias históricas, políticas, sociais e culturais da sociedade brasileira. Daí se depreende a profissão como produto histórico — o que vimos denominando de produto e produtor da história (GOIN, 2019a) —, não mais adjetiva e exterior à realidade brasileira; e a questão social, seu objeto profissional, como expressão da sociedade de classes, que subordina uns/umas (no caso, a classe trabalhadora), para que o motor da sua história continue girando (acumulação capitalista), sem perder de vista seus traços que a constituem e condicionam historicamente:

> [...] a colonização imposta, a questão indígena, as lutas pela independência, o escravismo, a luta pela terra, o desrespeito aos trabalhadores, a opressão às mulheres, as desigualdades com suas múltiplas faces, as

---

12. O arranjo teórico-doutrinário é a mescla entre o cunho doutrinário (moralizador) e a tecnificação estadunidense, de inspiração positivista. Nas palavras de Iamamoto (2007, p. 21), "o Serviço Social mantém seu caráter técnico-instrumental voltado para uma ação educativa e organizativa entre o proletariado urbano, articulando — na justificativa dessa ação — o discurso humanista, calcado na filosofia aristotélico-tomista, aos princípios da teoria da modernização presente nas Ciências Sociais".

injustiças e principalmente os incontáveis processos de exploração econômica e dominação política das classes e setores sociais dominantes e na pobreza generalizada das classes que vivem do trabalho (YAZBEK, 2021, p. 20).

Desta feita, a profícua interlocução com a teoria marxiana e a tradição marxista mexe na zona de conforto profissional e conduz, sob o ponto de vista materialista, histórico e dialético, sua apreensão como profissão, dotada de particularidades profissionais e com explícita peculiaridade técnica — a zona privativa do trabalho profissional ou aquilo que lhe é único e exclusivo em relação às demais profissões.

Como profissão detentora dessas particularidades, seu estatuto assalariado[13] — profissão regulamentada como liberal, nos anos 1950,[14] em face de seu reconhecimento legal por parte do Estado — vige pela relação de compra de venda da sua força de trabalho, que é acionada quando requisitada pelas instituições empregadoras. Nessa tônica, a profissão e sua profissionalidade submergem nas contraditórias relações de trabalho que, ademais de conduzirem as formas de contrato e vínculo profissional-institucional, lhe interpelam relativa autonomia na condução do trabalho e instituem seu caráter de classe — nesse caso, pertencente à trabalhadora, donde derivam desafios, na medida em que não só trabalha com a população diretamente condicionada pelos ditames da venda da força de trabalho ou até da sua ausência, que lhe joga às margens da informalidade, do subemprego, da temporalidade, mas também por sofrer seus rebatimentos, seja nas formas de contrato, seja na incorporação da sua nova morfologia.

Uma pausa é necessária: estamos afirmando, nas linhas anteriores, que o que denominamos de perspectivas teóricas tornam-se insumos imperativos dos seus Fundamentos, na medida em que são elas que

---

13. Para maiores informações, consultar *O Serviço Social na contemporaneidade: trabalho e formação profissional*, de autoria de Marilda Villela Iamamoto e publicação da Cortez Editora.

14. Lei n. 3 252, de 27 de agosto de 1957, que regulamenta o exercício da profissão de Assistente Social, sancionada pelo Decreto n. 994, de 15 de maio de 1962.

conduzem e direcionam a concepção de profissão e seu significado social no bojo do seu processo sócio-histórico. Sob a hegemonia do marxismo, percebemos o giro analítico que lhe é permitido, ao passo que lhe institui a chave heurística de aproximação às múltiplas determinações contidas na realidade social (leitura da realidade) — cuja relação orgânica com a profissão é indelével.

A contribuição notória desse giro está registrada no conhecido Movimento de Reconceituação Latino-americano, que denuncia o perfil profissional reiterativo, procedimentalista e politicamente medíocre, no contexto de uma década (1960) em que, atrelados à conjuntura política, econômica e cultural mundial, entram em cena correntes contestatórias e de caráter crítico que buscam sintonizar a profissão no contexto das particularidades da realidade latino-americana. Indispensável lembrar que os anos 1960 computam uma série de golpes de Estado (ditaduras militares), espalhados pela região latino-americana, em face de uma explícita investida *imperialista ianque* de manter sua hegemonia e, nessa via, a dependência econômico-política da vizinhança continental, diante da evidente ameaça comunista que a Revolução Cubana cunhava — Revolução Cubana que desmantelou o ultrapredatório sistema político cubano neocolonial, representado à época por Fulgencio Batista Zaldívar, que gestava um governo marcado por corrupção, repressão política e exacerbada desigualdade, arrogadas pelas relações (comerciais e jogos) com a máfia estadunidense.

A Aliança para o Progresso[15] se configurou como um projeto que buscava conter levantes populares, neutralizar as forças políticas no curso da Guerra Fria e em face da constante ameaça cubana, sob apoio soviético — daí a repressão, como estratégia de sufocamento popular —, bem como alinhar os países latino-americanos à adequação dos padrões vigentes do capitalismo por meio de investimentos econômicos (financiamento das ditaduras) e abertura dos mercados ao capital, sob hegemonia dos Estados Unidos da América.

---

15. Criada por John Kennedy, presidente dos Estados Unidos.

Longe de se constituir como um movimento homogêneo, ao passo que é permeado de disputas teóricas, metodológicas e ideológicas, o Movimento de Reconceituação depositou a exigência de um novo olhar do Serviço Social para a realidade que se aviltava em terras latino-americanas, e mostrou imperativa a busca de contemporaneização da profissão (GOIN, 2019a). É sob esses elementos que se estabelece a primeira aproximação ao marxismo, mesmo que em um nítido marxismo sem Marx — ou marxismo vulgar, como denomina Netto (2007).

Sua expressão, no Brasil, foi traduzida no âmbito da Intenção de Ruptura da Renovação Profissional, a qual teve três direções constitutivas, amplamente abordadas por Netto (2007). A Modernização Conservadora (1965-1975), sob hegemonia positivista, em seu viés funcionalista, instituiu a tentativa de cientificidade à profissão e a busca de aportes técnicos mais elaborados, sem romper com a base positivista e as tendências advindas da incidência ideológica estadunidense investida a partir dos 1940, no pós-guerra, em que saiu vencedor e carecia de estratégias econômicas e políticas de reafirmação do *modus operandi* do capitalismo ao redor do mundo, e formas de contenção a ameaças e avanço do comunismo, numa conjuntura de Guerra Fria, conforme referido. Como negação do positivismo, inscreveu-se a Reatualização do Conservadorismo (1975-1982), sob hegemonia fenomenológica, que foi incorporada de forma vulgarizada, uma vez que abandonou nuances e matizes da filosofia, ainda que mantendo seu caráter anti-histórico e isolado da crescente expropriação da classe trabalhadora em curso. Como negação da negação (no sentido dialético do processo), inseriu-se a terceira e vigente direção da Renovação: a Intenção de Ruptura (do início dos anos 1980 aos dias atuais), sob o marxismo.

A Intenção de Ruptura, como o próprio termo sugere, trata-se de uma intencionalidade de resistência permanente aos históricos ataques conservadores e, na atualidade, enfeixados pelo neoconservadorismo. Longe de ser casual ou episódica, essa terceira direção da Renovação se inscreve no circuito do Movimento de Reconceituação na América Latina e se particulariza, no Brasil, em momentos distintos, mas interconexos, cuja emersão, assim como afirma Netto (2007), foi tatuada pelo célebre "Método BH", registrado no anos iniciais dos anos 1970 (1972-1975), o qual é resultante da experiência de docentes vinculados à Escola de Serviço Social da Universidade Católica de Minas Gerais, sediada na cidade Belo Horizonte — por isso do sugestivo nome que lhe fora atribuído —, que constroem, no contexto das discussões latino-americanas, uma alternativa global ao tradicionalismo profissional, com o intuito de transgredir o *empirismo* e o *simplismo* profissional, a partir da relação entre teoria e prática. Não dispensáveis de análises críticas e limites de adesão ao marxismo manualesco, a proposta e seus procedimentos metodológicos foram sistematicamente testados a partir do desenvolvimento de um projeto extensionista na cidade de Itabira (MG).

No plano da formação profissional, o esforço advindo da proposta da Escola da Universidade Católica de Minas Gerais adentrou as Convenções realizadas na década de 1970 pela então ABESS e culminou, entre os dias 2 e 6 de setembro de 1979, durante a realização da XXI Convenção da ABESS, em solo potiguar, na aspirada revisão do currículo mínimo vigente, com a participação de docentes e discentes da área — diferentemente das convenções anteriores, que congregaram apenas as lideranças das escolas de Serviço Social.

Ademais de se tratar como um marco acadêmico, a Revisão Curricular de 1979 é um marco político para o Serviço Social, ao passo que incorpora as:

> [...] conquistas substanciais do denominado Movimento de Reconceituação do Serviço Social, de âmbito latino-americano, superando as debilidades teórico-metodológicas que o marcaram e adequando suas reflexões ao novo momento conjuntural da sociedade brasileira e aos avanços identificados na análise teórica sobre o Serviço Social (YAZBEK, 1984, p. 31).

Ainda que a proposta de currículo tenha apresentado como fundamentos da formação a análise crítica da realidade e a necessária

DIRETRIZES CURRICULARES E FORMAÇÃO EM SERVIÇO SOCIAL

relação entre teoria e prática, além de articular essa formação em duas grandes áreas (a básica e a profissional), que refletem ganhos notáveis[16] em relação ao Currículo anterior (1970), mostra seus limites no mecanicismo atribuído, como pode ser observado, de maneira rápida, no divisionismo entre história, teoria e método (constantes nas disciplinas de História do Serviço Social, Teoria do Serviço Social e Método do Serviço Social).

Não obstante a experiência de BH e os fundamentos da formação do Currículo de 1979, é no final de setembro de 1979 que se encontra a marca indescartável na politização dos profissionais à frente da defesa da Renovação brasileira, especialmente entre os/as participantes do III Congresso Brasileiro de Assistentes Sociais — saudoso Congresso da Virada —, ocorrido em São Paulo, e que pouco a pouco ganhou notoriedade e espraiamento no interior da categoria, uma vez que coloca em xeque a pseudoneutralidade profissional[17] inscrita no auge da autocracia burguesa — leia-se, ditadura militar. Ocorrido em meio à lenta, gradual e segura abertura democrática (que se consolidou na virada da década seguinte) e na esteira da resistência protagonizada pelo movimento operário (em destaque do ABC paulista), participantes que se inscreviam na luta contestatória à ditadura teceram uma colcha de possibilidades (entre elas, a articulação política com segmentos sindicais, de representação nacional) para manifestar seu descontentamento com a condução do evento e com a naturalização

---

16. Ademais do referido, assinala-se a extensão da carga horária mínima da formação (de 2.500 para 2.700 horas), 10% da carga horária do curso em estágio supervisionado, além do trabalho final para a conclusão (o conhecido Trabalho de Conclusão de Curso — TCC).

17. Sem generalizações, é importante demarcar que parcela da categoria, mesmo que ínfima, resistiu à ditadura em meio a perseguições, torturas, prisões e exílio. Por outro lado, "ao longo de todo o ciclo ditatorial incontável contingente de assistentes sociais apoiou-o abertamente (seja por convicções, seja por oportunismo); inúmeros assistentes sociais assumiram — por indicação política — cargos e postos de responsabilidade em órgãos estatais e públicos; vários assistentes sociais assessoraram serventuários da ditadura e alguns foram mesmo distinguidos pelo regime e seus corifeus. É fato que o grosso da categoria profissional atravessou aqueles anos terríveis sem tugir nem mugir. Nada é mais falso do que imaginar que nosso corpo profissional (nele incluídos, naturalmente, docentes e discentes) foi um coletivo de perseguidos ou um corajoso destacamento da resistência democrática" (NETTO, 2009, p. 29).

dos processos sociais em curso, operada pela crosta conservadora profissional. A *virada* é um fato inconteste no plano teórico e ideopolítico profissional, porque "o Serviço Social, neste país, nunca mais foi o mesmo" (NETTO, 2009, p. 35).

Ao conectar-se com a perspectiva já presente, no Brasil, via Método *belo-horizontino* — apesar dos seus limites demarcados não só pela conjuntura ditatorial da época, mas também pelos contornos profissionais enviesados do marxismo, cuja ênfase epistemológica em detrimento da ontológica aufere notoriedade — e a proposta de formação em curso (de 1979), a profissão (1) adentrou os gloriosos anos 1980 (no sentido democrático), enfeixados pela politização desencadeada no Congresso da Virada; (2) promoveu a ampla sindicalização[18] de assistentes sociais, que era entendida como o clássico modo de organização da classe trabalhadora, uma vez que se encontrava ademais do alvorecer do sentimento de pertencimento a essa classe.

Apesar de esses se constituírem como elementos fulcrais à Renovação Profissional, Consuelo Quiroga (1991) evidencia que a abordagem do marxismo se dá pela via determinista e economicista, ao mesmo tempo que descarta categorias fundamentais para apreender o movimento do modo de produção capitalista — seja a teoria do valor trabalho, seja o método ou a perspectiva da revolução. Assim, a abordagem adotada do marxismo esteve impregnada de positivismo, entranhada de vulganização e simplismo.

Todavia, as experiências realizadas até esse período não podem ser subjugadas e tampouco desconsideradas. O acúmulo profissional resultante desse processo — associado a contribuições de Marilda Iamamoto e Raul de Carvalho na elementar obra *Relações sociais e Serviço Social no Brasil: esboço de uma interpretação histórico-metodológica*, cuja primeira edição marca dos idos de 1982, em que recorrem às obras diretas de Marx em um esforço inédito de sintonizar crítica, teórica e ontologicamente o significado da profissão no âmbito da reprodução das relações sociais, sob o modo de produção capitalista — culminará

---

18. À época, sindicato de categoria, não de classe.

DIRETRIZES CURRICULARES E FORMAÇÃO EM SERVIÇO SOCIAL

em mudanças elementares à profissão, em destaque a valoração ética profissional e as diretrizes formativas.

Isso acontece numa conjuntura pouco favorável, pois o Brasil adentra os anos 1990 sem deixar para trás os impactos acumulados no decurso da ditadura, que se traduzem no exacerbado endividamento externo, nos elevados juros, na hiperinflação e na fragilidade financeira do setor público. O fracasso do Plano Cruzado no final de década de 1980 credencia a agenda político-econômica brasileira na captura de capital estrangeiro e no sedutor neoliberalismo. Inscritos nessa agenda, os governos de Fernando Henrique Cardoso concentram energias à estabilização, sob os auspícios dos organismos internacionais, na qual se inscrevem as privatizações e as contrarreformas, como a dos sistemas de telecomunicações e das seguidas alterações constitucionais relativas à política de previdência social. No plano geopolítico mundial, essa década é marcada pelos rebatimentos do colapso da União Soviética e, consecutivamente, com o fim da Guerra Fria, pela ampliação da hegemonia estadunidense e, com ela, pelo espraiamento da globalização, a qual integrou economias e mercados como nunca antes visto na história mundial — inclusive em países do leste europeu e da Ásia.

Para a área social, o neoliberalismo foi atemorizante. Desemprego, empobrecimento, corte nos gastos sociais, flexibilização de direitos recém-(rea)firmados (Constituição de 1988), desmonte da seguridade social, ampliação da incorporação da lógica mercantil nas políticas sociais, aumento da violência e ausência (ou precariedade) de renda são alguns indicadores do agravamento das condições sociais da classe trabalhadora.

É nessa conjuntura que há a incorporação de uma *razão de ser*, de um *modo de ser* e na projeção de um *dever ser* sustentados por valores e princípios explicitamente definidos no Código de Ética de 1993,[19]

---

19. Não se pode deixar de referir a revisão do Código de 1986, o qual incorpora a perspectiva mecanicista do marxismo, na mesma esteira que vinha sendo registrada nas demais experiências, uma vez que reproduz de forma abstrata o compromisso com a classe trabalhadora.

o qual congrega o debate coletivo que vinha sendo travejado desde os anos 1970 e recorre à ontologia para decodificar seu compromisso com as pautas da classe trabalhadora, ao colocar-se na defesa de uma sociedade democrática, sem exploração, sem dominação, tendo a liberdade como seu valor ético central. Ademais de não estarmos defendendo éticas profissionais (se considerando o movimento de atualização dos seus valores e princípios), entendemos que a aproximação com as fontes diretas de Marx e com a tradição marxista desloca a produção do conhecimento e os documentos jurídico-normativos da razão formal-abstrata e os sintoniza sob as determinações da realidade concreta, entendendo que a história é movida pelos diferentes sujeitos sociais e, só assim, é possível depreender as particularidades da sociedade de classes.

Detentor de uma nova postura ética e política, o Código de Ética de 1993[20] dialoga com o que se explicitará nas Diretrizes Curriculares de 1996, uma vez que assenta as bases ontológicas do ser social e se propõe a se afastar não só do *epistemologismo*, mas também do *pragmatismo* e do *endogenismo*.

Dialogar sobre o que hodiernamente entendemos como Fundamentos do Serviço Social é inarredável dos desdobramentos inscritos no processo sócio-histórico (sejam eles conjunturais ou profissionais) e da produção do conhecimento na área, uma vez que é pelo movimento deles derivado que há a aproximação ao marxismo e, consecutivamente, a apreensão da centralidade do trabalho e as suas manifestações na forma de valor, das contradições do modo de produção capitalista, das respostas no Estado às tensões de classe, do significado social da

---

20. É tributária a esse Código a mudança de CFAS (Conselho Federal de Assistentes Sociais) e CRAS (Conselho Regional de Assistentes Sociais) para CFESS (Conselho Federal de Serviço Social) e CRESS (Conselho Regional de Serviço Social). Além disso, no mesmo ano (1993) ocorre a atualização da Lei de Regulamentação da Profissão e explicita, em caráter inédito, atribuições (embora estivessem presentes na regulamentação de 1957, detinham-se à gestão e à operatividade do trabalho, de forma genérica e imprecisa) e competências profissionais, que delineiam seus traços interventivos peculiares na divisão social e técnica do trabalho, cujas discussões têm sido aprofundadas desde então, na tentativa de lapidar imprecisões e incompreensões — exemplo notório é a miscelânea de competências como atribuições e vice-versa.

profissão, do seu modo de ser e existir e do que lhe confere existência como profissão.

Esse conjunto de elementos nos traz ao século XXI não desprovidos/as de desafios. A hegemonia teórico-metodológica está longe de ser uma questão acadêmica e de marcar presença na produção do conhecimento e nos documentos jurídico-normativos. Precisa estar espraiado pela categoria profissional, e adentrar o miúdo do cotidiano profissional e os espaços sócio-ocupacionais em que nos inserimos; precisa ser mediado por reflexões teórico-práticas, seja na formação, seja no trabalho; precisa sair das entidades e alcançar a continentalidade brasileira; precisa transcender a fragmentação da apreensão dos seus Fundamentos e adentrar todos e quaisquer espaços. Não precisamos de pouca coisa. Para uma profissão que em breve completará 90 anos, avançamos muito em relação ao passado recente, mas precisamos que os frutos dessa colheita sustentem, à luz dos seus Fundamentos, a busca do que Netto (2016) denomina "uma nova história do Serviço Social", constituindo formas de resistência aos afrontes neoconservadores que vêm cercando e adentrando a profissão.

O trem de chegada é o mesmo trem da partida

O debate dos Fundamentos do Serviço Social, inaugurado nas Diretrizes Curriculares de 1996, incorporou a processualidade histórica e o movimento da sociedade, e os colocou como insumos de análise crítica do significado social do Serviço Social como profissão — os quais só podem ser decifrados a partir da interlocução com a teoria marxiana e com a tradição marxista.

A sua chave heurística está amparada na razão dialética e ontológica, que ademais de se constituir em matriz explicativa da realidade, permite apreender a lógica das Diretrizes e a articulação orgânica entre Núcleos de Fundamentação e, nessa via, dos Fundamentos do Serviço Social, assim como vimos argumentando nesta produção.

É pela totalidade dos Núcleos de Fundamentação e pela juntura entre si que a apreensão dos Fundamentos se torna possível e imprescindível para refutar as abordagens historicistas e endogenistas da profissão que, sem ingenuidade, ainda estão longe de serem superadas na formação profissional.

Transcender a razão miserável (formal-abstrata) é condição elementar para abandonarmos o que denominamos de *"ismos profissionais"*, os quais por muito tempo hegemonizaram o debate do modo de ser da profissão e que, ainda, carregam seus traços na contemporaneidade. *Historicismo* (perspectiva evolucionista da profissão), *metodologismo* (perspectiva procedimentalista e empirista) e *teoricismo* (perspectiva manualesca da teoria), donde derivam os demais (ismos), constituem-se na âncora que nos prendem e nos assombram. Antes sob hegemonia, agora como contra-hegemonia, é o espectro que nos ronda e nos permite asseverar, mais do que nunca, sua inabilidade para apreender as categorias constitutivas da sociedade, a produção e a reprodução das relações sociais, as contradições imanentes à sociedade de classes e, nisso, os processos sociais que coadunam em demandas para a profissão — tecla que denota que é preciso desocultar as determinações da realidade para apreender donde derivam as demandas e as requisições profissionais.

É sob esses eixos que a perspectiva disruptiva a que apontamos delineia seu legado e germina a riqueza das Diretrizes Curriculares, como um ponto de chegada construído a muitas mãos, mas que também tem nela seu ponto de partida na ultrapassagem de um documento político para adentrar os cursos e a formação profissional, propriamente dita, pois é a partir da lógica dos Fundamentos que se travejam as diretrizes formativas, os seus princípios, os componentes curriculares (e os conteúdos programáticos) e o perfil que se deseja formar (e que é formado). Daí a elementaridade dos Fundamentos do Serviço Social.

Como diz Milton Nascimento no título deste item, retirado da música "Encontros e despedidas", as reflexões a que chegamos (o trem da chegada) tornam-se insumos de aprofundar as discussões relativas aos Fundamentos, no sentido de apreender por onde essa formação

DIRETRIZES CURRICULARES E FORMAÇÃO EM SERVIÇO SOCIAL

tem perpassado e em que medida tem decifrado as determinações que fundamentam a profissão. Desafio presente, é motivação de uma nova partida (trem da partida), em face das sendas que permanentemente se abrem no debate dos Fundamentos do Serviço Social.

REFERÊNCIAS

ASSOCIAÇÃO BRASILEIRA DE ENSINO E PESQUISA EM SERVIÇO SOCIAL (ABEPSS). *Diretrizes gerais para o curso de Serviço Social* (com base no Currículo Mínimo aprovado em Assembleia Geral Extraordinária de 8 de novembro de 1996). Brasília: ABEPSS, 1996. Disponível em: https://www.abepss.org.br/arquivos/textos/documento_201603311138166377210.pdf. Acesso em: 20 dez. 2023.

GOIN, Marileia. *Fundamentos do Serviço Social na América Latina e no Caribe*: conceituação, condicionantes sócio-históricos e particularidades profissionais. Campinas: Papel Social, 2019a.

GOIN, Marileia. Tendências atuais no ensino dos fundamentos do Serviço Social. *Textos & Contextos,* Porto Alegre, v. 18, n. 2, p. 1-12, jul./dez. 2019b. Disponível em: https://revistaseletronicas.pucrs.br/ojs/index.php/fass/article/view/35948/19492. Acesso em: 24 jan. 2022.

GUERRA, Yolanda. *A instrumentalidade do Serviço Social.* 6. ed. São Paulo: Cortez, 2007.

GUERRA, Yolanda. Consolidar avanços, superar limites e enfrentar desafios: os fundamentos de uma formação profissional crítica. *In*: GUERRA, Yolanda *et al*. *Serviço Social e seus fundamentos*: conhecimento e crítica. Campinas: Papel Social, 2018. p. 25-46.

HORKHEIMER, Max. *Eclipse da razão*. São Paulo: Fundação Editora Unesp, 2016.

IAMAMOTO, Marilda Villela. *Renovação e conservadorismo no Serviço Social*: ensaios críticos. 9. ed. São Paulo: Cortez, 2007.

IAMAMOTO, Marilda Villela. *Serviço Social em tempo de capital fetiche*: capital financeiro, trabalho e questão social. São Paulo: Cortez, 2010.

IAMAMOTO, Marilda Villela. A formação acadêmico-profissional no Serviço Social brasileiro. *Serviço Social & Sociedade*, São Paulo: Cortez, n. 120, p. 609-639, out./dez. 2014.

LEFEBVRE, Henri. *Lógica formal, lógica dialética*. Tradução: Carlos Nelson Coutinho. 5. ed. Rio de Janeiro: Civilização Brasileira, 1991.

LENIN, Vladimir. *O Estado e a revolução*: o que ensina o marxismo sobre o Estado e o papel do proletariado na revolução. 2. ed. São Paulo: Expressão Popular, 2010.

MARX, Karl. *O capital*: crítica da economia política. Tradução: Reginaldo Sant'Ana. Rio de Janeiro: Civilização Brasileira, 2011. Livro Primeiro. Livro 1, v. 1.

MARX, Karl; ENGELS, Friedrich. *A ideologia alemã*. Tradução: Frank Müller. São Paulo: Martins Fontes, 2006.

NETTO, José Paulo. *Ditadura e Serviço Social*: uma análise do Serviço Social no Brasil pós-64. 4. ed. São Paulo: Cortez, 2007.

NETTO, José Paulo. III CBAS: algumas referências para a sua contextualização. *In*: CONSELHO FEDERAL DE SERVIÇO SOCIAL (CFESS). *30 anos do Congresso da Virada*. Brasília: CFESS, 2009. p. 15-42.

NETTO, José Paulo. Capitalismo e barbárie contemporânea. *Argumentum*, Vitória, v. 4, n. 1, p. 202-222, jan./jun. 2012. Disponível em: https://www.abepss.org.br/arquivos/anexos/netto-jose-paulo-201608060404028661510.pdf. Acesso em: 24 jan. 2022.

NETTO, José Paulo. Para uma nova história do Serviço Social no Brasil. *In*: SILVA, Maria Liduína de Olvieira e. *Serviço Social no Brasil*: história de resistências e de ruptura com o conservadorismo. São Paulo: Cortez, 2016. p. 49-76.

QUIROGA, Consuelo. *Invasão positivista no marxismo*: manifestações no ensino da metodologia no Serviço Social. 3. ed. São Paulo: Cortez, 1991.

VÁZQUEZ, Adolfo Sánchez. *Filosofia da práxis*. 2. ed. Buenos Aires: Clacso; São Paulo: Expressão Popular, 2011.

YAZBEK, Maria Carmelita (org.). Projeto de revisão curricular da Faculdade de Serviço Social — PUC-SP. *Serviço Social & Sociedade*, São Paulo: Cortez, ano V, n. 14. 1984.

YAZBEK, Maria Carmelita. Fundamentos históricos e teórico-metodológicos do Serviço Social. *In*: Conselho Federal de Serviço Social (CFESS); Associação Brasileira de Ensino e Pesquisa em Serviço Social (ABEPSS). *Serviço Social*: direitos sociais e competências profissionais. Brasília: CFESS/ABEPSS, 2009. p. 143-163.

YAZBEK, Maria Carmelita. Fundamentos históricos e teórico-metodológicos e as tendências contemporâneas no Serviço Social. *In*: GUERRA, Yolanda *et al.* *Serviço Social e seus fundamentos*: conhecimento e crítica. Campinas: Papel Social, 2018. p. 47-84.

YAZBEK, Maria Carmelita. Serviço Social e seu projeto ético-político em tempos de devastação: resistências, lutas e perspectivas. *In:* YAZBEK, Maria Carmelita; IAMAMOTO, Marilda Villela (org.). *Serviço Social na história*: América Latina, África e Europa. São Paulo: Cortez, 2019, p. 86-101.

YAZBEK, Maria Carmelita. Expressões da questão social brasileira em tempos de devastação do trabalho. *Temporalis*, Brasília, ano 21, n. 42, p. 16-30, jul./ dez. 2021. Disponível em: https://periodicos.ufes.br/temporalis/article/view/37164/24536. Acesso em: 20 dez. 2023.

CAPÍTULO 4

Realidade brasileira, pensamento social e formação de assistentes sociais

Evelyne Medeiros Pereira

Introdução

A realidade mais recente do país, sobretudo marcada pela ascensão de forças reacionárias e conservadoras, revela a atualidade de muitos dos aspectos relativos às particularidades da formação social brasileira que repercutem diretamente na formação da classe trabalhadora e, consequentemente, dos/as assistentes sociais. Torna-se de fundamental importância compreender como vem se constituindo a educação pública superior no Brasil e sua relação com os aspectos que estruturam a realidade nacional (e internacional), bem como analisar as articulações dos conteúdos referentes ao legado do pensamento social brasileiro na formação profissional dos/as assistentes sociais.

Esse caminho nos permite identificar os aspectos que conformam o campo das particularidades da questão social no Brasil nas diretrizes e nos componentes curriculares dos cursos e da literatura referenciada na área de Serviço Social, contribuindo para estimular o debate entre estudantes, assistentes sociais e entidades representativas da profissão sobre a realidade do nosso país, conectando-a aos conteúdos universais e centrais do trabalho profissional e às respostas construídas por parte das/os profissionais no cotidiano. Para tanto, tem-se como pressuposto o importante legado que nos foi deixado por diversos sujeitos que se forjaram como intelectuais e pensadoras/es do Brasil, edificando as diferentes matrizes, nuances e perspectivas do pensamento social brasileiro.

Mesmo que não seja de nosso conhecimento a existência de uma literatura específica, ou de uma pesquisa de maior fôlego que trate sobre a influência desse pensamento no Serviço Social, partimos do pressuposto de que tal aproximação tem um importante marco histórico: o processo de renovação do Serviço Social brasileiro, especialmente, no momento de *intenção de ruptura* com o conservadorismo (NETTO, 1990). Isso considerando que, anteriormente, no período de vigência do *Serviço Social Tradicional* (YAZBEK, 2009), há uma predominância de um *arranjo teórico-doutrinário* (IAMAMOTO, 2014) marcado pela forte influência europeia e, especialmente, norte-americana dos construtos teórico-metodológicos e técnico-operativos sobre os quais a profissão era regida no Brasil. Além disso, existem sinalizações sobre as possíveis influências, no período anterior à renovação, de vertentes conservadoras e reacionárias do próprio pensamento social brasileiro que adquiriram representatividade em figuras de Oliveira Viana, Jackson de Figueiredo e Alceu Amoroso Lima a Tavares Bastos.[1]

---

1. Sobre esse tema, chamamos atenção para o que nos apresenta Ortiz (2007, p. 140): "[...] o projeto reformista-conservador brasileiro recebeu influências de fontes diferenciadas, porém fortemente sedimentadas sob o mesmo amálgama, cujos eixos principais são, ao meu ver: Deus, ordem e propriedade. Tanto a vertente laica conservadora — o positivismo —, quanto sua versão confessional — o humanismo cristão, expressas respectivamente em autores como Oliveira Vianna, Jackson de Figueiredo e Alceu Amoroso Lima, por exemplo, entendem o Brasil [cada um à sua maneira, evidentemente] como um país onde a classe trabalhadora é absolutamente incapaz, a ordem deve ser pautada sob o binômio autoridade/obediência; e o Estado, ao lado da Igreja, deve ser suficientemente forte para conduzir o país e os brasileiros ao progresso. Foi neste sentido que se optou em examinar com mais profundidade a tendência conservadora

Assim, parece-nos coerente a afirmação de que foi a partir da crítica aos parâmetros do *Serviço Social Tradicional* que a profissão desenvolveu um diálogo mais próximo com o pensamento social brasileiro em sua vertente mais crítica e mesmo progressista, desde as tendências mais desenvolvimentistas, que subsidiaram a *perspectiva modernizadora* através do desenvolvimento de comunidade, passando pela interpretação enviesada das ideias freirianas na *reatualização conservadora*, até uma aproximação com os/as autores/as marxistas a partir da renovação crítica e da sua *intenção de ruptura* com o conservadorismo (NETTO, 1990). Ou seja, a abertura para o pluralismo permitiu romper com a adoção de teorias meramente importadas vindas, especialmente, da França, da Bélgica e dos Estados Unidos. Esse processo, apesar dos limites que perduram até hoje, contribuiu para a apreensão dos elementos que conformam a particularidade da realidade social, fortalecendo a perspectiva histórico-crítica na profissão e na área de conhecimento, e o compromisso com o Projeto Ético-Político.

E é exatamente sobre esse momento de renovação crítica que nos debruçaremos a partir de então, na busca de apresentar uma breve síntese de estudos e pesquisas realizados sobre a contribuição do pensamento social brasileiro (e todo seu arcabouço e legado téorico-metodológico e ideopolítico) para o processo de formação de assistentes sociais no Brasil. Isso sob o entendimento de que, em oposição ao que orienta a razão instrumental, passado e presente expressam uma unidade dialeticamente engendrada, correlacionada, e não episódios formal ou abstratamente fatiados. Esta tese contraria, de um lado, generalismos estéreis e, de outro, interpretações particularistas. Sob o amparo da crítica, tais processos devem considerar determinações e mediações apreendidas a partir da interação dialética entre o universal, o particular e o singular, em sintonia com o método em Marx.

---

no Brasil pela via da influência positivista e humanista cristã [esta claramente afinada com os postulados presentes na Doutrina Social da Igreja, cujas diretrizes já foram tratadas neste capítulo a partir da recuperação dos princípios neotomistas]".

Considerações sobre o ponto de partida

Conservadores, reacionários, autoritários, eugenistas, racistas, liberais, radicais, socialistas, comunistas, sociais-democratas, colonialistas, revolucionários, decoloniais, dependentistas... O pensamento social brasileiro, ontem e hoje, é constituído por um vasto e diverso campo de interpretações, perspectivas e matrizes metodológicas, filosóficas e ideopolíticas. A classificação desses "campos" é bastante polêmica e não nos atrevemos aqui cunhar um caminho específico para analisá-los ou enquadrá-los. Este não é o objetivo ao qual nos propomos neste breve escrito.

Contudo, torna-se importante saber e reforçar que "[...] as interpretações do Brasil devem, antes, ser tratadas como elementos importantes para a compreensão da articulação das forças sociais que operam no desenho da sociedade, que contribuem para movê--la em determinadas direções" (BOTELHO, 2011, p. 15). Em outras palavras, tais campos e matrizes derivam e deram fôlego a projetos assumidos por determinados setores e segmentos de classes sociais que compõem historicamente a sociedade brasileira; parte dessas "leituras e imagens" do Brasil se institucionalizaram, legitimaram e orientaram (e ainda orientam) práticas sociais, condutas, valores e visões de mundo, contribuindo diretamente para a organização da cultura no sentido gramsciano de construção de hegemonia. Trata--se, portanto, de um legado construído por um conjunto de intelectuais, reconhecidos, marginalizados ou simplesmente relegados ao ostracismo, em sua maioria vinculados organicamente a projetos de sociedade e aos diferentes aparelhos privados de hegemonia, parte da trama complexa e pluralista da sociedade civil na relação com o Estado, promovendo e fortalecendo formas de criação e difusão da cultura (COUTINHO, 2011).

Esse legado, que não se resume a um compilado bibliográfico de obras e documentos, embora também se expresse de tal forma, apresenta como traço comum um gênero ensaístico e padrão narrativo, tendo como base um balanço da história do Brasil em torno de

DIRETRIZES CURRICULARES E FORMAÇÃO EM SERVIÇO SOCIAL

um programa político capaz de superar (ou explicar) determinados impasses e dilemas centrais do país. Seja na forma de crítica literária, explorando condições e relações sociais cotidianas, seja na forma de denso estudo econômico e histórico, cada um/a carrega consigo a marca, os limites e os potenciais do seu tempo histórico, e assume implícita ou explicitamente o compromisso com *os de cima* ou com *os de baixo*.[2]

É comum encontrarmos como marco e centro do impasse propulsor na formação e na consolidação de um pensamento social brasileiro, se assim podemos nomear, a passagem do século XIX ao XX, a transição capitalista, o que faz da escravidão e da situação dos/as ex-escravizados/as os aspectos no centro do impasse da nossa formação social, sendo uma proposição difícil para contornar, dos conservadores aos radicais, sob óticas, argumentações e consequências bastante distintas. Com base e influência de transformações políticas e econômicas da transição capitalista no mundo, o pensamento social brasileiro se forja em torno de temas como o da questão nacional, identidade nacional

---

2. Nesse caminho se farão presentes figuras representativas da eugenia racial, a exemplo de Raimundo Nina Rodrigues (1862-1906) e Oliveira Viana (1883-1951); da nascente burguesia industrial e empresarial, como Roberto Simonsen (1889-1948); e do lusotropicalismo de Gilberto Freyre (1900-1987). Outros também se destacaram nessa trajetória, embora noutras perspectivas, centrando suas análises nos estudos sobre o patrimonialismo, a relação entre público-privado e cultura política no país, a exemplo de Sérgio Buarque de Holanda (1902-1982) e Raymundo Faoro (1925-2003). Em polo distinto, um conjunto de autores/as irá se destacar, apresentando outro fio condutor e perspectiva para pensar o Brasil e as bases da formação social brasileira, num diálogo mais próximo com a teoria social crítica e as experiências das revoluções populares mundo afora. Tais autores/as tinham por objetivo não apenas conhecer melhor nossa formação social, mas também entendê-la para transformá-la. Para isso, a questão em torno da *revolução brasileira* torna-se um eixo fundamental e condutor desse conjunto de autores/as da formação social brasileira. Daí a busca de situar o Brasil na dinâmica capitalista, entendendo o sentido da colonização, considerando as relações sociais internas e externas, conectada a uma forma específica de integração ao mercado mundial que constituiu o desenvolvimento econômico da nação como de capitalismo dependente, atravessado pelo peso da modernização conservadora. Entre outras referências desse legado, destacamos algumas contribuições, cada uma a seu modo: Caio Prado Jr. (1907-1990), Antonio Candido (1918-2017), Florestan Fernandes (1920-1995), Jacob Gorender (1923-2013), Clóvis Moura (1925-2003), Lélia Gonzalez (1935-1994), Octavio Ianni (1926-2004), Francisco de Oliveira (1933-2019), Heleieth Saffioti (1934-2010) e Carlos Nelson Coutinho (1943-2012).

e, em alguma medida, incompletude do Brasil como nação e povo. Em meio à modernização conservadora, a transição pelo alto ou à via prussiana, a depender das análises, logo adquire maior presença a imagem de dois brasis na *disjuntiva* entre atraso e moderno.

Em meio à expansão das ideias liberais, parte do quadro do nascente capitalismo, sobre o qual o Brasil também fazia parte, a seu modo, o ambiente social brasileiro se destacava pelo trabalho escravo, pela lógica do favor e pelo latifúndio, ao invés do trabalho livre, da igualdade perante a lei e da pequena propriedade privada, o que expressava, para muitos/as pensadores/as, certa originalidade brasileira refletida no dualismo entre liberalismo e escravismo, independência e dependência, universalidade e particularismo, mérito e parentesco, igualdade e privilégio. Já para outros, esse quadro expõe de maneira mais contundente a contradição (o que não significa incompatibilidade) e a composição, não como exclusividade nessas terras, entre atraso e moderno, como aspecto propulsor da própria expansão capitalista, não podendo, portanto, estabelecer equilíbrio entre níveis, formas e ritmos de desenvolvimento. Estes necessariamente deveriam operar de maneira desigual e articulada regional e mundialmente, favorecendo momentos diferentes do processo de constituição e reprodução do capital. Em outros termos, "[...] a periferia deixaria mais à vista o que ficava encoberto no centro capitalista. O próprio Marx já notara que a escravidão *sans phrase* do Novo Mundo revela a verdade sobre o trabalho assalariado, forma disfarçada de escravidão" (RICUPERO, 2011, p. 41-42).

Considerando o marco pelo qual nos propusemos neste capítulo, priorizaremos o diálogo com um campo de autores/as, não menos diversos, parte deles inseridos num campo sobre o qual Ianni (2000) classificou como "os novos", diferentemente dos "precursores" e "clássicos", bem como parte daqueles/as que encamparam no Brasil o ideário socialista.[3] Ou, na ótica de Antonio Candido (1990, p. 4),

---

3. "Os 'novos', realmente inovadores, assinalam nitidamente diferentes interpretações do Brasil. Instituem outros parâmetros de compreensão e explicação da realidade político-econômica

revolucionários/as e mesmo radicais que cumprem historicamente a função de "contrapeso ao movimento conservador", exatamente pelo "modo progressista de reagir ao estímulo dos problemas sociais prementes". Afinal, "os radicalismos de cada país podem ser a condição de êxito do pensamento revolucionário, inclusive o que se inspira no marxismo" (CANDIDO, 1990, p. 4). Sobre isso, chamamos atenção para o seguinte:

> O pensamento radical no Brasil ganha impulso e se firma no país, dentro do processo de modernização conservadora, como tentativa de solucionar os dilemas nacionais postos pela revolução brasileira desde o começo da década de 1920. [...] Nos anos 1920 e 1930, o Brasil testemunhou toda uma "geração" pioneira no que diz respeito à busca por explicações para opressão e a miséria que sofriam os setores mais explorados da nossa população desde o período colonial. De escravos a proletários, as massas oprimidas estiveram no centro das discussões. Havia um claro anseio por respostas aos dilemas do Brasil com base em interpretações inovadoras (que iriam, finalmente, colocar em lugar de destaque as camadas populares), assim como uma necessidade de

---

e sociocultural. Estão mais ampla e sistematicamente imersos na cultura das ciências sociais, em alguns casos beneficiando-se dos padrões de ensino e pesquisa desenvolvidos no âmbito universitário. [...] É óbvio que esses autores dialogam com os clássicos e os precursores. Inclusive revelam compromissos e continuidades, implícitos ou assumidos com alguns. Mas também é óbvio que inauguram novas interpretações do Brasil, seja em alguns dos seus problemas fundamentais, seja em suas visões de conjunto. Os novos estão empenhados em aprofundar a análise da tecitura da sociedade brasileira, em suas instituições e valores, classes e grupos sociais, história e tradições, formas de organização e condições de transformação, reforma e revolução. Beneficiam-se amplamente das conquistas das ciências sociais, por suas pesquisas de reconstrução histórica e de campo; combinando economia e sociedade, política e cultura, com acentuado sentido de história e do contraponto entre as nações. Partem da preliminar de que a análise da realidade social precisa deslindar a formação e dinâmica das classes e grupos sociais, das condições e possibilidades da consciência de indivíduos e coletividades, envolvendo as formas de sociabilidade e os jogos das forças sociais. Além das identidades e alteridades, trata-se de deslindar as diversidades e as desigualdades, de forma a alcançar-se o enigma dos movimentos da sociedade. É bastante evidente que os novos já trabalham amplamente inseridos em universo histórico e intelectual em que se colocam os desafios: fascismo e nazismo, liberalismo e nacionalismo, mercado e planejamento, reforma e revolução, capitalismo e socialismo, alienação e emancipação" (IANNI, 2000, p. 71).

intervir politicamente na realidade concreta para ulteriormente mudar o painel socioeconômico nacional (PERICÁS; SECCO, 2014, p. 9-10).

Daí a busca de situar o Brasil na dinâmica capitalista, considerando as relações sociais internas e externas conectadas a uma forma específica de integração ao mercado mundial, que constituiu um desenvolvimento econômico no país profundamente submetido e subjugado aos interesses da grande burguesia internacional. Elementos estes impeditivos de maiores avanços na soberania nacional, o que, para alguns, instituiu uma forma de capitalismo dependente, atravessado pelo peso da conservação frente às necessidades de modernização. Isso, entretanto, só foi possível mediante o esforço no entendimento sobre a natureza das classes sociais e o caráter da revolução burguesa nestas terras.

Assim, ao referendarmos o pensamento social brasileiro e todo seu legado, ressaltamos que não estamos tratando de uma perspectiva homogênea. Apesar dos traços comuns, há também aí uma enorme diversidade, muitas divergências e inúmeras polêmicas. Algumas, inclusive, em aberto até hoje. Contudo, priorizamos neste capítulo o diálogo com os/as autores/as que mais se aproximam da tradição marxista e que, portanto, ajudam-nos a entender essa realidade e seus efeitos fora do circuito de interpretações dualistas rígidas. Isso com o objetivo de situar em que medida o pensamento dessas/es intelectuais influenciaram (a ainda influenciam) a formação profissional em Serviço Social no Brasil.

Pensamento social brasileiro e Serviço Social

O Serviço Social, apesar de apresentar uma importante presença no legado da luta contra o conservadorismo na sociedade brasileira, o que tem constituído a sua cultura profissional, especialmente desde a renovação crítica, não está imune às ameaças reacionárias, ao avanço de um "novo conservadorismo" e à fascistização impregnada historicamente na sociedade, que se expressa no conjunto da realidade brasileira e ganhou notoriedade no contexto de crise capitalista e sanitária (MOTA; RODRIGUES, 2020). Medidas continentais foram implementadas para restabelecer as taxas de lucratividade através do chamado ultraliberalismo em sua fase mais antidemocrática, antipopular, fundamentalista e penal. Esta realidade, na verdade, sinaliza o reforço de muitos aspectos que dizem respeito aos próprios fundamentos da formação social do Brasil, tais como a heteronomia, a modernização conservadora e a democracia restrita.

Esse contexto tem suscitado não apenas novas exigências ao trabalho profissional, aos processos de formação e à organização da categoria, mas também alterações no próprio perfil profissional, requerendo novos atributos e valores, assumindo notoriedade um conjunto de ideias que se remete a uma espécie de "retorno ao passado", aos aspectos que mais dizem respeito a um arranjo teórico-doutrinário já prevalecente na profissão outrora. Isso nos faz lembrar dos elementos já tão bem elencados por José Paulo Netto, na década de 1980, sobre a crítica conservadora à reconceitualização (NETTO, 1981). Guardadas as devidas diferenciações, tais elementos e argumentação pareceram tomar nova vida e fôlego nos últimos anos.

O processo de formação profissional em Serviço Social assume, nesse contexto, enormes desafios, no sentido de garantir um perfil profissional em consonância com o projeto construído historicamente pela categoria profissional, orientado pelo Código de Ética de 1993, pela Lei de Regulamentação da Profissão (n. 8 662/1993) e pelas Diretrizes Curriculares da Associação Brasileira de Ensino e Pesquisa em Serviço Social (ABEPSS). Vale lembrar que, mesmo diante de um cenário desfavorável que representou os anos 1990, o projeto de formação profissional constitui-se orientado pela teoria social crítica. Esse projeto e as Diretrizes Curriculares (1996) subsidiam a apreensão tanto dos elementos concretos que compõem a realidade social no contexto da sociedade capitalista e suas contradições, como das estratégias de enfrentamento às expressões da questão social.

Do ponto de vista estratégico, tem sido cada vez mais requisitado um profissional competente no âmbito teórico-metodológico, ético-político, técnico-operativo e investigativo, no sentido de uma intervenção profissional qualificada. Assim, há que se considerar os desafios, os limites e as contradições que perpassam a totalidade das relações sociais, as configurações da formação social brasileira e, desse modo, refletir/intervir na realidade.

Entendemos que considerar a relevância do pensamento social brasileiro e do seu legado para a análise das formas que particularizam a realidade em que a profissão está inserida é uma espécie de contribuição com o processo inconcluso de renovação crítica do Serviço Social. Suscitar esse debate significa aprofundar o conhecimento sobre a realidade concreta num conjunto articulado entre particularidade, singularidade e universalidade, e suas configurações em nível nacional e também regional. Afinal, inúmeras são as contradições que permeiam a história da realidade brasileira, do ponto de vista econômico, político e social.

A relação entre a profissão e os conteúdos da formação social brasileira é crucial, mesmo que com fissuras, também para dar concretude, viabilidade, consequência e movimento a um conjunto de mediações demandadas pela dimensão particular da vida social. Eis um dos mais importantes pilares para a instrumentalidade do Serviço Social e de seu Projeto Ético-Político Profissional, pois necessita não apenas do arcabouço teórico-metodológico que viabilize revelar os determinantes sócio-históricos da realidade social e da *questão social* no capitalismo, mas também de um conjunto de instrumentos técnico-operativos que permita, sob uma orientação ético-política, articular e mobilizar elementos locais (particulares) e universais para o trabalho no cotidiano profissional.

Nessa perspectiva, o acesso às formulações das/os pensadoras/es brasileiras/os, que muito contribuíram para a análise da realidade do país numa perspectiva histórico-crítica, permite-nos uma compreensão maior sobre como a influência de suas ideias adentraram a formação profissional em Serviço Social, através da literatura referenciada na profissão desde a renovação crítica, dos parâmetros e das diretrizes de pesquisa e ensino que orientam a formação de assistentes sociais no Brasil, tendo a Associação Brasileira de Ensino e Pesquisa em Serviço Social (ABEPSS) como grande referência. Por outro lado, esse caminho também revela enormes impasses e um diálogo ainda estreito e fraturado com boa parte desse legado.

É inevitável considerar a combinação entre a inserção da profissão nas lutas populares e organizações de trabalhadores/as, a influência de experiências latino-americanas e suas articulações dentro da categoria (a exemplo da antiga Associação Latino-Americana de Escolas de Trabalho Social e do Centro Latino-Americano de Trabalho Social), a entrada do Serviço Social nas pós-graduações e o retorno dos exilados da ditadura nas universidades como um conjunto de aspectos que compõem um marco importante nesse encontro entre o Serviço Social e o pensamento social crítico brasileiro, tal como nos apresenta Maria Lúcia Martinelli (2009, p. 99-100) em depoimento dado na ocasião da comemoração dos 30 anos do *Congresso da Virada*:

> Em 1978 já havia finalizado o Curso de Pós-graduação em Serviço Social na PUC-SP, onde tive a felicidade de ter professores fundamentais na minha formação como intelectual, na perspectiva marxista. Eram homens que sofreram, em sua vida pessoal, os grilhões da ditadura, que perderam a Cátedra, foram para o exílio e retornaram com a lucidez que os grandes mestres sabem cultivar. Acolhidos pela PUC-SP, foram professores de seu Programa de Pós-graduação. Falo de homens como Octavio Ianni, Florestan Fernandes, Paulo Freire, restringindo-me a essa tríade por sua expressão nacional e internacional.

Importante lembrar que é comum uma análise no Serviço Social sobre o período do relato anterior como aquele em que a tradição marxista ainda se encontrava em uma posição débil na profissão, mas já se deparava com fortes matrizes interpretativas da formação social brasileira, como as elaboradas por Caio Prado Júnior e os "livrinhos de bolso" de Nelson Werneck Sodré (NETTO *apud* SILVA, 1991). Juntamente a esses autores, temos outros nomes, como Celso Furtado, Darcy Ribeiro, Paulo Freire, Florestan Fernandes e Octavio Ianni, parte tendo emergido pelo avanço nas Ciências Sociais, especialmente nas pós-graduações, dialogando paralelamente com o Serviço Social.

O desenvolvimento da análise crítica sobre a realidade brasileira no interior do movimento de contestação à ditadura demarcou aspectos permanentes e estruturantes na análise da questão social. O avanço do movimento histórico que viabilizou a renovação crítica do Serviço Social no Brasil foi marcado por determinados interlocutores e debates centrados em temas e categorias com as quais a profissão passa não apenas a dialogar, mas mesmo a se estruturar. Esse caminho oportunizou adentrar no Serviço Social, *de lá pra cá*, debates e análises importantes, mesmo que ainda permeados por debilidades presentes até os nossos dias, o que ampliou, sobremaneira, a capacidade interventiva, e não somente investigativa, da categoria profissional no país. Entre esses, os conteúdos em torno do tema do *desenvolvimento*, da *dependência*, do *Estado*, da *burguesia brasileira* e, de maneira especial, da *questão social no Brasil* (mais do ponto de vista de suas expressões), perpassando também a *questão agrária* e *racial*.

Iamamoto (*apud* CARDOSO; CESAR, 2015, p. 242), em entrevista à revista *Em Pauta*, reforça que os estudos sobre a "chamada 'realidade brasileira' foram apoiados na produção de historiadores [...] e na produção da escola sociológica da USP, que abrangia temas como industrialização, empresariado, sindicalismo, questão racial, desenvolvimento e teoria da dependência". Para a autora, a dimensão crítica da sociologia brasileira é tributária tanto da força da questão social — que, com suas desigualdades, disparidades e conflitos, está na raiz da sociabilidade burguesa — quanto dos contributos do pensamento dialético, vistos de modo original desde os desafios abertos pelo presente e passado da sociedade brasileira e latino-americana (IAMAMOTO, 2009, p. 110).

Na trajetória mais recente do Serviço Social no Brasil, é inconteste a presença das ideias de Carlos Nelson Coutinho, que lecionou na Escola de Serviço Social da Universidade Federal do Rio de Janeiro (UFRJ), e produziu importantes e referenciadas obras — parte delas diretamente relacionada à formação social brasileira —, que passaram a ser leitura obrigatória nos cursos de Serviço Social em todo o Brasil desde a década de 1980.

A influência desse legado tem também sua expressão nas páginas iniciais do livro *Ideologia do desenvolvimento de comunidade no Brasil*, de Safira Bezerra Ammann (1980), prefaciado por Florestan Fernandes; nas obras de Marilda Villela Iamamoto e José Paulo Netto, temperadas pela influência de alguns pensadores, em especial Florestan Fernandes e Octavio Ianni (responsável pela elaboração da quarta capa de *Relações sociais e Serviço Social no Brasil: esboço de uma interpretação histórico-metodológica*, de 1982; e pela orientação da tese que virou livro intitulado *Ditadura e Serviço Social: uma análise do Serviço Social no Brasil pós-64*, de 1990), pioneiros e prepulsores de estudos marxistas na profissão.

Esse diálogo é também desenvolvido, mais recentemente, por Elaine Rossetti Behring (2003), trazendo em tópico específico de uma de suas principais obras o diálogo com a formação social brasileira a partir da concepção de *heteronomia*, contida no pensamento de Florestan Fernandes, entre outros/as autores/as, o que reforça a atualidade desse legado e das ideias daqueles/as que nos deixaram contribuições imprescindíveis para pensar a formação do capitalismo dependente no Brasil e na América Latina, bem como sua integração ao processo de mundialização do capital.

Outras tantas expressões dessa influência e diálogo poderiam ser aqui listadas e indicadas, desde os estudos e as publicações sobre feminismo e gênero até os recentes debates sobre questão racial e capitalismo dependente, desenvolvidos no interior da categoria, que demonstram, por exemplo, a atualidade da obra de Heleieth Saffioti, Clóvis Moura, Ruy Mauro Marini e Lélia Gonzalez. Contudo, nosso caminho de pesquisa não nos permitiu esse nível de detalhamento, por isso, apresentamos alguns exemplos apenas de maneira ilustrativa.[4]

É possível também perceber, com base no estudo e nos levantamento de produções e publicações nos principais periódicos da área, bem como nos livros da própria Biblioteca Básica do Serviço Social da Cortez Editora, a incorporação de outros/as (parte inclusive não filiada à tradição marxista) que se tornaram muito presentes na literatura profissional no trato sobre Brasil, como Francisco de Oliveira, José de Souza Martins, Francisco Weffort, Marilena Chaui e Boris Fausto. Por outro lado, esse quadro demonstra que existe uma parte considerável do legado do pensamento social brasileiro ainda completamente desconhecida. Poucas/os são as/os assistentes sociais no Brasil que têm a oportunidade de conhecer Jacob Gorender, Guerreiro Ramos, Emília Viotti da Costa, Ana Montenegro, Maria Sylvia de Carvalho, entre outras/os.

Entendemos que o maior impasse não reside no volume e na profundidade das leituras, mas na dificuldade de incorporar tais reflexões e ensinamentos, no sentido da própria renovação crítica da profissão ou do adensamento investigativo da questão social no Brasil. Ora, ninguém negará a importância desses/as autores/as, e acreditamos que já seja recorrente que eles/as apareçam em uma ou outra pesquisa em que o objeto de investigação os demande. Incorporá-los/as no processo inconcluso de renovação da profissão exige incorporar os grandes problemas para os quais suas formulações se tornam indispensáveis, a exemplo de como entender a relação entre questão agrária e indígena no Brasil; como situar o *modo de produção* vigente no país desde a colonização à transição para o capitalismo dependente; ou mesmo quando indagamos sobre a relação do escravismo com a formação da classe operária brasileira. Como *o presente*

---

4. A título de exemplo, temos algumas publicações, como os livros *Questão social e Serviço Social no Brasil: fundamentos sócio-históricos* (2008), de Ivone Maria Ferreira da Silva; *Questão social: particularidades no Brasil* (2012), de Josiane Soares Santos; e *Feminismo, diversidade sexual e Serviço Social* (2018), de Mirla Cisne e Silvana Mara Morais dos Santos, compondo estes dois últimos a Biblioteca Básica do Serviço Social.

contém todo o passado, a identificação dessas questões sobre a formação social brasileira, de como foram formuladas em determinado período e de como devemos reformulá-las diante das mudanças em curso, torna-se imprescindível (GRAMSCI *apud* SCHIRRÙ, 2017).

Mesmo diante dessas evidências, o caminho ainda parece muito longo frente às necessidades postas não apenas ao conjunto de assistentes sociais, mas também à classe trabalhadora como um todo. Necessidades estas crescentes no tempo presente. Não à toa, algumas iniciativas despontaram no último ano, a exemplo das coletâneas *Formação social e Serviço Social: a realidade brasileira em debate*, organizada por Evelyne Medeiros, Leonardo Nogueira e Lucas Bezerra; e *Desenvolvimento, formação social brasileira e políticas públicas: subsídios analíticos para o Serviço Social*, organizado por Adriana Ramos, Douglas Barboza, Larissa Dahmer Pereira e Tatiana Dahmer Pereira, ambas de 2019, além de uma série de dissertações e teses que vem pondo como centro nas análises a formação socioeconômica brasileira.

Essas constatações e sinalizações revelam, por um lado, a atualidade do legado do pensamento social crítico brasileiro para o estudo e o enfrentamento das expressões contemporâneas da questão social na particularidade brasileira; por outro, a necessidade viva e pulsante, já sinalizada por Iamamoto (2014, p. 634), de "[...] impulsionar estudos históricos sobre a formação sócio-histórica do Brasil e a América Latina [...]", e o consequente adensamento investigativo sobre as particularidades (não apenas do ponto de vista das expressões) da questão social no Brasil; a apreensão sobre a configuração das políticas e direitos sociais na realidade nacional, bem como retomarmos e aprofundarmos os estudos relacionados ao desenvolvimento histórico da profissão na realidade brasileira e latino-americana. Não à toa ainda é escasso o material de trabalho mais comum em algumas das disciplinas de Fundamentos Históricos, Teóricos e Metodológicos do Serviço Social. Isso nos faz perceber que ainda estamos vivenciando o reencontro com o legado do pensamento crítico brasileiro, o que por vezes se expressa em incorporações mais pontuais de ideias e concepções sobre as particularidades do desenvolvimento do capitalismo dependente.

A realidade brasileira nas Diretrizes Curriculares e grupos temáticos de pesquisa (GTPs) da ABEPSS

No seio da trajetória que compõe a renovação crítica do Serviço Social brasileiro, as Diretrizes Curriculares (DCs) da ABEPSS (1996) para os cursos de graduação em Serviço Social são conformadas e estruturadas; são fruto de um conjunto de iniciativas desenvolvidas por parte dos sujeitos coletivos e entidades representativas da profissão, sob uma *direção social estratégica* coadunada com um projeto societário (e profissional) de enfrentamento ao conservadorismo e de profundo diálogo com a perspectiva histórico-crítica e com a tradição marxista (NETTO, 2009). Isso mesmo em meio às crescentes adversidades e ameaças à educação pública no contexto neoliberal, bem como às demais políticas e serviços sociais.

A referida proposta anuncia e defende uma formação capaz de subsidiar um perfil profissional com "[...] capacitação teórico-metodológica, ético-política e técnico-operativa para a apreensão teórico--crítica do processo histórico como totalidade". Isso, considerando a apreensão das particularidades da constituição e desenvolvimento do capitalismo e do Serviço Social na realidade brasileira. E mais: "o trato rigoroso da questão social e de suas particularidades na realidade social" numa perspectiva crítica e dialética (ABEPSS, 2020, n. p.).

Observamos que, dentro dessa proposta de formação, com profunda relação e compromisso com os interesses das classes trabalhadoras, incorrerá uma necessidade de *repensar* a realidade brasileira, seus fundamentos sócio-históricos e conexões com a profissão. Isso terá sua expressão mais objetiva com a constituição de três principais núcleos de fundamentos, articulados entre si, que passarão a ser alicerces da nova lógica curricular e representar o conjunto de conhecimentos fundamentais para a formação de assistentes sociais no Brasil: (1) Núcleo de fundamentos teórico-metodológico da vida social; (2) Núcleo de fundamentos da formação sócio-histórica da sociedade brasileira; (3) Núcleo de fundamentos do trabalho profissional. E é exatamente sobre o segundo núcleo que nos debruçaremos, a partir de então, tendo como base as DCs e as orientações construídas pelos Grupos Temáticos de Pesquisa (GTPs) da ABEPSS. Isso com o objetivo de identificar como a realidade brasileira — como particularidade da realidade social sobre a qual a categoria de assistentes sociais despende estudos, análises e ações planejadas — compõe a proposta de formação profissional em Serviço Social no território nacional, desde a renovação crítica e sob sua direção.

O núcleo de fundamentos da formação sócio-histórica da sociedade brasileira "[...] remete ao conhecimento da constituição econômica, social, política e cultural [...]" desta formação social; "[...] na sua configuração dependente, urbano-industrial, nas diversidades regionais e locais, articulada com a análise da questão agrária e agrícola, como um elemento fundamental da particularidade histórica nacional" (ABEPSS, 1996, p. 11). Isso atentando para os movimentos que conformam a realidade brasileira, "[...] suas desigualdades sociais, diferenciação de classe, de gênero e étnico-raciais, exclusão social etc." (ABEPSS, 1996, p. 11). Identificamos a importância de tal núcleo para compor a formação profissional quando atrelada aos fundamentos teórico-metodológicos da profissão, considerando sua relação com os fundamentos da vida social. Tais fundamentos devem dialogar entre si para que exista uma compreensão maior acerca dos processos que envolvem o desenvolvimento do país, bem como analisar suas tendências e impactos para a formação social brasileira e no próprio Serviço Social.

De modo geral, para além do núcleo específico de fundamentos da formação sócio-histórica da sociedade brasileira, percebemos que os elementos mais evidenciados no trato das particularidades da realidade brasileira dentro das DCs de 1996 são: Trabalho, Estado, Classes Sociais, Políticas Sociais, Questão Social e Lutas Sociais. Ou seja, exatamente aqueles sobre os quais se debruçaram as publicações dos volumes que compõem a Biblioteca Básica de Serviço Social da Cortez Editora. Além disso, observamos a ausência dos eixos e temas relativos diretamente à formação cultural da sociedade brasileira e o debate, em si, em torno da questão da Cultura.

No ementário relativo à "formação sócio-histórica do Brasil", como matéria básica que deve subsidiar o desdobramento em disciplinas, seminários temáticos e demais componentes curriculares, identificamos um forte peso na delimitação de períodos históricos em detrimento de conteúdos e eixos centrais, tais como as concepções de "capitalismo dependente", "sentido da colonização", "padrão autocrático burguês", "transformações pelo alto", "burguesia associada", "democracia e autoritarismo", importância da "questão agrária" na formação social etc. Supomos que essa lógica se expressa também em grande medida na produção bibliográfica do Serviço Social. Observamos, portanto, um menor peso dos elementos sociológicos, de fundamentos, da formação social do Brasil, e uma atenção maior para a caracterização de períodos, marcos legais e fatos históricos, com o intuito de "particularizar" a realidade social, o que tende, a depender da condução de cada núcleo dirigente do processo de formação nas diversas Instituições de Ensino Superior (IES) das diferentes regiões do país, a uma abordagem historicista da realidade brasileira e de sua formação social, isolada em componentes curriculares específicos. Isso mesmo que alguns desses elementos, a exemplo da "herança colonial" e "modernização conservadora", apresentem-se de forma mais explícita. Vejamos:

> Formação sócio-histórica do Brasil: A herança colonial e a constituição do Estado Nacional. Emergência e Crise da República Velha. Instauração e colapso do Estado Novo. Industrialização, urbanização e surgimento de novos sujeitos políticos. Nacionalismo e desenvolvimentismo e a inserção dependente no sistema capitalista mundial. A modernização conservadora no pós-64 e seu ocaso em fins da década de 70. Transição democrática e neoliberalismo (ABEPSS, 1996, p. 16).

Diante disso, nos arriscamos a afirmar, a partir desta aproximação inicial, que essa abordagem tende a ser o "trato" predominante no Serviço Social para com o tema da formação social brasileira, apesar dos avanços enormes com a renovação crítica, expressos e explicitados

DIRETRIZES CURRICULARES E FORMAÇÃO EM SERVIÇO SOCIAL

nas próprias DCs. Isso incide diretamente nas disciplinas de Fundamentos históricos, teóricos e metodológicos do Serviço Social que podem secundarizar a relação entre a formação social brasileira, os fundamentos e a trajetória do Serviço Social como profissão.

Ainda sobre essa "matéria básica", fica evidente a prioridade dada ao século XX, não contemplando os elementos necessários para aquilo que demanda as próprias DCs da ABEPSS: uma análise que "se direciona para a apreensão dos movimentos que permitiram a consolidação de determinados padrões de desenvolvimento capitalista no país" (ABEPSS, 1996, p. 11). Para tanto, seria de fundamental importância a abordagem, bem como o trato em torno dos aspectos que caracterizaram a transição entre uma sociedade escravocrata, servil e colonial para uma sociedade competitiva e capitalista.

Em relação a outras matérias básicas, a exemplo das que tratam sobre o tema da "Política Social", "Gestão de Políticas" e "Administração e Planejamento em Serviço Social", identificamos a ausência dos elementos da realidade brasileira ou mesmo do contexto de capitalismo dependente. Também na matéria de "Pesquisa Social", não estão presentes explicitamente em seu ementário os conteúdos referentes ao método dialético de análise da realidade, que demanda a construção e a identificação de mediações históricas entre a universalidade, a particularidade e a singularidade. Isso, para nós, é um importante direcionamento para o exercício, desde a pesquisa, na formação profissional de compreender a realidade em sua totalidade social, particularizando-a, o que, na nossa realidade, é impossível se fazer sem considerar os fundamentos da formação social brasileira.

Outro elemento, não menos importante, tem relação com a matéria básica de "Acumulação Capitalista e Desigualdades Sociais". Esta põe em seu debate a questão da posição do Brasil na divisão internacional do trabalho, dialogando com a constituição das classes sociais no país, do Estado e das particularidades regionais, na perspectiva do "[...] desenvolvimento desigual e combinado das estruturas fundiárias e industrial" (ABEPSS, 1996, p. 17). Trata-se, portanto, de uma matéria que apresenta um potencial, do ponto de vista do diálogo com a formação social brasileira, para um conjunto de iniciativas que podem e devem ser desenvolvidas no processo de formação profissional que tendem a afinar a articulação entre os seus três núcleos centrais de fundamentação.

Chama-nos atenção as referências bibliográficas do próprio documento das DCs da ABEPSS que, entre os/as autores/as com referências no estudo sobre o Brasil em suas produções, são destacadas obras de Marilena Chaui, Carlos Nelson Coutinho, Florestan Fernandes e Darcy Ribeiro.

Observamos ainda que as alterações realizadas e expressas nas DCs do Ministério da Educação (MEC) (BRASIL, 2002), em relação àquelas de 1996 da ABEPSS, deixaram menos explícita a perspectiva teórico-metodológica no trato da formação social do Brasil e, em específico, dos conteúdos relativos ao núcleo de fundamentos da formação sócio-histórica brasileira, como uma necessidade de particularizar a realidade social e que, portanto, deve ser um núcleo fundamentalmente articulado com os demais.

Sobre a materialidade que assumem tais DCs na formação profissional, o atual ementário que orienta os oito GTPs da ABEPSS[5] também traduz potenciais e limites no diálogo e na incorporação dos conteúdos referentes à realidade brasileira. Isso considerando a importância que esses grupos vêm adquirindo na formação profissional e na própria ABEPSS, congregando pesquisadores/as da área de Serviço Social e promovendo a "[...] integração entre a pesquisa desenvolvida nas unidades de formação acadêmicas (UFAs) e as linhas de pesquisa consideradas relevantes para a área [...]" (ABEPSS, 2020, n. p.).

É possível identificar o destaque dado nos referidos grupos aos temas relativos à formação social brasileira e sua relação com

---

5. Conforme Abreu (2018) e a ABEPSS (2020), os Grupos Temáticos de Pesquisa são atualmente os seguintes: GTP Trabalho, Questão Social e Serviço Social; GTP Política Social e Serviço Social; GTP Fundamentos, formação e trabalho profissional; GTP Movimentos sociais e Serviço Social; GTP Questões agrária, urbana, ambiental; GTP Relações de opressão/exploração de classe, gênero, raça/etnia, sexualidades; GTP Ética e direitos humanos; GTP Serviço Social, geração e classes sociais.

DIRETRIZES CURRICULARES E FORMAÇÃO EM SERVIÇO SOCIAL

a formação profissional dos/as assistentes sociais. A concepção de capitalismo dependente nas ementas que tratam do estudo sobre o trabalho, a questão social e a política social, é presente. Já naquelas que se remetem mais à relação de classe, raça/etnia e gênero, há um peso maior dos estudos relativos à questão racial na realidade brasileira. Observamos que a compreensão sobre o Brasil no contexto de dependência em relação aos países de capitalismo central está atrelada aos monopólios mundiais e também à América Latina, em outras palavras, aborda o desenvolvimento social e econômico brasileiro, a partir dos marcos internacionais.

Em menor medida, mas não menos relevantes, observamos a presença de aspectos que são importantes no pensamento crítico brasileiro e que influenciaram um conjunto de autores/as, tais como: a concepção de *desenvolvimento desigual e combinado* que se encontra presente nas obras e no pensamento de Florestan Fernandes e Carlos Nelson Coutinho. Além disso, é possível compreender o esforço expresso nas ementas em relacionar as expressões da questão social com o contexto econômico, social e cultural em que elas se apresentam para a profissão, de modo a subsidiar o debate em torno de suas expressões mais gerais. Contudo, a forma e a referência teórico-metodológica com que a realidade brasileira e os estudos sobre o Brasil, especificamente conectados ao contexto internacional, são transversais nos conteúdos propostos por cada ementa não são apresentadas de maneira explícita. Tais evidências sinalizam o distanciamento de uma discussão mais aprofundada sobre a influência da formação social brasileira nos temas centrais dos GTPs.

Observamos uma preocupação maior em abordar a particularidade do capitalismo brasileiro no debate sobre política social, trabalho, questão social, fundamentos e formação profissional, questão racial e questão agrária. Isso muito embora estejam ausentes os elementos relativos aos aspectos estruturais da transição do capitalismo brasileiro que não demandou, diferentemente de outras formações sociais, reformas sociais clássicas, tal como a reforma agrária.

Em contrapartida, aqueles GTPs que apresentam pouca conexão e maior dificuldade na incorporação dos conteúdos da formação social brasileira e de sua particularidade são os seguintes: movimentos sociais, ética e direitos humanos, geração e classe social. Isso diante de uma realidade conformada com base num padrão autocrático burguês, que inviabilizou a ampliação democrática e instituiu um Estado historicamente com participação popular bastante restritiva, o que é fundamental ser considerado nos estudos desenvolvidos no âmbito desses GTPs. Referimo-nos a uma formação social que se constituiu exatamente pelo mesmo movimento que inviabilizou os direitos humanos através da exploração estrutural que relaciona classe, raça/etnia e gênero. Não considerar tais aspectos no debate da ética na profissão significa uma lacuna considerável na formação profissional.

Do mesmo modo ocorre nas ementas sobre geração e juventude, visto que não foi possível identificar especificidades de forma mais contundente sobre a realidade brasileira e a importância dela nos estudos geracionais e culturais. A partir disso, questionamos: como é possível entender o processo de envelhecimento sem diferenciar padrões de acumulação e de (super)exploração que são profundamente desiguais? Como estudar a juventude sem considerar a particularidade desse segmento social em formações com maior peso do racismo no Estado e nas suas formas de enfrentamento à questão social? Tais elementos nos parecem ficar em aberto na proposta desse GTP, por não tornar explícito o debate sobre a formação social do Brasil com tais questões.

Apesar do esforço, trata-se de um processo ainda em construção, o que revela o quanto a profissão ainda precisa avançar no entendimento das particularidades centrais do capitalismo no Brasil, e o quanto tais particularidades incidem sobre a profissão inserida nessa mesma realidade. Esse quadro reflete também no âmbito mais geral da pesquisa na área de Serviço Social: a quantidade de grupos cadastrados no Diretório de Grupos de Pesquisas (DGP) do CNPq, que tenha em seu título ou em alguma linha de pesquisa uma relação direta com a temática da formação social brasileira, e os conteúdos

DIRETRIZES CURRICULARES E FORMAÇÃO EM SERVIÇO SOCIAL

mais vinculados a esta ainda são reduzidos. De acordo com a última Súmula de estatística do GDP-CNPq (2016), havia um total de 37.640 grupos de pesquisas. Destes, 310 são correspondentes à área de Serviço Social, mas apenas 31 relacionados à temática aqui abordada, sendo estes predominantemente vinculados às Universidades Federais da região Sudeste (14), seguida pela região Nordeste (oito). Essa constatação expressa as dificuldades ainda existentes em particularizar a realidade, mesmo diante de enormes avanços expressos nas DCs da ABEPSS (1996) e na incorporação das orientações dos GTPs nas mais diversas experiências curriculares e extracurriculares de estudos, pesquisa e extensão vinculadas ao Serviço Social no Brasil.

Considerações sobre o ponto de chegada

O tempo presente nos convida a recuperar, fortalecer e dar continuidade ao importante legado que nos foi deixado por pensadores/as brasileiros/as que, à luz de questões universais, ousaram refletir e conhecer mais sobre o Brasil para transformá-lo. Isso diante de novos e velhos dilemas que se apresentam e revelam a questão nacional (e regional) como pulsante e viva entre nós, o que impõe maior necessidade de apropriação sobre a particularidade da nossa formação social brasileira. Este aspecto torna-se cada vez mais urgente para o Serviço Social, que tem se deparado também com novos e velhos enfrentamentos com o conservadorismo. Nesse caminho, é certo que o diálogo e a incorporação dos conteúdos do pensamento social e crítico brasileiro, no Serviço Social, condensado e institucionalizado a partir das Diretrizes Curriculares da ABEPSS (1996), têm sido instrumentos importantes para esse enfrentamento.

Esse marco normativo incidiu diretamente na formação profissional de assistentes sociais em todo o Brasil. Tal orientação passou a exigir maior articulação de matérias, disciplinas e conteúdos em torno do núcleo de fundamentos da formação sócio-histórica da sociedade brasileira nas graduações e mesmo nas pós-graduações em Serviço Social. Isso, sem dúvida, representou um enorme avanço no âmbito da formação profissional, numa evidente relação entre renovação crítica, pluralismo e diálogo com o marxismo. Portanto, evidenciam-se a concepção de totalidade social e a particularidade amplamente discutida no seio da formação profissional, principalmente sobre a necessidade de historicizar e contextualizar a realidade social, em constante transformação e profundamente contraditória.

Diante disso, ousamos traçar nestas linhas finais quatro principais apontamentos e sínteses que possam contribuir com o debate sobre o tema que elegemos como central no presente capítulo, bem como dialogar com as muitas outras iniciativas em curso voltadas para o esforço comum de municiar a profissão, como parte constitutiva da classe trabalhadora brasileira, contra as renovadas estratégias e táticas dos *de cima*:

Primeiro, é inegável que avançamos muito na trajetória do Serviço Social, mas que ainda existem muitos limites e percalços em meio aos esforços em particularizar a questão social e incorporar conteúdos referentes ao núcleo de fundamentos da formação sócio-histórica da sociedade brasileira na formação profissional, mesmo diante da necessidade explicitada tanto nas diretrizes curriculares como no ementário que orientam os GTPs da ABEPSS. Há uma predominância nos grupos temáticos em atentar para o debate em torno da dimensão da particularidade da realidade brasileira como um dos pilares importantes nas diferentes temáticas. Contudo, os desdobramentos vividos desde a ditadura militar até o avanço do neoliberalismo, que contribuíram para o afastamento do pensamento crítico de importantes intelectuais, muitos/as inclusive completamente exterminados/as e injustamente abolidos/as e desprezados/as dentro da própria tradição crítica nas universidades, ainda repercutem talvez nas Ciências Sociais muito mais que no próprio Serviço Social. Isso nos faz perceber, por um lado, que ainda estamos vivenciando o reencontro com o pensamento social brasileiro, não apenas com pensadores/as que já estão entre os/as mais conhecidos/as; por outro, que esse quadro pode nos

DIRETRIZES CURRICULARES E FORMAÇÃO EM SERVIÇO SOCIAL 153

levar a uma tendência predominante de incorporações mais pontuais de ideias e concepções de fundo sobre formação social brasileira e capitalismo dependente.

Segundo, é atual o desafio de impulsionar estudos e pesquisas sobre a formação social brasileira e a particularidade regional latino--americana sob uma referência teórico-metodológica coadunada com o Projeto Ético-Político Profissional. Ainda é bastante necessário o adensamento investigativo sobre a questão social no Brasil, além da apreensão sobre a configuração de políticas e direitos sociais na realidade nacional, bem como retomarmos e aprofundarmos os estudos relacionados ao desenvolvimento histórico da profissão no Brasil e na América Latina, produzindo novos materiais de referência que dialoguem com os fundamentos do Serviço Social. Certamente, o conhecimento sobre a inexistência do Estado de Bem-estar Social no Brasil; a forma particular com que o neoliberalismo se desenvolveu por aqui; a centralidade na formação social brasileira da diferenciação de raça e gênero na divisão social do trabalho — mesmo não sendo um componente excepcional do capitalismo dependente — e sua relação com a histórica cisão interna entre produção e realização do valor, que prioriza a transferência de valor e os mecanismos de exploração da classe trabalhadora, contribuem para uma atuação profissional que considere a articulação e a integralidade entre as políticas e os serviços sociais que respondam e deem visibilidade às necessidades e às demandas históricas das classes trabalhadoras no Brasil na sua diversidade. É possível entender que, à medida que não se avança nessa capacidade de análise da dimensão da particularidade numa perspectiva de totalidade social, as dificuldades de definir e de construir estratégias, planos de trabalho e políticas que respondam, de fato, a essas exigências das classes em movimento no processo histórico, estrutural e conjuntural da sociedade brasileira também se avolumam.

Terceiro, é preciso evitar, no âmbito da organização de currículos e projetos pedagógicos dos cursos, que os conteúdos se restrinjam a um único componente curricular, mas que sejam transversais; bem como cair numa apreensão peridiocizada e historicista, presa à abordagem formal e cronológica da realidade brasileira. Isso nos exige também maior relação e articulação com os fundamentos do Serviço Social, assim como apreensão mais apurada sobre as determinações sócio-históricas que viabilizaram o surgimento, a emergência e a legitimação da questão social no Brasil, o que nos leva a enfrentar-mos e incorporarmos as grandes questões da formação nacional. Por exemplo, sobre o entendimento do processo de transição capitalista numa sociedade que vivenciou o escravismo moderno, bem como seus desdobramentos para a emergência e o desenvolvimento da questão social e de seus elementos constitutivos numa formação social de capitalismo dependente. Isso certamente nos ajudará a relacionar e diferenciar em nossas análises sobre a realidade os aspectos da conjuntura daqueles cuja dimensão é estrutural da formação social e do capitalismo brasileiro. O exemplo do tema do racismo e de sua incorporação atual por parte do movimento neofascista talvez seja a sinalização mais cabal sobre essa necessidade.

Quarto, é fato que o legado do pensamento social brasileiro nos ajuda a forjar mediações e dispositivos pedagógicos para o diálogo com profissionais e usuários. Atualizar o debate sobre a educação popular e mesmo a educação política, diante das configurações atuais das classes sociais, é de fundamental importância; bem como pensar estratégias que dialoguem com a realidade brasileira, a exemplo de uma maior articulação e integralidade entre as políticas e os serviços que respondam e deem visibilidade às particularidades e à diversidade enorme que representa as classes trabalhadoras no Brasil. Ou seja, é possível afirmar que o legado do pensamento social brasileiro nos ajuda a forjar mediações, estratégias e táticas, assim como dispositi-vos técnico-operativos para o diálogo com profissionais e usuários, situados em uma realidade histórica e particularmente determinada.

Diante do recente quadro de avanço do reacionarismo e da re-funcionalização do arcaico no interior das mais modernas relações de produção, o compromisso com o legado, a trajetória e o conhecimento sobre as *querelas do Brasil*, vivo, presente e em constante movimen-to entre nós, segue como instrumento de luta dos *de baixo* contra o conservadorismo e a fascistização impregnada socialmente nas estruturas de poder. Esse caminho nos permite entender a unidade na diversidade, identificar e analisar a relação orgânica e dialética entre as formas mais modernas e arcaicas com que vem se constituindo o padrão de reprodução do capital no Brasil, na América Latina e no mundo.

REFERÊNCIAS

ABEPSS. *Diretrizes gerais para o curso de Serviço Social* (com base no currículo mínimo aprovado em Assembleia Geral Extraordinária de 8 de novembro de 1996). Brasília: ABEPSS, 1996. Disponível em: http://www.abepss.org.br/arquivos/textos/documento_201603311138166377210.pdf. Acesso em: 26 out. 2019.

ABEPSS. *Grupos Temáticos de Pesquisa (GTPs)*. Brasília, 2020. Disponível em: http://www.abepss.org.br/gtps.html. Acesso em: 6 abr. 2020.

ABREU, Marina Maciel. O Grupo Temático de Pesquisa "Serviço Social: fundamentos, Formação e Trabalho Profissional" no âmbito da ABEPSS — determinações, trajetória e função político-acadêmico-científica. *In*: GUERRA, Y. *et al*. (org.). *Serviço Social e seus fundamentos*: conhecimento e crítica. Campinas: Papel Social, 2018.

AMMANN, Safira Bezerra. *Ideologia do desenvolvimento de comunidade no Brasil*. São Paulo: Cortez, 1980.

BEHRING, Elaine Rosseti. *Brasil em contra-reforma*: desestruturação do Estado e perda de direitos. São Paulo: Cortez, 2003.

BOTELHO, André. Prefácio. *In*: RICUPERO, Bernardo. *Sete lições sobre as interpretações do Brasil*. São Paulo: Alameda, 2011.

BRASIL. Ministério da Educação. *Resolução n. 15, de 13 de março de 2002*. Estabelece Diretrizes Curriculares para os cursos de Serviço Social. Brasília, 2002. Disponível em: http://portal.mec.gov.br/cne/arquivos/pdf/CES152002.pdf. Acesso em: 27 abr. 2020.

CANDIDO, Antonio. Radicalismos. *Estudos Avançados*, São Paulo, v. 4, n. 8, p. 4-18, jan. 1990. Disponível em: https://www.scielo.br/scielo.php?script=sci_arttext&pid=S0103-40141990000100002. Acesso em: 18 dez. 2020.

CARDOSO, Isabel Cristina da Costa; CESAR, Mônica de Jesus. Entrevista com Marilda Villela Iamamoto sobre os 33 anos do livro *Relações Sociais e Serviço Social no Brasil: esboço de uma interpretação histórico-metodológica*. *Revista em Pauta*, Rio de Janeiro, v. 13, n. 35, p. 225-247, jan. 2015. Disponível em: https://www.e-publicacoes.uerj.br/revistaempauta/article/view/18630/13600. Acesso em: 20 dez. 2023.

COUTINHO, Carlos Nelson. *Cultura e sociedade no Brasil*: ensaios sobre ideias e formas. 4. ed. São Paulo: Expressão Popular, 2011.

IAMAMOTO, Marilda Villela. Ianni: razão crítica e história. *In*: IAMAMOTO, Marilda Villela; BEHRING, Elaine Rosseti (org.). *Pensamento de Octavio Ianni*: um balanço de sua contribuição à interpretação do Brasil. Rio de Janeiro: 7Letras, 2009. p. 103-122.

IAMAMOTO, Marilda Villela. A formação acadêmico-profissional no Serviço Social brasileiro. *Serviço Social & Sociedade,* São Paulo: Cortez, n. 120, p. 609-639, out./dez. 2014. Disponível em: http://www.scielo.br/scielo.php?script=sci_arttext&pid=S0101-66282014000400002. Acesso em: 28 set. 2023.

IANNI, Octavio. Tendências do pensamento brasileiro. *Tempo Social*: revista de Sociologia da USP, São Paulo, v. 12, n. 2, p. 55-74, nov. 2000. Disponível em: https://www.scielo.br/j/ts/a/gyhRzLLzbWw9tjxcs398Yfx/?lang=pt&format=pdf. Acesso em: 11 jul. 2021.

MARTINELLI, Maria Lúcia. A perspectiva do III Congresso Brasileiro de assistentes sociais. *In*: CONSELHO FEDERAL DE SERVIÇO SOCIAL (CFESS); CONSELHO REGIONAL DE SERVIÇO SOCIAL/SÃO PAULO (CRESS — 9ª REGIÃO); ASSOCIAÇÃO BRASILEIRA DE ENSINO E PESQUISA EM SERVIÇO SOCIAL (ABEPSS) (org.). *30 anos do Congresso da Virada*. Brasília: CFESS, 2009. p. 97-106.

MOTA, Ana Elizabete; RODRIGUES, Mavi. Legado do Congresso da Virada em tempos de conservadorismo reacionário. *Katálysis,* Florianópolis, v. 16, n. 2, p. 199-212, 2020. Disponível em: https://periodicos.ufsc.br/index.php/katalysis/article/view/1982-02592020v23n2p199. Acesso em: 10 fev. 2022.

NETTO, José Paulo. A crítica conservadora à reconceptualização. *Serviço Social & Sociedade*, São Paulo: Cortez, n. 5, p. 62-71, 1981.

NETTO, José Paulo. *Ditadura e Serviço Social:* uma análise do Serviço Social no Brasil pós-64. São Paulo: Cortez, 1990.

NETTO, José Paulo. A construção do projeto ético-político do Serviço Social. *In*: MOTA, Ana Elizabete *et al.* (org.). *Serviço Social e saúde:* formação e trabalho profissional. São Paulo: Cortez, 2009.

ORTIZ, Fatima da Silva Grave. *O Serviço Social e sua imagem:* avanços e continuidades de um processo em construção. 2007. Tese (Doutorado) — Programa de Pós-Graduação em Serviço Social, Universidade Federal do Rio de Janeiro, Rio de Janeiro, 2007.

PERICÁS, Luiz Bernardo; SECCO, Lincoln. *Intérpretes do Brasil:* clássicos, rebeldes e renegados. São Paulo: Boitempo, 2014.

RICUPERO, Bernardo. *Sete lições sobre as interpretações do Brasil.* São Paulo: Alameda, 2011.

SCHIRRÙ, Giancarlo. Antônio Gramsci e a linguística. *Cult*, São Paulo, 6 abr. 2017. Disponível em: https://revistacult.uol.com.br/home/antonio-gramsci-e-linguistica/. Acesso em: 10 jun. 2013.

SILVA, Lídia Maria Monteiro Rodrigues da. *Aproximação do Serviço Social à tradição marxista:* caminhos e descaminhos. 1991. 498 f. Tese (Doutorado em Serviço Social) — Pontifícia Universidade Católica de São Paulo, São Paulo, 1991.

YAZBEK, Maria Carmelita. Fundamentos históricos e teórico-metodológicos do Serviço Social brasileiro na contemporaneidade. *In*: CFESS. *Serviço Social:* direitos sociais e competências profissionais. Brasília: CFESS/ABEPSS, 2009.

CAPÍTULO 5

Política social e Diretrizes Curriculares:
aproximações teóricas

Josenice Ferreira dos Santos Araújo
Sheyla Paranaguá Santos

Introdução

A Associação Brasileira de Ensino e Pesquisa em Serviço Social (ABEPSS) implantou, desde 1996, as Diretrizes Curriculares para a formação profissional em Serviço Social no Brasil. A partir de então, a profissão tem buscado uma formação teórico-prática que reconhece nas expressões da questão social[1] o objeto de investigação-intervenção, fruto da relação capital-trabalho e eixo crítico articulador de intervenção do Estado por meio das políticas sociais.

---

1. De acordo com Iamamoto (2001, p. 27): "A Questão Social é apreendida como um conjunto das expressões das desigualdades da sociedade capitalista madura, que tem uma raiz comum: a produção social é cada vez mais coletiva, o trabalho torna-se mais amplamente social, enquanto a apropriação dos seus frutos mantém-se privada, monopolizada por uma parte da sociedade".

A relevância das Diretrizes Curriculares para os cursos de Serviço Social aponta para a complexidade exigida na formação profissional por meio das modalidades de graduação, pós-graduação e das várias formas de capacitação e do conhecimento crítico, ofertadas pelas instituições de ensino superior para a análise da totalidade da realidade social.

A formação profissional em Serviço Social busca conhecer e intervir sobre as nuances existentes nas múltiplas expressões da questão social e na complexa relação entre a sociedade, o Estado, os movimentos sociais e outros sujeitos sociais, como também tenta revelar a apropriação/expropriação privada da produção/reprodução da vida social nos espaços econômicos, políticos, sociais, culturais, étnico-raciais, sanitários, entre outros da sociabilidade humana.

A partir das Diretrizes Curriculares, observa-se a relação intrínseca entre Serviço Social e políticas sociais. Nas últimas décadas, buscou-se um amadurecimento teórico-prático e técnico-instrumental que se desdobrou em uma nova lógica curricular baseada nos princípios dos fundamentos históricos e metodológicos, ético-políticos e técnico-operativos para os/as assistentes sociais. Para a apreensão da realidade social, o caminho teórico-metodológico da teoria social crítica identifica aspectos da vida em sociedade, ações e desafios, além de revelar as dimensões contraditórias e complexas da realidade em sua totalidade social.

Na formação acadêmica e profissional do/a assistente social, destaca-se a adoção da legislação (Constituição Federal de 1988, Lei de Regulamentação da Profissão n. 8 662/1993 e Código de Ética do/a Assistente social de 1993) e aportes que relacionem as políticas sociais às expressões da questão social como pilares de análises indispensáveis à materialização da cidadania, ao desenvolvimento de princípios éticos, como a liberdade[2] tendo-a como valor central,

---

2. O termo "liberdade" é formalmente usado para designar independência como ideal, vontades ou direitos dentro da lei. Todavia, sabe-se, de acordo com Marx (1988), em sua obra *O capital*, que no capitalismo, a "liberdade" se torna uma concepção abstrata, uma vez que o ser humano se escraviza na produção dos valores de troca, o que reduz a produção humana à mera

DIRETRIZES CURRICULARES E FORMAÇÃO EM SERVIÇO SOCIAL 161

e a dignidade humana, numa perspectiva crítica que ultrapasse a positivação e que seja, como afirma Mészáros (2008), para além das funcionalidades do capital.

As Diretrizes Curriculares, ligadas a uma educação profissional com caráter de aprimoramento permanente, objetivam um amadurecimento acadêmico-científico e socioinstitucional, por meio de um rigoroso trato na relação entre a pesquisa, o ensino e a extensão universitária. Nesta direção, as Diretrizes Curriculares para os cursos de Serviço Social expressam as várias modalidades de conhecimento, habilidades e competências profissionais. Em um esforço coletivo, partem da compreensão da inserção profissional nos diversos âmbitos das políticas sociais (entendidas como espaço por excelência da atuação profissional) e, nesse sentido, as Diretrizes indicam os aportes necessários para uma formação com competência teórico-prática e reflexão crítica. Esses parâmetros contribuem para lapidar um perfil profissional com competência para implementar, formular, executar e avaliar programas e projetos sociais, como preconizado na Lei que Regulamenta a Profissão e no Código de Ética Profissional.

Este capítulo apresenta reflexões teóricas sobre as Diretrizes Curriculares, com ênfase para o debate das políticas sociais na formação em Serviço Social. Destaca a relação orgânica entre Serviço Social e Política Social sem a pretensão de esgotar o tema.

Diretrizes Curriculares na formação em Serviço Social: reflexões sobre políticas sociais e estado capitalista

As políticas sociais e o Serviço Social têm sua materialização por meio da intervenção estatal e pelos processos de modernização

---

mercadoria. Nesta mesma direção, Netto (2011, p. 337-338) argumenta que "nós não fazemos a nossa história com 'liberdade' absoluta ('liberdade' é escolher entre alternativas concretas)", pois isso não é possível na sociedade capitalista.

conservadora engendrados em meados da década de 1930 no Brasil. De acordo com Behring e Boschetti (2007), esta temática é complexa e contraditória teoricamente. Neste capítulo, a abordagem das políticas sociais se relaciona com as conquistas dos direitos sociais, as lutas, os antagonismos de classe e os embates sociais da classe trabalhadora organizada politicamente e da classe capitalista.

As políticas sociais, compreendidas historicamente a partir de seu caráter antagônico, foram (e são) determinadas pelas condições objetivas de desenvolvimento e reprodução das forças produtivas, que podem ser (mais ou menos) ofertadas à população e à classe trabalhadora em geral a partir das necessidades do capital, de produção e reprodução social, na busca por criar mais-valia e riqueza social, mas também podem ser observadas como fruto da organização política e luta da classe trabalhadora.

As políticas sociais podem ser analisadas por meio de várias abordagens, mas neste texto apresentamos a sua concepção com respaldo nos estudos de Netto (1991). De acordo com o autor, o Serviço Social e sua conexão com as políticas sociais tiveram sua fundamentação em bases doutrinárias, confessionais e pragmáticas voltadas às necessidades institucionais do Estado e às políticas sociais voltadas a um fazer tecnicista, funcionalista e à modernização autocrática burguesa. A temática "política social" só veio a ser debatida nos congressos de Serviço Social no processo de renovação da profissão na década de 1970, período em que o Brasil vivenciou a ditadura civil-militar, em que seus gestores buscavam a aceleração do urbanismo e da industrialização. Pensar nas políticas sociais é de, certa forma, associá-las aos interesses do Estado modernizador e de expansão da sociedade burguesa.

A política social nos países de capitalismo dependente, como no caso do Brasil, foi utilizada como moeda de barganha concomitantemente à transformação do modelo de produção fordista.[3] O fordismo

---

3. De acordo com Antunes (1995, p. 17): "[...] entendemos o fordismo fundamentalmente como a forma pela qual a indústria e o processo de trabalho consolidaram-se ao longo deste século, cujos elementos constitutivos básicos eram dados pela produção em massa, através da linha

transformou a produção ao separar em definitivo a execução, tornou o trabalho fragmentado e o trabalhador perdeu a autonomia de criação e de decisões em relação ao produto final, que foram repassadas ao capitalista.

Entretanto, de acordo com Boschetti (2009), as políticas sociais materializadas pela luta de classe entre capital e trabalho são políticas contraditórias, uma vez que, de um lado, servem ao capital para manutenção do *status quo* e, de outro, auxiliam na reprodução social do trabalhador. Elas foram (e são) determinadas pelas condições objetivas de desenvolvimento das forças produtivas e pela dinâmica das lutas de classes. Assim, as políticas sociais foram e são ofertadas à classe trabalhadora a partir das necessidades de produção e de reprodução do capital.

Na contemporaneidade, as políticas sociais, com a sua materialização pelo princípio da focalização, têm sido desmanteladas e perdem o horizonte da universalidade, contida no princípio de seguridade social. Anteriormente, as políticas sociais serviam para a proteção social temporária e permanente e, mesmo o Brasil não tendo tido a experiência de *Welfare State*,[4] Behring (2016, p. 17) argumenta que:

A política social e os direitos sociais, como fruto da contradição em cada período histórico, compõem a pauta político-econômica dos trabalhadores tendo em vista sua reprodução, na forma de benefícios e serviços que se constituem como salários indiretos, e tornam-se especialmente importantes quando se combinam com estruturas tributárias

---

de montagem e de produtos mais homogêneos; através do controle dos tempos e movimentos pelo cronômetro fordista e produção em série taylorista; pela existência do trabalho parcelar e pela fragmentação das funções; pela separação entre elaboração e execução no processo de trabalho; pela existência de unidades fabris concentradas e verticalizadas e pela constituição/ consolidação do operário-massa, do trabalhador coletivo fabril, entre outras dimensões [...]".

4. De acordo com Pereira (2011), o *Welfare State* (Estado de Bem-Estar) foi um modelo estatal de intervenção na economia no período do pós-guerra e não pode ser comparado conceitualmente com a política social, pois existiu em um determinado período da História (aproximadamente a partir dos anos 1940 do século XX) em resposta à solicitação de direitos e à expansão da industrialização, diferentemente da política social que é vista em vários períodos e sociedades anteriores.

progressivas, ou seja, que incidem sobre o lucro, o juro e a renda da terra, sobre as grandes fortunas.

Para o enfrentamento das crises do capital e das múltiplas expressões da questão social, foram implementadas as políticas sociais, com o objetivo tanto da necessidade de reprodução do capital quanto do resultado de pressões, lutas e reivindicações das necessidades da classe trabalhadora. As políticas sociais tornaram-se respostas para a minimização da exploração capitalista diante da ausência de usufruto da cidadania.

A partir de uma leitura conservadora, podem-se relacionar as políticas sociais como respostas imediatistas para suprir as necessidades da classe trabalhadora advindas da má distribuição de renda do capital e até confundi-las apenas como política de Seguridade Social, ou seja, compreendidas somente na materialização da Política de saúde, assistência e previdência social. Nesta ótica, de acordo com teóricos conservadores que apontam para uma "nova questão social", as políticas sociais seriam respostas imediatistas para a minimização da pobreza, que trariam a coesão social.

Conforme apontamentos de Castel (2005), em uma sociedade funcionalista e harmoniosa, a "nova questão social" seria fruto da desproteção social e das crises na sociedade salarial, que causaria inseguranças entre as classes. Entretanto, através da intervenção estatal, iriam-se criar zonas de segurança e estabilidade que minimizariam os efeitos da pobreza e da desigualdade social.

Para Castel (2005), a "nova questão social" estaria ligada ao enfraquecimento da condição salarial, da perda de direitos sociais nos países que vivenciaram o *Welfare State*. Já Rosanvallon (1998) argumenta que nesta nova fase do capital, o Estado deve continuar dando assistência aos mais pobres, todavia, não sendo considerada como um "direito".

Partimos de uma concepção crítica e contrária à perspectiva de uma "nova questão social", que traz a compreensão das zonas

DIRETRIZES CURRICULARES E FORMAÇÃO EM SERVIÇO SOCIAL

de vulnerabilidade causadas pela crise do capital e sua relação funcionalista com as instituições estatais.

Com base em Iamamoto (2001), não existe uma "nova questão social", pois as desigualdades sociais advêm da dicotomia da relação capital *versus* trabalho, e a análise de uma "nova questão social" torna-se supérflua, desvinculada de elementos sócio-históricos e políticos e que são agravados pelas crises do capital. Para Iamamoto (2001, p. 10): "[...] a análise da questão social é indissociável das configurações assumidas pelo trabalho e encontra-se necessariamente em uma arena de disputa entre projetos societários".

Pereira (2001, p. 54) também corrobora a discordância da existência de uma "nova questão social":

> Efetivamente não se pode negar que estamos diante de uma nova conjuntura. Os fatores e as condições que contribuíram, em meados do século XX, para transformar o Estado-nação moderno em grande agente regulador e mediador das relações entre capital e trabalho e na garantia de direitos de cidadania, especialmente os sociais, estão se esgotando. Riscos desconhecidos e críticos para a humanidade emergiram e se expandem em escala mundial.

Na discussão sobre questão social e sua relação com a pobreza, fruto da não socialização da riqueza socialmente produzida pelo capital, percebe-se que várias interpretações podem ser feitas no âmbito das Ciências Sociais e do Serviço Social. Inicialmente, destaca-se a perspectiva liberal que mascara a degradação socioeconômica da pobreza e a relaciona com os arcabouços de organização jurídico-político brasileira, configurada na Lei Magna de que "todos são iguais perante a lei". No artigo 5º da Constituição Federal de 1988, a igualdade jurídica obscurece as relações sociais de exploração presentes na relação capital *versus* trabalho.

A pobreza, muitas vezes entendida como questão social, numa ótica liberal, culpabiliza o indivíduo pela falta de êxito com base nos aspectos econômicos da sociedade, em que cada indivíduo agiria em benefício próprio. Na perspectiva de Smith (1999), o Estado teria um papel secundário e a coesão social viria pela "mão invisível do mercado", que seria um caminho para a diminuição dos conflitos, numa sociedade hierarquizada e preconceituosa quanto à pobreza.

O acirramento das expressões da questão social agravou a crise do fordismo, pois o modelo rígido de produção manteve-se forte até o início dos anos 1970. Porém, depois da aguda recessão socioeconômica, ocorreu a transição no interior do processo de produção capitalista, e buscou-se a saída para o colapso da produção rígida por meio de custos reduzidos e produção diversificada com baixo custo, abrindo-se espaço para o modelo flexível japonês, o toyotismo.

Ainda sobre a crise do modelo rígido de produção, Alves e Antunes (2004) relatam que as décadas de 1970-1980 foram marcadas diferentemente nos países de capitalismo central e periférico pelos efeitos da crise orgânica do capital na busca pelo seu equilíbrio econômico. A substituição do fordismo pelo toyotismo, combinada com programas de ajuste fiscal, trouxe uma revolução tecnológica e organizacional do trabalho que subjugou a classe trabalhadora à perda de direitos constante.

Com o agravamento das crises de produção e reprodução do capital, as décadas de 1980-1990 trouxeram profundas transformações societais, com desregulamentação e flexibilização das leis trabalhistas, focalização das políticas sociais, privatização do patrimônio público e de instituições estatais, livre circulação de capital estrangeiro e de empresas multinacionais, entre outros fatores. Esse é um período marcado pela agudização da crise econômica causada pela mudança do modelo de produção rígido para o flexível.[5] No Brasil, mesmo com a promulgação da Constituição Federal em 1988, tem-se a desregulamentação

---

5. De acordo com Antunes (1995, p. 25): "Seus traços constitutivos básicos podem ser assim resumidos: ao contrário do fordismo, a produção sob o toyotismo é voltada e conduzida diretamente pela demanda. A produção é variada, diversificada e pronta para suprir o consumo. É este quem determina o que será produzido, e não o contrário, como se procede na produção em série e de massa do fordismo. Desse modo, a produção sustenta-se na existência do estoque mínimo".

da proteção social a partir da ofensiva neoliberal, da contrarreforma do Estado e da reestruturação produtiva.

Para Behring (2008), as consequências do ajuste neoliberal para as políticas sociais são enormes devido ao aumento do desemprego que levou ao empobrecimento, ao corte de gastos públicos e à flexibilização de direitos sociais. Ocorreu um ataque direto à seguridade social em detrimento da política fiscal e da política de abertura econômica estrangeira.

As políticas sociais no Brasil, como afirmado, foram e são fruto de reivindicações e lutas das classes trabalhadoras, mas também podem ser analisadas como mecanismos de manutenção do *status quo* por meio do controle da força de trabalho. Ou seja, as políticas sociais emergem de processos contraditórios entre a necessidade da classe trabalhadora e o desenvolvimento do capitalismo.

A proteção social, no contexto de flexibilização e financeirização capitalista,[6] torna-se fragmentada e volta-se para atender àqueles que são considerados necessitados ou vulneráveis. Dessa feita, criou-se um sistema dual em que há políticas sociais "para quem pode pagar e para quem não pode", ou seja, com dois nichos populacionais: os "cidadãos consumidores" e os "cidadãos" (MOTA, 2009).

O capitalismo, para materializar as políticas sociais de corte neoliberal, busca a atuação de um Estado forte apenas como facilitador

---

6. Para Alves (2013, p. 236): "Nesses últimos trinta anos de desenvolvimento do capitalismo global, ocorreu a explicitação de duas determinações que consideramos fundamentais e fundantes da nova temporalidade histórica do capital: a constituição de uma nova forma de produção do capital, que denominamos de maquinofatura, e o desenvolvimento da crise estrutural de valorização do valor, que se manifesta principalmente na financeirização da riqueza capitalista e hegemonia do capital financeiro na dinâmica de acumulação de valor. Essas novas determinações estruturais postas pelo tempo histórico alteraram efetivamente a forma de ser da precarização do trabalho. A precarização do trabalho é um traço estrutural do modo de produção capitalista, possuindo, entretanto, formas de ser no plano da efetividade histórica. Por natureza, a força de trabalho como mercadoria está imersa numa precariedade salarial que pode assumir a forma de precariedade salarial extrema ou, então, de precariedade salarial regulada. O que regula os tons da precariedade salarial é a correlação de força e poder entre as classes sociais. É, portanto, uma regulação social e política".

de suas transações comerciais e econômico-financeiras. Os fenômenos contemporâneos de mundialização e a financeirização do capital fazem com que o indivíduo seja culpabilizado pela sua falta de condição social e aceite políticas sociais mínimas que camuflem a não socialização das riquezas produzidas e a exclusão de grande parte da população, sem contar que repassam mínimos sociais apenas para os que se "enquadram" em condicionalidades de miserabilidade.

Para Poulantzas (1980), o Estado capitalista é o lugar de condensação de forças para o exercício do poder, ou seja, nele se subscreve as lutas de classes. O Estado realiza o papel da classe dominante que oprime a classe dominada de seus instrumentos estatais. A materialidade estatal, por sua vez, apresenta três tipos de aparelhos: os repressivos, os ideológicos e os econômicos, ou seja, o Estado se entrelaça entre o poder e as classes sociais.

Nessa concepção, o Estado aparece no centro das lutas de classes, da coerção, do domínio e da violência, sendo essa parte fundante do Estado capitalista. O "consenso" é alcançado da repressão do aparelho estatal pela lei. A respeito do uso da lei, Poulantzas (1980, p. 86) elucida:

> A lei é parte integrante da ordem repressiva e da organização da violência exercida por todo Estado. O Estado edita as regras, pronuncia a lei, e por aí instaura um primeiro campo de injunções, de interditos, de censura, assim criando o terreno para a aplicação e o objeto da violência. [...] A lei é, nesse sentido, o código da violência pública organizada.

O Estado capitalista neste modelo coercitivo condensa a contradição da luta de classe, de modo a favorecer a classe hegemônica e a desmobilizar a organização da classe trabalhadora, uma vez que se vai utilizar da violência como estratégia de manutenção e legitimação de desigualdades socioeconômicas, equivalente à análise do Estado ampliado em Gramsci (2000).

Compreende-se pela teoria de Poulantzas (1980) que, no capitalismo, o Estado tende a se utilizar cada vez mais abordagens violentas

DIRETRIZES CURRICULARES E FORMAÇÃO EM SERVIÇO SOCIAL

e arbitrárias para manter a sua governabilidade, sendo necessário repensar as estruturas de poder na sociedade e as contradições permanentes das classes sociais para se alcançar a legitimação e/ou contestação do *status quo*.

Para compreender essas transformações no sistema capitalista, vale destacar as contribuições de Mandel (1982), ao reportar a sua análise sobre o capitalismo tardio e tratar das três funções do Estado capitalista, que são:

> 1) criar as condições gerais de produção que não podem ser assegu-
> radas pelas atividades privadas dos membros das classes dominantes;
> 2) reprimir qualquer ameaça das classes dominadas ou de frações par-
> ticulares das classes dominantes ao modo de produção corrente através
> do Exército, polícia, do sistema judiciário e penitenciário; 3) integrar as
> classes dominadas, garantir que a ideologia da sociedade continue sendo
> a da classe dominante e, em consequência, que as classes exploradas
> aceitem sua própria exploração, sem o exercício direto da repressão
> contra elas (porque acreditam que isso é inevitável, ou seja "dos males
> o menor", ou a "vontade suprema", ou porque nem percebem a explo-
> ração) (MANDEL, 1982, p. 333-334).

Percebe-se pelos elementos apresentados que o Estado, na fase do capitalismo tardio, apropria-se da burocracia e também das suas organizações estatais para garantir a manutenção do sistema capitalista, coagir/reprimir não apenas a classe dominada, mas também frações da classe dominante que não se enquadrem nas regras de exploração da mais-valia,[7] no intuito de buscar o desenvolvimento para as sociedades de capitalismo central.

---

7. Para Marx (2011, p. 707), a teoria do mais-valor absoluto seria a diferença e/ou disparidade entre a força de trabalho paga em salário, o tempo para produção das mercadorias produzidas e o lucro obtido. O que representa a exploração do trabalhador pelo detentor dos meios de produção, e o mais-valor relativo ligado aos processos técnicos do trabalho, ou seja, "a produção do mais-valor absoluto gira apenas em torno da duração da jornada de trabalho; a produção do mais-valor relativo revoluciona inteiramente os processos técnicos do trabalho e os agrupamentos sociais".

De acordo com Mandel (1982, p. 334-335), "a origem do Estado coincide com a origem da propriedade privada e associa-se à separação entre esfera privada e esfera pública da sociedade". Ou seja, o Estado burguês cria instrumentos para garantir a produção, a circulação e a distribuição das mercadorias, além de revelar a dominação das classes dominantes alinhadas ao uso dos aparelhos estatais e da burocracia, no intuito de manter relações desiguais e complementares do capital para países do centro e da periferia capitalista.

Evidencia-se a função repressora, uma vez que possui em si os mecanismos de inibição e de violência na busca pelo controle e pela ordem social. Mandel (1982) faz uma análise crítica a partir dessas três funções e afirma que, com as lutas de classes, a classe trabalhadora alcança direitos sociais, mas que esses não alteram nem superam a desigualdade no modo de produção capitalista.

A cidadania observada de forma dual torna-se regulada[8] pelo Estado com influência do capital. À medida que ocorre a reprodução do desenvolvimento capitalista, o mundo do trabalho e as políticas sociais se reconfiguram devido às determinações socioeconômicas e ideopolíticas, permitindo maior exploração da força de trabalho e menos acesso aos direitos sociais.

As políticas sociais, na concepção liberal, são entendidas pela perspectiva do capital-mercadoria, e sua implementação ocorre de forma focalizada e residual. Com as transformações societárias contemporâneas, sob uma lógica privatizante, excluem-se parcelas significativas da população que não podem pagar para acessar as políticas sociais, pois estas são postas não como direitos sociais, mas como mercadorias.

De acordo com Alves (2009, p. 189-190), essas transformações, no seio da sociabilidade capitalista:

---

8. De acordo com Santos (1987), a cidadania regulada advém após 1930 e relaciona a cidadania aos direitos dos cidadãos e de suas profissões, que só existem via regulação estatal, vinculada aos direitos trabalhistas e à carteira de trabalho.

Possui[em], como base objetiva, a intensificação (e a ampliação) da exploração (e a espoliação) da força de trabalho e o desmonte de coletivos de trabalho e de resistência sindical-corporativa; além, é claro, da fragmentação social nas cidades, em virtude do crescimento exacerbado do desemprego total e à deriva pessoal no tocante a perspectivas de carreira e de trabalho devido à ampliação de um precário mercado de trabalho.

As transformações no mundo do trabalho afetam o alcance da "democracia", ou seja, não apenas um regime político com decisões que deveriam emanar do povo (como consta na Constituição Federal de 1988), mas também suas funções de proteção dos direitos humanos, de liberdade de expressão, de participação na vida política, de oportunidades e de crenças.

Com os efeitos deletérios das transformações societárias contemporâneas e sua relação com a implementação das políticas sociais, foi apresentada, em linhas gerais, essa relação das políticas sociais com o Estado capitalista, considerando as contradições postas na sociabilidade burguesa. No item seguinte, busca-se traçar uma relação entre o Serviço Social, as políticas sociais e a formação profissional por meio das Diretrizes Curriculares.

Serviço Social, políticas sociais e formação profissional

O Serviço Social, como profissão inserida na divisão social e técnica do trabalho, é desafiado, dentro do seu fazer profissional, a realizar, por meio de análises conjunturais, mediações e respostas profissionais que atendam a requisições e demandas da população usuária. Acrescenta-se que, com a construção do projeto ético-político e a aproximação aos interesses e às necessidades da classe trabalhadora, modificaram-se as orientações nos aspectos ético-políticos e teórico-metodológicos, o que significou um importante amadurecimento da profissão.

No âmbito teórico-metodológico, com a Reconceituação do Serviço Social, alcançaram-se avanços no enfrentamento do conservadorismo e de teorias funcionalistas; e estabeleceu-se diálogo com as Ciências Sociais e em sua materialização na práxis profissional, que direcionou o fazer profissional para além da mera execução de políticas sociais com equívocos que levavam ao tecnicismo, ao fatalismo e à ausência de mediações nas suas intervenções.

As Diretrizes Curriculares para os cursos de Serviço Social (ABEPSS, 1996) são as bases comuns de formação profissional, e possuem princípios que organizam as disciplinas e os componentes curriculares com abrangência nacional. Nas Diretrizes Curriculares estão especificados direcionamentos crítico-reflexivos em relação à teoria social, no intuito de desnudar as contradições existentes na produção e na reprodução do capital em sua totalidade social. Ou seja, elas possibilitam a percepção da realidade sócio-histórica por meio do saber, como também revelam as alienações da produção/reprodução social subsumidas pelo capital.

Apesar de as Diretrizes Curriculares atinentes ao curso de Serviço Social serem instrumentos fundamentais à construção do perfil (ideopolítico, cultural e social) de futuros/as profissionais, na década de 1990 o neoliberalismo globalizado iniciava, também, sua contrarreforma na política social no Brasil.

A aprovação das Diretrizes em 1996 respaldou não apenas a construção de um currículo pleno, com uma base teórico-metodológica consolidada nacionalmente e alicerçada consecutivamente a um projeto ético-político profissional que respeita as particularidades social, histórica e econômica das regiões e estimula a democracia participativa mediante instâncias de controle democrático. Possibilitou também a aproximação a um conhecimento direcionado para o rompimento com perspectivas messiânicas e conservadoras. Numa perspectiva de totalidade, as Diretrizes possibilitam compreender a vida social a partir da simbiose patriarcado, capitalismo e racismo (SAFFIOTI, 2013).

Nesse sentido, entendendo a relevância de desmistificar as falácias da lógica neoliberal, a legitimidade das Diretrizes Curriculares assegura uma formação profissional com qualidade referenciada em uma práxis educativa e política (NETTO; BRAZ, 2011, p. 53). Chama a atenção para uma formação orientada pela ABEPSS, conjuntamente com ações de fortalecimento do debate político da categoria no contexto socioinstitucional trazido pelo Conjunto CFESS-CRESS, que direcionam temáticas e debates essenciais para uma leitura de realidade que busque aprimorar, de forma crítica, aptidões e habilidades profissionais.

Cabe salientar que, como entidade político-científica da categoria, a ABEPSS, no ano de 2010, identifica a violação dos Direitos Humanos e seu entrelaçamento direto com as expressões da questão social. A partir de então, ampliou seus horizontes na produção do conhecimento por meio dos Grupos Temáticos de Pesquisa (GTPs), os quais:

> [...] Organizando-se em torno de pesquisadores da área de Serviço Social e afins, [...] congregaram pesquisadores para tratarem de temas de *relevância social*, constituindo-se em núcleos capazes de disseminar informações sobre temáticas específicas, promover debates fecundos sobre os temas de ponta do interesse profissional e das forças progressistas da sociedade. Promovem, ainda, a integração entre a pesquisa desenvolvida nas unidades de formação acadêmicas (UFAs) e as linhas de pesquisa consideradas relevantes para a área, estimulando e fortalecendo as instâncias do debate sobre a política científica no país, ao lado e em articulação com outras associações científicas (ABEPSS, 2021, online, grifos nossos)[9].

Com isso, os GTPs repudiam a fragmentação do saber, no entendimento de que essa fragmentação fragiliza a apreensão do conhecimento em uma perspectiva de totalidade social, desconsidera

---

9. Disponível em: https://www.abepss.org.br/gtps.html. Acesso em: 20 dez. 2023.

as transformações sócio-históricas e camufla aspectos que nutrem violações dos Direitos Humanos, como é o caso do racismo estrutural (ALMEIDA, 2018).

As Diretrizes Curriculares para os cursos de Serviço Social, em uma perspectiva marxiana, apontam para a categoria totalidade como apreensão do real, que se utiliza de mediações e contradições sociopolíticas e econômicas da sociedade capitalista. Para Kosik (1976, p. 44), "[...] a totalidade concreta não é um método para captar e exaurir todos os aspectos, caracteres, propriedades, relações e processos de realidade, [...] mas um todo que possui sua própria estrutura".

Assim, as Diretrizes Curriculares direcionam conhecimentos e apontam a necessidade de uma formação continuada e permanente, que leve em consideração o movimento contemporâneo concreto de transformação da sociedade e a relação entre a crise do capital materializada nas transformações do mundo do trabalho, nas políticas sociais e nas relações sociofamiliares.

Na apreensão da realidade social, outro princípio relevante das Diretrizes Curriculares é a relação intrínseca entre as dimensões investigativa e interventiva como princípios formativos e condição da formação profissional. Para o desvelamento da dimensão investigativa, aponta-se a pesquisa como elemento formativo para desvelar a realidade imediata/consolidada das expressões da questão social. Já na dimensão interventiva, tem-se a materialização das políticas sociais como expressões do fazer profissional de assistentes sociais. Essas dimensões podem ser materializadas desde a formação acadêmica até a intervenção profissional. De acordo com Guerra (2009, p. 701):

> Para atender as competências profissionais, ressaltam-se as possibilidades da pesquisa, tendo em vista, de um lado, a apreensão das reais condições de trabalho dos assistentes sociais como elemento fundamental para o exercício profissional qualificado, visando alcançar os objetivos e metas pretendidos, e, de outro, a apropriação dos objetos de intervenção — as diversas sequelas que a exploração da força de trabalho no capitalismo causa na vida da classe trabalhadora —, suas condições de vida e formas de enfrentamento.

DIRETRIZES CURRICULARES E FORMAÇÃO EM SERVIÇO SOCIAL

A pesquisa, como dimensão investigativa, materializa-se tanto no âmbito acadêmico quanto profissional. Ela é utilizada como um instrumental de desvelamento e interpretação, que exige rigor na apreensão do real e na sistematização/interpretação de dados. Para o Serviço Social, esse princípio trouxe em sua materialização o amadurecimento intelectual teórico-metodológico e a competência ético-política em sua dimensão interventiva.

Em relação ao exercício do pluralismo e do debate das várias concepções e tendências teóricas, Forti (2017) alerta que a materialização de princípios e valores contidos nas Diretrizes Curriculares necessita de aprofundamento teórico-filosófico constante para não recair no relativismo e no ecletismo que influenciam na formação profissional; ou seja, deve-se investir em uma fundamentação ética e política que assegure uma formação profissional crítica, com valores consoantes aos anseios e às necessidades da classe trabalhadora.

O processo ensino-aprendizagem em Serviço Social, ancorado nas Diretrizes Curriculares, seja em sala de aula, seja em projetos de pesquisa, extensão e/ou intervenção no campo de estágio, deve fomentar a reflexão de discentes/docentes sobre a necessidade de ultrapassar a imediaticidade das necessidades materiais na vida da classe trabalhadora, especialmente das trabalhadoras, já que são predominantemente as mulheres que se configuram como usuárias das políticas sociais, inclusive quando o direito, benefício ou serviço não é para ela diretamente (CISNE, 2012).

As/os futuras/os assistentes sociais precisam ser preparadas/os e qualificadas/os para atuar nas mais diversas políticas sociais por meio de ensino, estágio, pesquisa e extensão. Devem exercitar o aprendizado sistemático e entrelaçado proposto nos três núcleos das Diretrizes Curriculares: o teórico-metodológico da vida social; o da particularidade da formação sócio-histórica da sociedade brasileira; e o núcleo de fundamentação do trabalho profissional.

Ao mesmo tempo que se apresentam esses núcleos nas suas particularidades, também se aponta que para uma formação profissional articulada, crítica, consistente e de qualidade, necessita-se da apreensão da totalidade destes conhecimentos. Ou seja, uma formação que congrega os conteúdos e os componentes por meio de uma lógica curricular crítica e coerente. Assim, as políticas sociais, no âmbito das Diretrizes Curriculares, podem e devem ser abordadas a partir de uma análise da estrutura capitalista e da conjuntura socioeconômica, ideocultural e política, reconhecendo as dimensões de classe, gênero e raça.

Serviço Social e políticas sociais: desafios na implementação das Diretrizes Curriculares

Os conhecimentos expressos no ensino e aprendizagem estão preconizados pelas Diretrizes Curriculares, e calcados na dinâmica social, tanto na formação acadêmica quanto profissional.

A formação/educação permanente para o/a assistente social é uma estratégia de enfrentamento aos tensionamentos das políticas de ajuste recomendadas pelas agências internacionais, uma vez que se verificam o esgotamento das ações estatais e uma transferência de direitos sociais para serviços ofertados pelo mercado, contrarreformas e privatizações do patrimônio público. O conjunto CFESS-CRESS e a ABEPSS orientam politicamente para a organização da categoria na proposição de estratégias da mobilização popular e organização política de segmentos e grupos usuários das políticas sociais.

Destaca-se a necessidade de análises (político/conjuntural) das políticas sociais de trabalho e educação, como políticas sociais relevantes no enfrentamento coletivo às expressões heterogêneas da questão social. De acordo com Mészáros (2008), quem regula a necessidade de produção em seu valor de uso e valor de troca não é mais o ser social, mas o próprio capital.

> [...] Assim, a relação original entre o sujeito e o objeto da atividade produtiva é completamente subvertida, reduzindo o ser humano ao status desumanizado de uma mera "condição material de produção". O "ter" domina o "ser" em todas as esferas da vida. Ao mesmo tempo, o eu real dos sujeitos produtivos é destituído da fragmentação e da degradação do trabalho à medida que eles são subjugados às exigências brutalizantes do processo de trabalho capitalista (MÉSZÁROS, 2008, p. 606).

DIRETRIZES CURRICULARES E FORMAÇÃO EM SERVIÇO SOCIAL

A mercadorização do conhecimento humano contribui para a fragmentação e a desumanização da produção na lógica capitalista, pois prioriza o "ter" em detrimento do "ser", e cria o individualismo, a competição e a busca exacerbada pelo lucro. As políticas sociais foram sendo moldadas ao modo flexível da produção e às necessidades expansivas do mercado de trabalho.

> Como mercadoria o homem não possui valor em si. Seu valor deriva da relação de troca, enquanto está na origem do lucro, da mais-valia e da acumulação do capital. O trabalhador, diz Marx em *O Capital*, sai sempre do processo como nele entrou, fonte pessoal da riqueza, mas desprovido de todos os meios para realizá-la em seu proveito. Uma vez que, antes de entrar no processo, aliena seu próprio trabalho, que se torna propriedade do capitalista e se incorpora ao capital, seu trabalho durante o processo se materializa sempre em produtos alheios (GADOTTI, 1997, p. 50).

Em tempos de neoconservadorismo[10] e de concepções ecléticas[11] por meio de teorias pós-modernas diversas, a teoria social marxista, como corrente teórica hegemônica na formação em Serviço Social, aponta para uma racionalidade crítica que evita saberes que não levem em consideração a práxis e a totalidade da realidade social.

Assim, observa-se a necessidade de uma perspectiva de formação profissional que se atente para o debate de temas que desvelem a realidade estrutural e conjuntural das políticas sociais e dos seus usuários/as na contemporaneidade, destacando quesitos indispensáveis para a compreensão da vida social, como classe, raça, etnia, gênero e sexualidades, com o olhar particular para/pelos usuários como sujeitos de diretos da ação profissional do Serviço Social; e que

---

10. De acordo com Barroco (2015), o neoconservadorismo se apresenta como uma forma dominante de apologia conservadora da ordem capitalista, que combate os direitos e o Estado em suas ações sociais, e busca uma sociedade sem restrições ao mercado e um Estado repressor a toda forma de contestação à ordem social.

11. Segundo Gentilli (1997), as concepções ecléticas assumem expressões variadas a depender do período histórico e trazem uma concepção de adequação de teorias conservadoras que se contrapõem à tradição marxista.

aponte para as múltiplas expressões contemporâneas da questão social. É importante observar o sujeito da ação profissional-institucional e a política social com olhar de totalidade e não focalizado (que só busque atender às necessidades capitalistas burguesas de produção/reprodução do capital).

Outro elemento relevante, trazido por Behring (2021), é a conceituação constitucional de seguridade social que é ignorada na contemporaneidade, relacionando-a a serviços voluntários, que leva à desprofissionalização nesta intervenção. Para a autora,

> [...] as noções de Estado e de política pública se diluem nessa constelação de unidades autônomas e competitivas entre si: de superposições de ações, administração visando à rentabilidade dos recursos em detrimento dos fins, submissão dos fins públicos a interesses privados [...] (BEHRING, 2021, p. 170).

O Estado capitalista busca a apropriação do fundo público por meio de contrarreformas neoliberais em contextos de agudização das crises socioeconômicas. Esse cenário de implementação do trinômio privatização, focalização e descentralização das políticas sociais, em especial as da seguridade social, é marcado pelo aumento da pobreza e do desemprego.

A partir desses apontamentos, coloca-se a necessidade da materialização de análise crítica de conteúdos e princípios presentes nas Diretrizes Curriculares de 1996 como um caminho de instrumentalidade coletiva do Serviço Social no campo da tradição marxista, na construção de uma sociedade sem explorações, sem opressões e sem dominações.

Considerações finais

As Diretrizes Curriculares são bases orientadoras de caráter pedagógico e de abrangência nacional para a qualificação do processo

DIRETRIZES CURRICULARES E FORMAÇÃO EM SERVIÇO SOCIAL

de formação em Serviço Social, reafirmadas por meio do conjunto CFESS-CRESS e da ABEPSS, e materializadas no projeto ético-político profissional, assim como o Código de Ética de 1993 e a Lei de Regulamentação da profissão n. 8 662/93. As diretrizes vigentes buscam atender às exigências de competências e habilidades profissionais, tanto no espaço acadêmico quanto socioinstitucional, que proporcionem capacitação teórico-metodológica, ético-política e técnico-operativa para a apreensão da realidade social por meio da teoria marxiana no enfrentamento das múltiplas expressões da questão social.

Nesse sentido, a política social, mesmo com conceituação polissêmica, em momentos históricos díspares pode ser vista como uma conquista da classe trabalhadora e/ou uma arena de disputa contraditória entre Estado, sociedade e as classes sociais. Se observada nas Diretrizes Curriculares da profissão, encontra-se transversalizada nos três núcleos de formação profissional e sob a ótica da teoria social crítica marxiana.

A política social, compreendida como proteção, tem na contradição das relações sociais (capital e trabalho) as mediações necessárias para alcançar direitos de cidadania sob a ótica da emancipação humana. Todavia, a emancipação humana não pode se materializar na sociedade capitalista que só busca o lucro e a expropriação do trabalho. A concepção de emancipação humana é um caminho a se buscar, mesmo que esta não se materialize objetivamente na sociedade capitalista.

Assim, a emancipação humana provém da ação concreta e consciente da classe trabalhadora, no intuito de superar todas as formas e os mecanismos de exploração, dominação e opressão. Diferentemente, a emancipação política busca nos direitos civis, políticos e sociais o seu arcabouço burguês de proteção à propriedade privada e ao seu *status* de classe dominante, o que não elimina/supera as contradições sociais de classe na sociedade capitalista.

Garantir direitos sociais em uma sociedade capitalista é tensionar a luta de classes em uma correlação de forças muitas vezes desfavorável para a classe trabalhadora. Ainda que nos limites do capitalismo e da democracia burguesa, são em conjunturas de prevalência do Estado democrático de direito que minimamente se pode viabilizar participação da sociedade civil na luta pela garantia de direitos para a população via efetivação e ampliação de políticas sociais.

Diante do apresentado, coloca-se a necessidade de espaços coletivos de debate permanente no processo de formação em Serviço Social, de forma a construir agendas que atendam a demandas e desafios emergentes na contemporaneidade. Espaços que busquem capacitar as habilidades profissionais dos/as assistentes sociais formados/as ou em processo de formação, que resistam aos ataques das teorias conservadoras e que não naturalizem a perda de direitos sociais de cidadania.

REFERÊNCIAS

ASSOCIAÇÃO BRASILEIRA DE ESCOLAS DE SERVIÇO SOCIAL (ABESS). Diretrizes gerais para o curso de Serviço Social. *Cadernos ABESS*, São Paulo: Cortez, n. 7, 1997.

ASSOCIAÇÃO BRASILEIRA DE ENSINO E PESQUISA EM SERVIÇO SOCIAL (ABEPSS). *Diretrizes gerais para o curso de Serviço Social*: com base no currículo mínimo aprovado em assembleia geral extraordinária de 8 de novembro de 1996. Brasília: ABEPSS, 1996.

ASSOCIAÇÃO BRASILEIRA DE ENSINO E PESQUISA EM SERVIÇO SOCIAL (ABEPSS). Política social e as Diretrizes Curriculares: contribuições do GTP Serviço Social e Política Social. *Temporalis*, Brasília, ano 21, n. 42, p. 230-245, jul./dez. 2021.

ALMEIDA, Silvio Luiz de. *O que é racismo estrutural?* Belo Horizonte: Letramento, 2018.

ALVES, Giovanni. Trabalho e reestruturação produtiva no Brasil neoliberal: precarização do trabalho e redundância salarial. *Katálysis*, Florianópolis, v. 12, n. 2, p. 188-197, 2009.

ALVES, Giovanni. Crise estrutural do capital, maquinofatura e precarização do trabalho — a questão social no século XXI. *Textos & Contextos*, Porto Alegre, v. 12, n. 2, p. 235-248, jul./dez. 2013.

ALVES, Giovanni; ANTUNES, Ricardo. As mutações no mundo do trabalho na era da mundialização do capital. *Educação e Sociedade*. Campinas, v. 25, n. 87, p. 335-351, maio/ago. 2004.

ANTUNES, Ricardo. *Adeus ao trabalho?* Ensaio sobre as metamorfoses e a centralidade do mundo do trabalho. São Paulo: Cortez, 1995.

BARROCO, Maria Lúcia Silva. Não passarão! Ofensiva neoliberal e Serviço Social. *Serviço Social & Sociedade*, São Paulo: Cortez, n. 124, 2015.

BEHRING, Elaine Rossetti. A condição da Política Social e a agenda da esquerda no Brasil. *SER Social*, Brasília, v. 18, n. 38, p. 13-29, jan./jun. 2016.

BEHRING, Elaine Rossetti. *Brasil em contra-reforma*: desestruturação do Estado e perda de direitos. São Paulo: Cortez, 2008.

BEHRING, Elaine Rossetti. *Fundo público, valor e política social*. São Paulo: Cortez, 2021.

BEHRING, Elaine Rosseti; BOSCHETTI, Ivanete. *Política social:* fundamentos e história. São Paulo: Cortez, 2007. (Biblioteca Básica de Serviço Social; v. 2).

BOSCHETTI, Ivanete. *A política da seguridade social no Brasil. In*: CFESS. *Serviço Social*: direitos sociais e competências profissionais. Brasília: CFESS/ABEPSS, 2009. p. 323-338.

BOTTOMORE, Tom (org.). *Dicionário do pensamento marxista*. Rio de Janeiro: Jorge Zahar, 1988.

BRASIL. *Constituição da República Federativa do Brasil de 1988*. Brasília: [s. n.], 1988.

BRASIL. *Lei n. 13 979/2020*. Dispõe sobre as medidas para enfrentamento da emergência de saúde pública de importância internacional decorrente do coronavírus responsável pelo surto de 2019. Brasília, 2020.

CASTEL, Robert. *As metamorfoses da questão social*: uma crônica do salário. Petrópolis: Vozes, 2005.

CFESS. *Código de ética profissional do Serviço Social*. Brasília: CFESS, 1993.

CFESS. *Lei n. 8 662/1993*. Dispõe sobre a profissão de Assistente Social e dá outras providências. Brasília, 1993.

CISNE, Mirla. *Gênero, divisão sexual do trabalho e Serviço Social*. São Paulo: Outras Expressões, 2012.

FORTI, Valeria Lucilia. Pluralismo, Serviço Social e Projeto Ético-Político: um tema, muitos desafios. *Katálysis*, Florianópolis, v. 20, n. 3, set./dez. 2017. Disponível em: www.scielo.br/j/rk/a/T4jfvWszV88RqxRsjg3RLkw/?lang=pt. Acesso em: 8 fev. 2022.

GADOTTI, Moacir. *Concepção dialética da educação*: um estudo introdutório. São Paulo: Cortez, 1997.

GENTILLI, Raquel de Matos Lopes. A prática como definidora da identidade profissional do Serviço Social. *Serviço Social & Sociedade*, São Paulo: Cortez, v. 18, n. 53, p. 126-143, 1997.

GRAMSCI, Antonio. *Caderno 12*: apontamentos e notas dispersas para um grupo de ensaios sobre a história dos intelectuais. Rio de Janeiro: Civilização Brasileira, 2000.

GUERRA, Yolanda. A dimensão investigativa no exercício profissional. *In*: CFESS; ABEPSS. *Serviço Social*: direitos sociais e competências profissionais. Brasília: CFESS/ABEPSS, 2009. p. 701-717.

IAMAMOTO, Marilda Villela. *O Serviço Social na Contemporaneidade*: trabalho e formação profissional. 2. ed. São Paulo: Cortez, 2001.

KOSIK, Karel. *Dialética do concreto*. Rio de Janeiro: Paz e Terra, 1976.

LUKÁCS, Gyorgy. *Para uma ontologia do ser social*. São Paulo: Boitempo, 2013.

MANDEL, Ernest. *O capitalismo tardio*. São Paulo: Abril Cultural, 1982.

MARX, Karl. O método da economia política. *In*: MARX, Karl. *Grundrisse*. São Paulo: Boitempo, 2011.

MARX, Karl. *O capital*. São Paulo: Nova Cultural, 1988. v. l.

MOTA, Ana Elizabeth. A centralidade da assistência social na seguridade social brasileira nos anos 2000. *In*: MOTA, Ana Elizabeth. *O mito da assistência social*: ensaios sobre Estado, política e sociedade. Recife: EDUFPE, 2009.

MÉSZÁROS, István. *A educação para além do capital*. São Paulo: Boitempo, 2008.

NETTO, José Paulo. *Ditadura e Serviço Social*: uma análise do Serviço Social pós-64. São Paulo: Cortez, 1991.

NETTO, José Paulo. Entrevista: José Paulo Netto. *Revista Trabalho, Educação e Saúde*, Rio de Janeiro, v. 9, n. 2, p. 333-340, jul./out. 2011.

NETTO, José Paulo; BRAZ, Marcelo. *Economia Política*: uma introdução crítica. São Paulo: Cortez, 2011.

PEREIRA, Potyara Amazoneida Pereira. Questão social, Serviço Social e direitos da cidadania. *Temporalis,* ano II, n. 3, p. 51-62, jan./jun. 2001.

PEREIRA, Potyara Amazoneida Pereira. *Política social:* temas e questões. São Paulo: Cortez, 2011.

POULANTZAS, Nicos. *O Estado, o poder, o socialismo*. Rio de Janeiro: Graal, 1980.

ROSANVALLON, Pierre. *A nova questão social*: repensando o Estado providência. Brasília: Instituto Teotônio Vilela, 1998.

SAFFIOTI, Heleieth. *A mulher na sociedade de classes*: mito e realidade. São Paulo: Expressão Popular, 2013.

SANTOS, Wanderley Guilherme dos. *Cidadania e justiça*: a política social na ordem brasileira. Rio de Janeiro: Campos, 1987.

SMITH, Adam. *Teoria dos sentimentos morais*. São Paulo: Martins Fontes, 1999.

SOUZA, Jessé. *A construção social da subcidadania*: para uma sociologia política da modernidade periférica. Belo Horizonte: Editora UFMG, 2003.

SOUZA, Jessé. *A ralé brasileira*. Belo Horizonte: Editora UFMG, 2009.

CAPÍTULO 6

Elementos do debate sobre lutas de classes, movimentos sociais e direitos na formação profissional em Serviço Social

Michelly Elias

Introdução

Este capítulo aponta elementos que visam contribuir com o debate acerca da relação entre lutas de classes, movimentos sociais e direitos, tendo como referência sócio-histórica as especificidades da realidade brasileira.

Esta reflexão se dá nos marcos do conteúdo previsto no atual projeto de formação profissional em Serviço Social e nos seus princípios orientadores, consolidados nas Diretrizes Curriculares construídas e aprovadas pela Associação Brasileira de Ensino e Pesquisa em Serviço Social (ABEPSS), em conjunto com a categoria profissional em 1996.

Nessa concepção e conforme consta no documento *Diretrizes Curriculares elaboradas pela equipe de especialistas de 1999*, a temática dos movimentos sociais está vinculada ao tópico de estudo "classes e movimentos sociais", devendo contribuir por meio desse enfoque com o conhecimento dos "diferentes níveis de apreensão da realidade social e profissional, subsidiando a intervenção do Serviço Social" (ABEPSS, 1999, p. 4). Vinculada a isso, a estrutura curricular sistematizada nas Diretrizes compreende os movimentos sociais como fenômeno indissociável da constituição e das múltiplas expressões da "questão social", concebida como "eixo fundante da profissão e articulador dos conteúdos da formação profissional" (ABEPSS, 1999, p. 4). Desta maneira, "a questão social tem a ver com a emergência da classe operária e seu ingresso no cenário político, por meio das lutas desencadeadas em prol dos direitos atinentes ao trabalho, exigindo seu reconhecimento como classe pelo bloco do poder, em especial, pelo Estado" (IAMAMOTO, 2001, p. 17).

Partindo desses elementos, Castelo, Ribeiro e Rocamora (2020, p. 16) sintetizam que a "questão social" se origina a partir da relação entre capital e trabalho na sociedade burguesa, tendo como fundamento a lei geral de acumulação capitalista e implicando a formação da classe trabalhadora como sujeito histórico que se inseriu "na cena política a partir das suas lutas pela emancipação humana".

Nesse sentido, ao se reconhecer que as lutas da classe trabalhadora se constituem em um aspecto fundamental da "questão social", ou seja, que "decifrar a questão social é também demonstrar as particulares formas de luta e de resistência acionadas pelos indivíduos sociais frente à questão social" (MARRO *et al.*, 2021, p. 265), aponta-se a importância de estudos e debates que tratam dessa temática, considerando principalmente o contexto da realidade brasileira.[1]

Partindo dessas referências e ao se compreender os movimentos sociais como "modos de contestação contra as diferentes formas de

---

1. Sobre o debate em torno da relação entre questão social, lutas sociais e Serviço Social nas Diretrizes Curriculares do Serviço Social, ver a importante síntese apresentada pelo GTP Movimentos Sociais e Serviço Social da ABEPSS no texto de Marro *et al.* (2021).

exploração e dominação que emergem no capitalismo contemporâneo [...]" (GALVÃO, 2012, p. 256), apontam-se duas dimensões importantes de serem consideradas ao se conceber os movimentos sociais sob essa ótica. A primeira, a de entender como os movimentos sociais se relacionam com a dinâmica das lutas de classes que são características da sociedade burguesa; e a segunda, a de como os movimentos sociais atuam no âmbito da luta por direitos, influenciando no processo de constituição das políticas públicas.

Com a intenção de indicar elementos em torno dessas duas dimensões, este texto aborda o histórico de algumas das principais características da formação do capitalismo no Brasil e situa o contexto das lutas de classes nas décadas de 1970 e 1980, período a partir do qual os movimentos sociais adquiriram significativa importância no âmbito da realidade brasileira. Posteriormente, situa as atuações dos principais movimentos sociais — elencando suas demandas e reivindicações — existentes em torno das lutas por direitos como sujeitos das políticas públicas entre os anos de 2003 a 2016, considerando que esse período teve contraditoriamente significativos avanços no campo das políticas e dos direitos sociais, apesar da continuidade da hegemonia neoliberal,[2] conforme será tratado no decorrer do capítulo.

Referência histórica, lutas de classes e movimentos sociais nas décadas de 1970 e 1980 no Brasil: reflexões sob a ótica das Diretrizes Curriculares

As relações tipicamente burguesas no Brasil, que se forjaram entre a segunda metade do século XIX e o início do século XX, formaram a partir do histórico da colonização e do sistema escravocrata um

---

2. A hegemonia neoliberal é entendida como fase atual de acumulação do capital que está baseada "na financeirização, em um novo papel econômico do Estado e na integração mais próxima da indústria e do setor financeiro [...] ao capital transnacional" (SAAD FILHO; MORAIS, 2018, p. 117).

capitalismo de tipo dependente, marcado pela coexistência do arcaico e do moderno, como forma de sustentação da dominação burguesa, e pela aliança do segmento agrário-exportador com a burguesia nacional no desenvolvimento do capitalismo industrial hegemonizado pelos interesses imperialistas.

Nessa perspectiva, compreende-se a dependência como:

> [...] uma relação de subordinação entre nações formalmente independentes, em cujo marco as relações de produção das nações subordinadas são modificadas ou recriadas para assegurar a reprodução ampliada da dependência. A consequência da dependência não pode ser, portanto, nada mais do que maior dependência, e sua superação supõe necessariamente a supressão das relações de produção nela envolvida (MARINI, 2005, p. 141).

Associada a isso, a forma como se deu a transição do trabalho escravizado da população negra para o trabalho assalariado, entre o período de 1850 a 1910, estabeleceu como um dos pilares do capitalismo brasileiro a constituição de uma classe trabalhadora que passou a viver e trabalhar sob a condição predominante da *superexploração*. Dessa maneira, a dinâmica de exploração do trabalho assalariado foi se estabelecendo, de modo que parte da mais-valia produzida também precisava ser repassada para os países de economia central. Como forma de compensar essa perda, as classes dominantes brasileiras foram criando diversos mecanismos de extração da mais-valia, submetendo os/as trabalhadores/as a uma condição de "maior exploração". Situação esta caracterizada pelo não desenvolvimento da sua capacidade produtiva, mas pela intensificação do trabalho, pelo prolongamento da jornada de trabalho e pela constante diminuição da média salarial, estabelecida de forma associada ao rebaixamento da média de bens necessários à sobrevivência da classe trabalhadora (MARINI, 2005).

Essa condição, associada à predominância do baixo nível de desenvolvimento das forças produtivas e ao tipo das principais atividades econômicas desenvolvidas para a expansão do capitalismo

DIRETRIZES CURRICULARES E FORMAÇÃO EM SERVIÇO SOCIAL

no país — como a agricultura latifundiária, a mineração, a produção industrial voltada para a exportação —, estabeleceu essa condição de *superexploração* em que o grau de exploração do trabalho, que é intrínseco a qualquer relação salarial no modo de produção capitalista, tornou-se maior para a maioria da classe trabalhadora brasileira.

As particularidades impostas pelo desenvolvimento de um capitalismo de natureza dependente, associado à *superexploração* do trabalho, geraram uma sociedade marcada por profundas desigualdades socioeconômicas, em que além de enfrentar precárias condições de trabalho, que incluíam baixos salários, situações de violência, repressão, insalubridade, acidentes nos locais de trabalho e longas jornadas de trabalho, a classe trabalhadora brasileira passou a vivenciar desde o início da sua formação difíceis condições de vida nos grandes centros urbanos, onde se destacaram as moradias insalubres e superpovoadas com precário acesso a serviços públicos, como saneamento básico e transporte, além do restrito acesso a políticas como saúde e educação.

Essa realidade determinou um restrito acesso aos direitos de cidadania[3] para a maioria dessa classe trabalhadora, de maneira que nas diferentes conjunturas históricas existentes no Brasil, desde o início do processo que resultou na consolidação das relações burguesas, as suas lutas e dos demais segmentos dominados foram fundamentais para que esses direitos, principalmente os direitos sociais, fossem conquistados e regulamentados. Nesse sentido, destacaram-se lutas como revoltas, levantes, guerrilhas e insurreições[4] que ocorreram

---

3. Do ponto de vista histórico-conceitual, ao se conceber a cidadania como um fenômeno dotado de materialidade e sentido histórico-social, entende-se que esta não é "uma entidade naturalmente dada, mas uma mediação social [...] politicamente objetivada conforme a correlação de forças existente, as condições do processo de disputa pela hegemonia e as possibilidades da ordem social dominante" (ABREU, 2008, p. 12). Por isso, ao se situar a cidadania na dinâmica da formação social brasileira, vê-se como esta vem sendo historicamente condicionada por particularidades que a restringem — no sentido do exercício amplo dos direitos sociais, políticos e civis — para a maioria da classe trabalhadora.

4. Entre essas lutas, destacou-se, por exemplo, a Revolta dos Malês, movimento ocorrido em Salvador entre os dias 25 e 27 de janeiro de 1835, tendo como protagonista a população negra islâmica (denominada "malê" na língua ioruba) que exercia o trabalho livre, sendo alfaiates,

no decorrer do século XIX sob o protagonismo da população negra; as lutas do movimento sindical entre as décadas de 1920 e 1950; e, posteriormente, as lutas dos movimentos sociais no período entre 1970 e 1980.

Diante desse histórico e da realidade conformada durante a ditadura empresarial-militar de 1964 a 1985 — que consolidou a ordem monopólica no Brasil —, as lutas da classe trabalhadora tiveram que lidar com um difícil contexto, marcado pela violência estatal e pela ofensiva ideológica baseada no mito do desenvolvimento. Dinâmica que chegava a confundi-la na época, já que se encontrava em condições de vida cada vez mais precárias, ao mesmo tempo que "assistia" ao crescimento acelerado da economia brasileira.

Entre os seus múltiplos aspectos, do ponto de vista sociopolítico, a ditadura desde o seu início cumpriu um papel de dificultar, para além dos desafios historicamente colocados, as lutas e a organização da classe trabalhadora e demais segmentos dominados no país.

Apesar desse quadro, o que ocorreu a partir da segunda metade da década de 1970 foi que o contexto de crise econômica manifestado principalmente através do esgotamento do "milagre brasileiro",[5] de

---

pequenos comerciantes, artesãos e outros. A revolta travada por uma média de 1.500 revoltosos foi planejada e escrita em árabe, contou com a aquisição de armas e tinha como principais objetivos a libertação dos escravizados e o fim da obrigatoriedade da religião católica para a população negra. Durante a sua realização, os revoltosos enfrentaram uma violenta repressão por parte da Guarda Nacional, sendo a sua maioria condenada à morte, à tortura, a trabalhos forçados, e enviados de volta à África (GENNARI, 2008). Outro exemplo de luta protagonizada pela população negra nesse período foi "a paralisação de trabalhadores escravizados no Estabelecimento de Fundição e Estaleiros de Ponta D'Areia, maior empresa privada do setor na época (e integrante do Império Mauá) com cerca de seiscentos operários, sendo 150 escravos. Em 26 de novembro de 1857, os escravos se recusaram a trabalhar enquanto três companheiros foram mantidos presos por desobediência. Na ocasião, 32 trabalhadores escravos foram presos. E, antes disso, Mattos (2004, p. 18-19) registra movimentos de rebelião escrava numa loja de caldeiro na rua da Alfândega em 1833 e numa fábrica de velas e sabão na Gamboa em 1854" (CASTELO; RIBEIRO; ROCAMORA, 2020, p. 30). Para estudo das demais experiências das lutas da população negra durante o século XIX, destaca-se a obra de Moura (2020).

5. Tendo a *superexploração* da maioria da classe trabalhadora como pilar de sustentação desse processo denominado "milagre brasileiro", Santos (1994) afirma que esse modelo econômico teve como principais caraterísticas: a ampliação do complexo industrial de origem nacional

DIRETRIZES CURRICULARES E FORMAÇÃO EM SERVIÇO SOCIAL

intensificação da *superexploração* sobre os/as trabalhadores/as e de violência por parte do regime ditatorial acabou fomentando uma "repolitização" da classe trabalhadora, conforme afirma Ianni (1981). Processo que resultou na expansão de suas formas de luta, com o protagonismo dos segmentos de trabalhadores/as dos maiores centros urbanos do país em defesa dos direitos sociais, trabalhistas e pelas liberdades democráticas.

Isso demonstrava que as contradições estabelecidas durante a ditadura, em essência uma "ditadura do grande capital", acabaram externando os moldes do capitalismo e da dominação burguesa no país, assim como a lógica de *superexploração* da força de trabalho, o que provocou, naquelas condições históricas, uma dinâmica de "repolitização" da classe trabalhadora que, diante da dura realidade vivenciada na época e dos embates estabelecidos com a burguesia e o Estado, adquiriu "uma compreensão política bastante clara e ampla, tanto dos seus problemas como dos problemas da sociedade" (IANNI, 1981, p. 214).

Sob essas condições e com a crise econômica estabelecida a partir de 1974 que penalizou ainda mais os/as trabalhadores/as, ampliou-se a revolta contra a política salarial efetivada desde o início da década de 1970. E mesmo com a permanência da repressão se multiplicaram manifestações como greves, paradas, freagens nos locais de trabalho e organização de comitês de fábrica. Foram diversas as formas de resistência construídas na luta por condições dignas de vida e trabalho, em que se via que a classe trabalhadora e os demais segmentos dominados, que haviam se ampliado e se diversificado durante a ditadura devido ao desenvolvimento econômico proporcionado pelo

---

e internacional instalado no país (embora concentrado na região Sudeste e principalmente no estado de São Paulo); a realização de medidas incentivadoras da acumulação financeira por parte do Estado; o aumento do consumo estatal (civil e militar) e da arrecadação fiscal; o desenvolvimento de uma política agrária e de colonização visando à modernização da produção agrícola; e o aumento do salário e do crédito da classe média como forma de promover o aumento do consumo nacional. Junto a isso, desenvolveu-se uma política externa baseada em remessas de lucros e pagamento de *royalties* ao capital internacional, associada ao aumento da dívida externa e das importações de matéria-prima e maquinário necessários à expansão da industrialização incentivada pelo Estado.

"milagre brasileiro", também passavam a realizar importantes ações de luta e resistência.

> Nas fábricas e bairros, nas fazendas e latifúndios, nos sindicatos rurais e urbanos, em todos os lugares os operários urbanos, os operários rurais e os camponeses, sozinhos e associados, entre si e com setores de outras classes sociais, avançam na discussão, organização e luta pelas liberdades democráticas. Em todos os lugares crescem a luta, a conscientização, a organização de operários e camponeses, sob todas as suas formas (IANNI, 1981, p. 224).

Considerando a amplitude que essas lutas adquiriram na segunda metade da década de 1970, envolvendo setores como as Igrejas, a arte, a cultura, as escolas, as Universidades e a intelectualidade de uma forma geral, o referido autor afirma que o movimento de contestação à ditadura adquiriu ampla incidência na sociedade, de maneira que o contexto estabelecido a partir de 1974 demonstrava que o modelo de desenvolvimento consolidado havia constituído uma "nova classe operária". Contraditoriamente, isso apontava que havia sido durante os anos mais duros do regime ditatorial o período que a classe trabalhadora mais havia se desenvolvido politicamente.

O processo de lutas que expressou a formação dessa "nova classe operária" se iniciou diante da necessidade de a classe trabalhadora enfrentar a atuação do Estado que aprofundava a sua condição de *superexploração* por meio da política de arrocho salarial, uma vez que este era o principal mecanismo de sustentação do modelo de desenvolvimento do "milagre brasileiro" e o principal meio para o enfrentamento da crise econômica iniciada em 1974.

Em 1973,[6] ocorreram várias greves por iniciativa de trabalhadores/as de indústrias de pequeno e médio porte, e se expandiram

---

6. "Levantamento de meados dos anos de 1970, dava conta de cerca de duas dezenas de movimentos como greves e operações-tartaruga em diversas empresas nos anos de 1973 e 1974" (BADARÓ, 2009, p. 113).

DIRETRIZES CURRICULARES E FORMAÇÃO EM SERVIÇO SOCIAL

ações, como recusa à realização de horas extras nos locais de trabalho; paralisações temporárias em minutos e horas de trabalho; e diminuição do ritmo de trabalho como forma de atingir a produtividade das indústrias. Além da realização de greves de fome, por locais de trabalho e da ampliação do movimento grevista para diferentes categorias.

Essas lutas demonstravam a capacidade de a classe trabalhadora estabelecer formas próprias de organização; possibilitaram o início da formação de novas lideranças sindicais e foram conduzidas para além da atuação dos sindicatos oficiais e mostraram para o regime ditatorial que a classe trabalhadora estava disposta a combatê-lo. Diante disso, essas foram as primeiras ações que indicavam o início de um novo contexto das lutas de classes no país (SEGOVIA, 1990).

As greves de 1974 foram superiores às greves do ano anterior e as ações de resistência nos locais de trabalho foram se ampliando, principalmente para as grandes indústrias. Situação que externava que a ditadura não podia mais naquele contexto impedir o avanço das lutas que buscavam enfrentar o sistema de exploração e dominação estabelecido.

Entre os vários aspectos que possibilitaram essa realidade, Pedroso (1990) coloca que isso ocorria porque as concessões que a burguesia poderia fazer naquele momento não eram suficientes para amenizar as contradições vivenciadas pela maioria da classe trabalhadora e pelos demais segmentos dominados. Além disso, o crescimento econômico havia aumentado numericamente e, principalmente, propiciado avanços culturais, o que ampliava a disposição dos/as trabalhadores/as para a luta. Ademais, o aumento das greves — apesar das poucas conquistas corporativas tidas até aquele momento — foi incentivando diversos segmentos a participarem cada vez mais das mobilizações em curso.

Por outro lado, essas lutas também apresentavam limites, como: fragilidade organizativa das ações de resistência que se davam de forma isolada; baixo nível de consciência e educação política da maioria dos segmentos; debilidades políticas e práticas da esquerda revolucionária que, desde 1968, buscava fugir do aniquilamento;

influência da ideologia cristã nas bases que contribuía para a despolitização dos conflitos de classe; e ausência de um partido político em condições de dirigir e orientar a atuação da vanguarda revolucionária (PEDROSO, 1990).

Mas, apesar disso, o fundamental diante do contexto da época era que a etapa que se abria se colocava como favorável às lutas da classe trabalhadora, uma vez que existiam "condições objetivas e conjunturais pressionando no sentido de elevar o estado de ânimo dos operários para lutar em defesa de seus interesses" (PEDROSO, 1990, p. 139-140). Fato que se confirmou com as greves e as mobilizações ocorridas em 1978 e 1979, em que o movimento sindical do ABC paulista — região Metropolitana de São Paulo que incluía na época as cidades de Santo André (A), São Bernardo do Campo (B) e São Caetano do Sul (C) e que já era um dos principais polos industriais do país — adquiriu um significativo protagonismo político.

Diante desse avanço do nível das ações de "resistência" para o nível das "ações mais generalizantes", o movimento sindical passou a incidir na dinâmica das lutas de classes, em que se destacou, por exemplo, a formação do que se denominou *novo sindicalismo*, caracterizado pela defesa da ruptura com a estrutura sindical do Estado e da priorização de ações sindicais que proporcionassem a mobilização e a conscientização dos/as trabalhadores/as. Perspectiva que, a partir da formação da "nova classe operária", significou a composição de um movimento sindical com base na retomada das ações grevistas; na expansão do sindicalismo para diferentes segmentos da classe trabalhadora, como os de setor de serviços e dos assalariados médios; na organização dos/as trabalhadores/as em grandes fábricas; no incentivo à ampliação da sindicalização das bases; na fundação de novas centrais sindicais; na construção de lutas conjuntas com o sindicalismo rural e com os movimentos sociais (ANTUNES, 1995).

Dessa maneira, houve no final da década de 1970 a expansão de lutas que possuíam reivindicações voltadas principalmente para a garantia dos direitos sociais, pela reformulação e ampliação de serviços e políticas públicas, realização de reformas sociais, retomada do regime democrático, efetivação do direito da participação política, pela igualdade étnico-racial e de gênero, liberdade sexual, entre outras. Processo que proporcionou a formação de movimentos, como os de luta por moradia, de luta pela terra, por exemplo, o Movimento dos Trabalhadores Rurais Sem Terra (MST), pela saúde pública, pela liberdade sexual, e fortaleceu movimentos como o estudantil, o ambientalista, o feminista, assim como o movimento negro que havia se formado desde o final do século XIX.[7]

Considerando o contexto de acirramento das lutas de classes do final da década de 1970, embora esses movimentos não fossem exclusivamente formados por segmentos da classe trabalhadora, o conjunto das suas reivindicações e demandas adquiriu um caráter que tensionava o sistema de exploração e dominação efetivado durante a ditadura. Isso se deu principalmente pelo fato de que o desenvolvimento do capitalismo no Brasil e a consolidação da ordem monopólica haviam ocorrido sem a realização de reformas sociais — como a reforma agrária e urbana — e a ampliação dos direitos de cidadania, que beneficiavam a classe trabalhadora e a maioria da população nos marcos da ordem burguesa. Assim, o modelo de dominação autocrático-burguês sustentado pelo conservadorismo e pelo autoritarismo das classes dominantes, associado ao aprofundamento do caráter dependente da economia, manteve a lógica de restrição dos direitos a serem regulamentados pelo Estado, e potencializou as relações de opressão, preconceito e discriminação na sociabilidade brasileira,

---

7. "No Brasil as primeiras expressões do Movimento Negro podem ser identificadas no final do século XIX, período em que já circulavam vários jornais voltados para a população negra com o objetivo de denunciar a discriminação racial. [...] Fato que marcou a organização das lutas dos negros no Brasil foi a realização de uma manifestação, em 1978, nas escadarias do Teatro Municipal de São Paulo contra o preconceito racial e contra os atos de violência, como a morte do operário negro Robson Silveira da Luz, durante sessão de tortura. O ato público representou um marco da inserção do movimento negro no contexto da luta das forças populares pela redemocratização, [...]. A repercussão nacional da manifestação também fomentou a criação de inúmeras entidades negras em diferentes estados como a criação do Movimento Negro Unificado contra a Discriminação Racial (MNU) [...]" (DURIGUETTO; MONTAÑO, 2011, p. 282-283).

aprofundando o sistema de exploração e dominação estabelecido historicamente.

Por isso, ao reivindicarem questões acerca da igualdade de gênero, étnico-racial, por liberdade sexual, direitos de cidadania, democracia e reformas sociais, em um contexto de acirramento de contradições determinadas pela consolidação do capitalismo monopolista no país sob o regime ditatorial, os movimentos sociais explicitaram que as contradições geradas pela lógica de acumulação do capital e o seu modelo de dominação engendrado nos marcos da formação social brasileira alcançavam o conjunto da vida social e os diversos segmentos da população juntamente à classe trabalhadora. Realidade que fez com que as lutas se expandissem nesse período, principalmente por meio da atuação desses movimentos.

Nesta perspectiva, destacamos o importante papel que esses movimentos passaram a ter no âmbito das lutas de classes a partir desse período, seja por organizar e mobilizar diversos segmentos que enfrentavam situações de desigualdade e opressão, seja pelo fato de que, no capitalismo brasileiro, as lutas por direitos e reformas, principalmente quando associadas a formas autônomas de luta e organização, foram adquirindo um caráter popular e fortemente contestador[8] do modelo de dominação estabelecido.

Essa constatação não significa dizer que o conjunto desses movimentos em suas diferencialidades e complexidades não esteve permeado por limites, como o caráter particularista, a fragilidade organizativa e a predominância do espontaneísmo, conforme é apontado

---

8. Considerando as características fundamentais acerca da formação social brasileira e a forma como os direitos de cidadania e trabalhistas passaram a ser regulamentados e implantados pelo Estado desde a consolidação do capitalismo no país, destacamos como esse processo ocorreu mediando as lutas de classes de forma predominantemente paternalista, autoritária e fragmentada. Isso ocasionou uma condição de cidadania restrita para a maioria da população brasileira, associada a formas autocráticas do Estado — principalmente por meio da repressão e da cooptação — em lidar com as lutas por direitos no país. É diante dessa particularidade que afirmamos que as lutas por direitos e reformas sociais que beneficiam a classe trabalhadora, principalmente quando associadas a formas autônomas de luta e organização, foram adquirindo um caráter contestador.

por Boron (2007) em relação aos limites que podem permear de uma forma geral a atuação dos movimentos sociais. Porém, mesmo considerando a possibilidade de existência dessas problemáticas, chamamos atenção para o fato de que historicamente a regulamentação dos direitos de cidadania e trabalhistas no Brasil foi sendo incorporada somente até onde era possível conciliá-los com o padrão de acumulação baseado na *superexploração* da classe trabalhadora. Fato que fez com que se constituísse no país uma realidade marcada por: profunda desigualdade socioeconômica, restrita participação política da classe trabalhadora e dos segmentos dominados nos principais espaços de poder do país e conservadorismo sustentador desse padrão de desigualdade e dominação.

Assim, foi essa a realidade que os movimentos sociais passaram a tensionar de forma significativa a partir do final da década de 1970 e, principalmente, durante a década de 1980. Contexto no qual buscaram incidir no processo de redemocratização, envolvendo disputas em torno da Constituinte de 1988, que regulamentou importantes direitos de cidadania e ampliou políticas públicas com vista à sua implantação.

A partir de então, essa trajetória de atuação fez com que os movimentos sociais se tornassem parte importante da dinâmica das lutas de classes no Brasil, principalmente a partir do contexto neoliberal, conforme trataremos a seguir.

Neoliberalismo e movimentos sociais como sujeitos de políticas públicas: uma análise com base nos fundamentos das Diretrizes Curriculares

O modelo neoliberal estabelecido a partir de 1990 e em vigor até a atualidade resultou no acirramento da relação entre capital e trabalho, principalmente no que diz respeito à precarização das condições de vida e trabalho da classe trabalhadora. Considerando que uma das principais mudanças do neoliberalismo foi a ampliação das formas de exploração do trabalho através da flexibilização, da diminuição dos salários e do aumento permanente do desemprego, os efeitos dessa dinâmica para um país com o histórico de *superexploração* do trabalho como o Brasil foram desvastadores do ponto de vista social.

Associado a essa problemática, o neoliberalismo no Brasil estabeleceu um processo permanente de fragilização dos direitos regulamentados na Constituição de 1988 e de precarização das condições trabalho e emprego, em que o Estado teve um papel central para isso.

> O Estado desempenhou um papel fundamental na transformação desses padrões de emprego por meio da compressão da demanda, das privatizações, das mudanças na política industrial e na política regulatória, da ampla subcontratação e do trabalho precários, das mudanças nas leis trabalhistas, da implementação negligente mesmo das novas leis e da repressão direta [...] (SAAD FILHO; MORAIS, 2018, p. 127).

No âmbito das lutas de classes, esses aspectos que ocasionaram profundas mudanças no mundo do trabalho levaram a uma fragilização do movimento sindical. Entre as diversas expressões dessa situação, Antunes (2010) destaca que passou a existir um fosso entre os trabalhadores "estáveis" e os que se encontravam em condições trabalhistas precarizadas, gerando certa separação e diferenciação entre esses segmentos, passando a dificultar formas comuns de organização sindical entre eles.

Essas mudanças contribuíram para que a classe trabalhadora se tornasse mais heterogênea, complexa e fragmentada, dificultando a sua construção e formação político-ideológica como classe por meio das experiências de luta, de maneira que a sua capacidade de mobilização para a realização de greves (principal instrumento de luta do movimento sindical) diminuiu de forma significativa. Problemática que se deu devido principalmente às mudanças ocorridas na organização dos processos de trabalho (a exemplo da expansão da terceirização, do aumento da informalidade e da alta rotatividade da força de trabalho empregada) e à expansão de marcos legais, que passaram a dificultá-las enormemente.

Contudo, apesar desse contexto caracterizado pelos complexos desafios impostos ao movimento sindical e das correlações de forças desfavoráveis para as lutas da classe trabalhadora, parte dos movimentos sociais que haviam surgido e/ou se expandido no contexto das décadas de 1970 e 1980 permaneceu com suas lutas e reivindicações durante a década de 1990, e avançou no caráter contestatório do modelo neoliberal. Nesse sentido, destacou-se tanto no Brasil quanto na América Latina a atuação de movimentos sociais que lutavam em torno da defesa de recursos naturais, como água, gás, terra e preservação das florestas. No Brasil, podemos citar como exemplo desses movimentos a atuação do movimento indígena, do Movimento dos Trabalhadores Rurais Sem Terra (MST) e do movimento ambientalista.

Em face das contradições impostas pela lógica de acumulação neoliberal, que implicava a destituição de direitos historicamente conquistados e o avanço da exploração do trabalho, assim como dos recursos naturais, parte dos movimentos sociais percebeu diante das suas experiências de lutas que a maioria de suas reivindicações não seria atendida nos moldes do modelo de desenvolvimento estabelecido. Essa constatação ocasionou a realização de diversas ações e mobilizações de resistência e contestadoras do modelo neoliberal, entre as quais podemos citar: a realização de marchas; ocupações de latifúndios, prédios públicos, áreas urbanas; ações de denúncias contra empresas internacionais; formação de articulações políticas como a Via Campesina, movimento internacional organizado desde 1993 que congrega movimentos e organizações campesinas de todo o mundo e que luta por uma agricultura sustentável, por justiça social e dignidade para todos os povos.

Desta maneira, através de suas demandas e reivindicações por serviços e políticas públicas; ampliação da democracia; em defesa dos recursos naturais e pelos direitos de cidadania; esses movimentos se mantiveram mobilizados, mesmo diante da ofensiva neoliberal. Além disso, conseguiram organizar diversos segmentos da sociedade (população negra, povos indígenas, mulheres, juventude da periferia, camponeses, pessoas desempregadas) que enfrentavam os desdobramentos mais perversos das desigualdades que se aprofundaram a partir da década de 1990.

Por conta disso, os movimentos sociais assumiram um importante papel de resistência e enfrentamento diante da ofensiva neoliberal. Nesta perspectiva, Machado (2006) afirma que para além das suas lutas específicas que também são fundamentais, esses movimentos conseguiram desde a década de 1990 diminuir o ritmo do avanço neoliberal no Brasil, daí o entendimento do caráter de resistência que conseguiram desempenhar.

Esse papel desempenhado pelos movimentos acabou colocando para eles um conjunto de desafios que, segundo Houtart (2006), passou a ultrapassar a dimensão específica dos movimentos em si, sendo eles: da busca permanente pelos seus objetivos específicos de maneira articulada aos desafios gerais impostos pelo neoliberalismo; da construção de uma consciência coletiva baseada na ética de defesa do humano; da criação de mecanismos de cultivo da utopia, tendo como horizonte a transformação social como possibilidade histórica; da realização de alianças conjunturais e estratégicas entre sujeitos diferentes para a construção de lutas comuns e concretas.

Diante desses amplos desafios, o referido autor aponta que, devido à importância que eles adquiriram na dinâmica das lutas de classes como principal frente de resistência ao neoliberalismo, os movimentos sociais se tornaram parte significativa da construção do sujeito histórico contemporâneo, que poderá realizar as transformações necessárias para a superação do neoliberalismo e da ordem capitalista.

Nesse sentido, coloca:

> Para que os movimentos sociais estejam em posição de construir o novo sujeito social há duas condições preliminares. Em primeiro lugar, ter a capacidade de uma crítica interna com o fim de institucionalizar as mudanças e assegurar uma referência permanente aos objetivos. Em segundo lugar, captar os desafios da globalização, que por sua vez são

gerais e específicos ao campo de cada movimento: operário, camponês, de mulheres, populares, de povos nativos, de juventude, e em breve de todos que são vítimas do neoliberalismo globalizado (HOUTART, 2006, p. 425).

Ao situar os movimentos sociais sob essa perspectiva frente à ofensiva neoliberal, aponta-se que, diante das especificidades da realidade brasileira, no período entre os anos de 2003 a 2016, em que o Partido dos Trabalhadores (PT) assumiu o Governo Federal, houve a formação de uma conjuntura política, econômica e social particular que envolveu o fortalecimento das políticas sociais, dos serviços públicos e dos direitos de cidadania, sem romper com a hegemonia neoliberal. De maneira que isso se deu mantendo a hegemonia do capital financeiro e estabelecendo uma política fiscal, cambial e de crédito que desenvolveu a economia interna, ao mesmo tempo que ampliou as ações voltadas para os setores mais pauperizados da população (ALMEIDA, 2012).

Conforme Saad Filho e Morais (2018), a conformação dos governos do PT (principalmente no que diz respeito aos dois mandatos de Luiz Inácio Lula da Silva) teve um significado de buscar conciliar interesses de ampliação do Estado, no âmbito econômico e social, por parte da esquerda e de manutenção de medidas econômicas que beneficiavam parte das classes dominantes (especialmente a burguesia interna e a oligarquia agrária). Cada um desses segmentos era constituído por grupos que possuíam interesses difusos, mas que tinham em comum o fato de terem sofrido, desde a década de 1990, diversas perdas diante da ofensiva neoliberal.

Diante disso e considerando a permanência da hegemonia neoliberal, assim como as mudanças políticas e ideológicas recentes pelas quais o próprio PT havia passado, no sentido de adquirir o caráter de um partido mais reformista, os autores apontam que os governos de 2003 a 2016 acabaram ficando restritos a certo tipo de gerenciamento do neoliberalismo com "mudanças marginais" (SAAD FILHO; MORAIS, 2018, p. 141).

Entretanto, em que pese a existência desses limites, as experiências desses governos acabaram proporcionando uma ampliação da restrita democracia estabelecida historicamente na formação social brasileira, conforme sintetizado por Elias (2021). Dinâmica que foi possibilitada pela participação de segmentos advindos da classe trabalhadora e demais segmentos dominados em diversos espaços de poder do Estado brasileiro, o que por sua vez impôs inúmeras contradições político-ideológicas para os movimentos sociais e para o movimento sindical na relação com o aparelho estatal.

Ademais, os Governos do Partido dos Trabalhadores (PT), entre os anos de 2003 e 2016 (apesar das diferenças conjunturais, tanto em nível nacional quanto em nível internacional entre os períodos dos Governos Lula e Dilma), caracterizaram-se por algumas mudanças na política econômica, com vista a desenvolver programas e medidas de incentivo à produção e à indústria nacional, a exemplo da criação do Programa de Aceleração do Crescimento (PAC) em 2007. Além de ter fortalecido e ampliado políticas sociais, como a política de assistência social através da regulamentação do Sistema Único de Assistência Social (SUAS) em 2003; a política de educação com a expansão do acesso ao ensino superior pelo Programa Universidade para Todos (PROUNI), criado em 2004, e pelo Programa de Apoio a Planos de Reestruturação e Expansão das Universidades Federais (REUNI), criado em 2007; a política de habitação através da criação de programas sociais, como o "Minha Casa, Minha Vida" em 2009; a política de emprego e renda por meio da concessão de incentivos às empresas privadas para a criação de novos postos de trabalho e ao setor público mediante a ampliação dos concursos, juntamente à criação da política permanente de reajuste do salário mínimo, conforme os índices de inflação.

Diante disso, o período de 2003 a 2016 foi marcado por profundas contradições permeadas pelos conflitos de classes que, diante das particularidades da conjuntura brasileira, acirram-se a partir de 2013, tendo como uma de suas principais expressões as mobilizações

DIRETRIZES CURRICULARES E FORMAÇÃO EM SERVIÇO SOCIAL 203

de junho de 2013[9] e como principal desfecho o golpe parlamentar, o qual, com o apoio das classes dominantes, suspendeu o mandato presidencial de Dilma Rousseff do PT em 2016.[10]

Diante dessa complexa conjuntura, a questão principal que nos colocamos a partir desses elementos apontados é: como os movimentos sociais — compreendidos como importante forma de luta e resistência ao neoliberalismo — atuaram nesse período como sujeitos de políticas públicas, principalmente no que diz respeito à luta por direitos? E, ao atuarem sob essa perspectiva, incidiram de alguma forma na dinâmica das lutas de classes?

Primeiramente, é importante apontar que ao se conceber os movimentos sociais como formas de luta e enfrentamento ao sistema de dominação imposto pelo capitalismo contemporâneo, conforme apontado na introdução deste texto, considera-se que os movimentos sociais

> [...] *ampliaram* o campo da política e das práticas políticas, em vez de seu abandono pelas causas culturais; e que ao contrário de "novos sujeitos políticos", que substituam os "velhos" sujeitos — como por exemplo, o proletariado, o sindicato —, o que temos são sujeitos políticos *renovados*

---

9. Como um importante ponto de inflexão da dinâmica das lutas de classes no Brasil, as manifestações de junho de 2013 se apresentaram em parte como "resultado da intensificação do conflito distributivo associado ao esforço do governo de Dilma Roussef de aprofundar o 'ensaio desenvolvimentista' (Singer, 2015). O conflito pela apropriação da renda e do orçamento público se expressou, nas ruas, por diferentes pautas, que foram das políticas sociais à luta contra a corrupção. Essas pautas conectaram de modo variado, irregular e mesmo contraditório diferentes grupos, movimentos e classes sociais" (GALVÃO; TATAGIBA, 2022, p. 85).

10. Esse processo estabeleceu um Governo não eleito para comandar o Brasil como tentativa de resolução da crise vivenciada pelo capital naquele contexto, possibilitando que entre 2016 e 2018 houvesse no país a retomada da ofensiva neoliberal de caráter ortodoxo, visando à ampliação acelerada dos mecanismos de maior exploração da força de trabalho, que resultaram no aprofundamento permanente das desigualdades sociais. Aspectos que acabaram levando à eleição de Jair Bolsonaro à Presidência da República em 2018, inaugurando uma nova fase neoliberal no Brasil caracterizada, entre outros aspectos, por uma profunda regressão dos direitos, das liberdades democráticas, dos serviços públicos e das políticas sociais, juntamente ao fortalecimento do conservadorismo e da extrema-direita na sociedade brasileira. Importantes contribuições sobre o avanço do conservadorismo nessa conjuntura encontram-se em bibliografias como: Mota e Rodrigues (2020) e Paulani (2019).

pluridimensionalmente. Em lugar de "novas práticas sociais" temos uma práxis social com *dimensões ainda ignoradas* (DURIGUETTO; MONTAÑO, 2011, p. 343).

Dessa maneira, a partir da sua práxis social, os movimentos sociais incidem e expressam a dinâmica das lutas de classes de conjunturas específicas, à medida que explicitam o seu caráter político através das suas ações; mesmo estando no campo da luta por direitos, tensionam por meio das suas formas de mobilização e protesto a propriedade privada, o direito de ir e vir e a igualdade formal existentes nos marcos da sociedade burguesa (GALVÃO, 2012).

Com base nessas referências, estudos e pesquisas que temos realizado sobre o papel dos movimentos sociais como sujeitos das políticas públicas no âmbito da luta por direitos[11] durante o neoliberalismo brasileiro, eles apontam que entre o período de 2003 e 2016[12] houve um total de 33 movimentos sociais que se destacaram em nível nacional em torno das lutas pelos direitos de cidadania. São eles principalmente movimentos camponeses, de luta pela terra e pela preservação ambiental; movimentos urbanos de luta por moradia, transporte, acesso à cidade e aos seus equipamentos; movimentos em

---

11. Os dados e as informações apresentados a seguir foram sistematizados durante a realização da pesquisa intitulada "Movimentos populares e direitos de cidadania no Brasil entre os anos de 1990 e 2016", ocorrida durante os anos de 2020 a 2022 sob a coordenação da autora deste texto, e que contou com a participação de cinco estudantes de graduação do curso de Serviço Social da Universidade de Brasília (UnB), através do apoio do Programa de Iniciação Científica PROIC/UnB — 2020/2021 e 2021/2022.

A pesquisa realizada identificou os principais movimentos sociais que atuaram no contexto de 1990 a 2016 no Brasil, assim como seus principais objetivos, demandas e reivindicações. Para isso, foi realizado o levantamento de dados em periódicos na plataforma Scielo e em *sites* que abordavam o tema das lutas sociais e dos movimentos sociais no Brasil. Baseando-se nos critérios dos movimentos que possuíam abrangência nacional e os que foram mais citados nas fontes pesquisadas, os dados foram sistematizados conforme constam no texto.

12. Como a pesquisa também abordou o período de 1990 a 2002, é válido ressaltar que em relação a esse período foi identificado um total de 16 principais movimentos sociais que se destacaram em nível nacional por meio de suas atuações acerca da luta por direitos. Quando comparado esse período com o posterior, de 2003 a 2016, identifica-se que a quantidade de movimentos sociais mais que dobrou.

DIRETRIZES CURRICULARES E FORMAÇÃO EM SERVIÇO SOCIAL

defesa da educação; movimentos em defesa da saúde; movimentos culturais; movimentos em defesa de populações atingidas pelos grandes empreendimentos; movimentos pela igualdade racial, de gênero e pela diversidade sexual.

Entre as suas principais demandas, foram identificadas reivindicações acerca da ampliação de políticas públicas e sociais (saúde, educação, habitação, previdência, alimentação, agrária, transporte, igualdade de gênero e racial, trabalho digno); da preservação e da defesa dos recursos naturais (por terra, por outro modelo de mineração, por outro modelo energético, pela preservação do meio ambiente); de pautas amplas (pela democracia, contra o imperialismo, contra o neoliberalismo, contra as privatizações, contra os tratados de livre comércio); da valorização das identidades (combate à violência contra as mulheres e a população negra; combate às práticas racistas e sexistas; em defesa da diversidade sexual, afetiva e de gênero); e da defesa dos direitos humanos (pelo direito à memória, à verdade e à justiça das pessoas desaparecidas durante a ditadura de 1964 a 1985, pelo fim da violência policial exercida principalmente nas regiões periféricas dos grandes centros urbanos, por condições dignas de vida para a população em sistema carcerário, pelo fim do trabalho análogo ao da escravidão).

Além disso, identificou-se que 65% dos movimentos encontrados no período de 2003 a 2016 tinham sido fundados no contexto entre os anos de 1970 e 1980, ou durante a década de 1990. Fato que demonstra uma constância nos seus processos organizativos e de mobilização, apesar das diferentes conjunturas existentes nesses períodos.

Outra constatação foi que no período de 2003 a 2016 — quando comparado com o período de 1990 a 2002 — houve um aumento significativo dos movimentos acerca das lutas por igualdade de gênero, igualdade racial, diversidade sexual, bem como dos movimentos urbanos.

Em relação a suas demandas e reivindicações, também se identificou que entre 2003 e 2016 ocorreu uma ampliação no sentido de pressionar o Estado para a criação de novas políticas públicas (principalmente as políticas sociais) que fortalecessem ações voltadas para a igualdade racial e de gênero, pelo direito à diversidade sexual e em defesa dos direitos humanos. Diferentemente do período de 1990 a 2002, em que as demandas e as reivindicações tinham se dado mais com um caráter de defesa das políticas e dos direitos já existentes.

Diante dessas constatações e buscando entendê-las a partir da ótica das contradições impostas pela dinâmica das lutas de classes, aponta-se primeiramente que, apesar dos dilemas impostos aos movimentos sociais em sua relação com o Estado durante os Governos do Partido dos Trabalhadores (PT) — caracterizados pela expansão contraditória das políticas e dos direitos sociais, uma vez que não romperam com a hegemonia neoliberal —, o período de 2003 e 2016 se caracterizou pelo fortalecimento de reivindicações históricas dos principais movimentos sociais que vêm atuando como uma importante forma de luta e resistência frente à ofensiva neoliberal. Contudo, o significado político-ideológico do ponto de vista mais estratégico — no sentido da disputa de projeto societário com a ordem do capital — que esse fato teve para o conjunto das lutas da classe trabalhadora é algo que ainda precisa ser mais bem entendido e analisado sob o ponto de vista das contradições colocadas no período.

Outro aspecto importante a se considerar diante dessas constatações é que os movimentos sociais, ao se manterem mobilizados e organizados durante todo o período da ofensiva neoliberal no Brasil — mesmo diante das grandes dificuldades enfrentadas pelo movimento sindical que afetam em diversas dimensões as lutas da classe trabalhadora —, vêm se demonstrando como uma fundamental frente de luta pela defesa e pela ampliação dos direitos de cidadania, ao mesmo tempo que conseguem exercer o seu direito de organização coletiva e participação política de maneira associada à contestação do sistema de dominação hegemônico.

Nesse sentido, ao atuarem como sujeitos das políticas públicas através da luta e da organização das suas bases sociais, os movimentos sociais têm contribuído de maneira decisiva para a defesa de direitos e políticas que atendem não só aos interesses e às necessidades desses

DIRETRIZES CURRICULARES E FORMAÇÃO EM SERVIÇO SOCIAL

segmentos específicos, mas também ao conjunto dos segmentos dominados desta sociedade, entre os quais se encontra centralmente a classe trabalhadora.

Atentarmos para esses aspectos aqui desenvolvidos nos parece ser um dos caminhos que nos possibilita entender, com base nos fundamentos das Diretrizes Curriculares, as imbricações e as contradições que permeiam a relação entre a luta por direitos, no contexto da realidade brasileira contemporânea, e a dinâmica das lutas de classes em curso, tendo os movimentos sociais como protagonistas desse processo.

Considerações finais

Este capítulo apontou elementos que visam contribuir com o debate que envolve a relação entre lutas de classes, movimentos sociais e direitos na realidade brasileira. Para isso, teve como ponto de partida a concepção e os princípios orientadores que estão previstos nas atuais Diretrizes Curriculares da Associação Brasileira de Ensino e Pesquisa em Serviço Social (ABEPSS) em relação ao estudo dos movimentos sociais.

Com base nessa referência, os movimentos sociais são situados como uma das expressões das lutas sociais existentes contra as formas de exploração e dominação estabelecidas na sociedade burguesa, de maneira que as lutas sociais são concebidas como parte dos fundamentos da "questão social", que se origina a partir da relação entre capital e trabalho no modo de produção capitalista.

Diante dessa concepção, considera-se o sentido do estudo dos movimentos sociais como parte das lutas que "são constitutivas do nosso trabalho profissional e da materialização das diretrizes curriculares, o que pressupõe que os movimentos sociais não podem ser apêndices na formação profissional, mas são parte estruturante na vinculação com as áreas de fundamentação" (MARRO *et al.*, 2021, p. 269), que compreendem os núcleos de fundamentos teórico-metodológicos da vida social, fundamentos da formação sócio-histórica da sociedade brasileira e fundamentos do trabalho profissional.

Dessa maneira, propôs-se neste texto entender como os movimentos sociais se relacionam com a dinâmica das lutas de classes, que são características da sociedade burguesa a partir das particularidades, estabelecidas no contexto das décadas de 1970 e 1980 no Brasil, situando como os movimentos sociais adquiriram importância na dinâmica das lutas de classes no país desde esse período. Em seguida, abordaram-se a atuação dos movimentos sociais como sujeitos das políticas públicas no âmbito da luta por direitos; o neoliberalismo brasileiro, particularmente entre os anos de 2003 e 2016 durante os Governos do Partido dos Trabalhadores (PT), em que houve o avanço de diversas políticas e direitos sociais, apesar da continuidade da hegemonia neoliberal.

A escolha desse percurso foi com a intenção de buscar contribuir — destacando alguns dos principais elementos da materialidade histórica da realidade brasileira — com o debate que envolve a relação entre lutas de classes, movimentos sociais e direitos, entendendo que este é um dos eixos de análise que explicitam como os movimentos sociais se relacionam com os eixos da formação profissional em Serviço Social.

Em relação ao entendimento das especificidades da "questão social" na realidade brasileira, aponta-se que o importante papel exercido pelos movimentos sociais desde a década de 1970 e 1980, no campo das lutas de classes através da luta por direitos, demonstra a potencialidade da ação desses movimentos, no sentido de tensionar o modelo de dominação e exploração estabelecido pelo capitalismo dependente e sua lógica de *superexploração* do trabalho, os quais negaram historicamente o efetivo acesso aos direitos de cidadania para a maioria da classe trabalhadora brasileira. De maneira que qualquer processo que envolva a ampliação dos direitos e das políticas públicas — principalmente as políticas sociais —, com as quais a(o) assistente social trabalha, está diretamente vinculado ao fortalecimento das lutas e da atuação desses movimentos.

DIRETRIZES CURRICULARES E FORMAÇÃO EM SERVIÇO SOCIAL

Outro aspecto a se considerar é que ao "se porem em movimento" através de suas ações de mobilização e protesto, apresentando demandas que possuem um caráter de questionamento da atuação do Estado no âmbito das políticas públicas — em relação ao tipo de políticas que esse Estado prioriza e a quais segmentos ele beneficia com isso, para quais políticas destina a maior parte do seu orçamento e quais políticas precariza ou extingue —, esses movimentos adquirem uma dimensão política que envolve a disputa do papel do Estado na sociedade. Desse modo, esse processo diz respeito à forma como o Estado organiza o sistema social, mediando a dinâmica das lutas de classes em curso por meio das políticas públicas. Ao mesmo tempo, essa capacidade política dos movimentos sociais se depara com os limites impostos pela natureza de classe desse Estado, o qual está vinculado organicamente às classes dominantes. Contudo, é justamente a partir dessa contradição fundamental que os movimentos sociais atuam, com vista a explicitar a natureza de classe desse Estado burguês, o que por outro lado reforça o caráter político das suas atuações.

Associado a esse entendimento, é importante ressaltar, por fim, que entender as contradições que permeiam as possibilidades e os limites dos movimentos sociais como sujeitos de políticas públicas, principalmente em países de capitalismo dependente como o Brasil, é fundamental para que o Serviço Social compreenda as múltiplas determinações acerca das condições objetivas que estão colocadas para a sua atuação profissional — que se dá especialmente por meio dessas políticas, sob as quais os movimentos sociais atuam — em um determinado contexto.

Com base nessas reflexões, entende-se que apreender esse processo conforme as dimensões que foram tratadas neste texto é algo que nos possibilita identificar, com mais concretude, como os movimentos sociais através das lutas por direitos no âmbito da realidade brasileira se relacionam com a dinâmica das lutas de classes. E como que, ao atuarem como sujeitos das políticas públicas, também incidem nas condições colocadas para o trabalho profissional da(o) assistente social. Esses aspectos demonstram por que essa temática, ao ser situada no campo da relação entre "questão social", lutas sociais e Serviço Social, deve perpassar o conjunto da formação profissional, conforme está previsto nas Diretrizes Curriculares de 1996.

REFERÊNCIAS

ABREU, Haroldo. *Para além dos direitos:* cidadania e hegemonia no mundo moderno. Rio de Janeiro: Editora UFRJ, 2008.

ALMEIDA, Lucio Flávio Rodrigues de. Entre o nacional e neonacional-desenvolvimentismo: poder político e classes sociais no Brasil contemporâneo. *Serviço Social & Sociedade*, São Paulo: Cortez, n. 112, p. 689-710, out./dez. 2012.

ANTUNES, Ricardo. *O novo sindicalismo no Brasil.* 2. ed. Campinas: Pontes, 1995.

ANTUNES, Ricardo. *Adeus ao trabalho?* Ensaio sobre as metamorfoses e a centralidade do mundo do trabalho. 14. ed. São Paulo: Cortez, 2010.

ASSOCIAÇÃO BRASILEIRA DE ENSINO E PESQUISA EM SERVIÇO SOCIAL (ABEPSS). *Diretrizes Curriculares elaboradas pela equipe de especialistas de 1999.* Brasília, 1999. Disponível em: https://www.abepss.org.br/arquivos/textos/documento_20160331114040412406970.pdf. Acesso em: 13 mar. 2022.

BADARÓ, Marcelo. *Trabalhadores e sindicatos no Brasil.* São Paulo: Expressão Popular, 2009.

BORON, Atílio. O que aconteceu com nossas democracias? *Revista Universidade e Sociedade*, Brasília: Andes, 2007.

CASTELO, Rodrigo; RIBEIRO, Vinícius; ROCAMORA, Guilherme de. Capitalismo dependente e as origens da "questão social" no Rio de Janeiro. *Serviço Social & Sociedade,* São Paulo: Cortez, n. 137, p. 15-34, jan./abr. 2020.

DURIGUETTO, Maria Lúcia; MONTAÑO, Carlos. *Estado, classe e movimento social.* 2. ed. São Paulo: Cortez, 2011. (Coleção Biblioteca básica Serviço Social).

ELIAS, Michelly Ferreira Monteiro. *Lutas de classes e o significado político do novo sindicalismo.* Curitiba: CRV, 2021.

GALVÃO, Andréia. Marxismo e movimentos sociais. *In*: GALVÃO, Andréia *et al.* (org.). *Capitalismo*: crises e resistências. São Paulo: Outras Expressões, 2012.

GALVÃO, Andréia; TATAGIBA, Luciana. Contradições do capitalismo e conflito distributivo: junho de 2013 à luz de uma abordagem integrada dos protestos. *In*: TAVARES, Francisco Mata Machado; BALLESTRIN, Luciana; MENDONÇA, Fabrino Mendonça. *Junho de 2013:* sociedade, política e democracia no Brasil. Rio de Janeiro: EdUERJ, 2022.

GENNARI, Emilio. *Em busca da liberdade:* traços das lutas escravas no Brasil. São Paulo: Expressão Popular, 2008.

HOUTART, François. Os movimentos sociais e a construção de um novo sujeito histórico. *In*: BORON, Atílio *et al.* (org.). *A teoria marxista hoje:* problemas e perspectivas. São Paulo: Expressão Popular; Clacso, 2006.

IAMAMOTO, Marilda. A questão social no capitalismo. *Temporalis*, Brasília: ABEPSS, ano 2, n. 3, p. 9-32, jan./jun. 2001.

IANNI, Octavio. *A ditadura do grande capital.* Rio de Janeiro: Civilização Brasileira, 1981.

MACHADO, Eliel. Lutas e resistências na América Latina hoje. *Lutas & Resistências*. Grupo de Estudos de Política da América Latina, Programa de Pós-Graduação em Ciências Sociais, Universidade Estadual de Londrina, n. 1, p. 54-64. Londrina: Midiograf, 2006.

MARINI, Ruy Mauro. Dialética da dependência. *In*: STEDILE, João Pedro; TRASPADINI, Roberta (org.). *Ruy Mauro Marini:* vida e obra. São Paulo: Expressão Popular, 2005.

MARRO, Katia *et al.* Questão social e lutas sociais nas Diretrizes Curriculares do Serviço Social. *Temporalis*, Brasília: ABEPSS, ano 21, n. 42, p. 261-276, jul./dez. 2021.

MOTA, Ana Elizabete; RODRIGUES, Mavi. Legado do Congresso da Virada em tempos de conservadorismo reacionário. *Katálysis*, Florianópolis, v. 23, n. 2, p. 199-212, maio/ago. 2020.

MOURA, Clóvis. *Rebeliões da senzala*: quilombos, insurreições, guerrilhas. 6. ed. São Paulo: Anita Garibaldi, 2020.

PAULANI, Leda Maria. Bolsonaro, o ultraneoliberalismo e a crise do capital. *Margem Esquerda:* dossiê Governo Bolsonaro, São Paulo: Boitempo, 2019.

PEDROSO, Edgar. A recuperação do movimento operário: possibilidades e limitações. *In:* FREDERICO, Celso (org.). *A esquerda e o movimento operário 1964-1984:* a crise do "milagre brasileiro". Belo Horizonte: Oficina de Livros, 1990. v. 2.

SAAD FILHO, Alfredo; MORAIS, Lecio. *Brasil:* neoliberalismo *versus* democracia. São Pualo: Boitempo, 2018.

SANTOS, Theotonio dos. *Evolução histórica do Brasil:* da colônia à crise da Nova República. Petrópolis: Vozes, 1994.

SEGOVIA, Samuel. As lutas operárias em 1973 e 1974. *In:* FREDERICO, Celso (org.). *A esquerda e o movimento operário 1964-1984:* a crise do "milagre brasileiro". Belo Horizonte: Oficina de Livros, 1990. v. 2.

CAPÍTULO 7

Neofascismo e violência estrutural no Brasil:
atualização da crítica ao conservadorismo na formação profissional[1]

Mavi Pacheco Rodrigues
Maria Elaene Rodrigues Alves

Introdução

Este capítulo, tal como os demais desta coletânea, põe em discussão a proposta de formação dos assistentes sociais contida nas Diretrizes Curriculares da ABEPSS, aprovada em 1996 na assembleia da Associação Brasileira de Ensino em Serviço Social; mas o faz de

---

1. Este texto é uma versão modificada e atualizada da comunicação *Neofascismo e violência heteropatriarcal, racista e capitalista no Brasil*, apresentada no XVII Encontro Nacional de Pesquisadores em Serviço Social (ENPESS), em dezembro de 2022. Sua elaboração envolveu a discussão entre as autoras da totalidade das ideias aqui expostas, feita a partir do conhecimento acumulado por cada uma delas em suas diferenciadas trajetórias teóricas e políticas. Assim, na redação do primeiro tópico deste capítulo, a principal fonte foram os *Relatórios* de pós-doutoramento de Rodrigues (2021b; 2022). Tal qual a *Tese de Doutorado*, recentemente publicada, de Alves (2022), foi a base para a escrita do segundo tópico.

forma indireta: através do enfrentamento do pensamento conservador, umas das temáticas-eixo do núcleo de fundamentos do trabalho profissional das ditas Diretrizes.

Elemento que motivou sua escrita foi a certeza da urgência em atualizar a crítica do Serviço Social a uma expressão particular do conservadorismo, qual seja: aquela que emerge na cena política brasileira nos rescaldos das jornadas de junho de 2013, se fortalece com a vitória eleitoral de Jair Messias Bolsonaro para presidência do Brasil em 2018 e, mesmo com a derrota do capitão reformado nas eleições presidenciais em 2022, permanece viva e atuante no país, não só no parlamento, mas também na sociedade.

Indispensável a essa atualização é a produção teórica que se acumulou no âmbito da *Intenção de Ruptura* (NETTO, 2015), perspectiva da renovação do Serviço Social brasileiro desenvolvida em rota de colisão com o tradicionalismo profissional e em profícua interlocução com a vasta e plural tradição marxista. Todavia, o acúmulo teórico feito até aqui pela *Intenção de Ruptura* é insuficiente para dar curso à aludida atualização, porque o conservadorismo que nos interessa problematizar guarda muitas novidades em face das múltiplas e distintas ideias conservadoras que infletiram na profissão no decurso de sua evolução no país. O principal (mas não exclusivo) ineditismo parece residir no papel ideológico que esse conservadorismo tem cumprido: o de buscar legitimar o horizonte político (e bárbaro) de uma (nova) extrema-direita orgulhosa em destilar seu ódio contra migrantes, mulheres, povos indígenas, população negra e LGBTQIA+.

Na primeira parte deste capítulo, estão os principais resultados de um estudo ainda inicial das particularidades desse conservadorismo, em especial os argumentos que permitem concebê-lo como uma versão mais reacionária, neofascista,[2] de uma espécie particular do ideário conservador chamada de *neoconservadorismo*. Como se poderá ver mais adiante, todos esses particulares atributos da vertente *neofascista do neoconservadorismo* (ou simplesmente neofascismo) ganham inteligibilidade

---

2. Utilizamos aqui o termo neofascismo no mesmo sentido dado por Mattos (2020).

DIRETRIZES CURRICULARES E FORMAÇÃO EM SERVIÇO SOCIAL

através de uma análise que procura compreender a produção teórico-cultural contemporânea em suas estreitas conexões com a crise estrutural do capital que, a partir de 2008, conhece um novo capítulo.

Além da preocupação em situar os determinantes sócio-históricos mais universais da aparição desse novo conservadorismo neofascista em alguns elementos da dinâmica do capitalismo contemporâneo, o texto que a/o leitora/o tem em mãos ocupa-se também em identificar quais são as possíveis convergências desse fenômeno, de inegável dimensão internacional, com as particularidades da formação social brasileira, pois se é verdade que nos quatro anos de (des)governo de Bolsonaro vimos crescer a violência contra mulheres, povos indígenas, população negra e LGBTQIA+, também o é o fato de a violência contra esses segmentos compor desde há muito tempo a "nossa" história; a história da forma como o capitalismo aqui se constituiu e se constitui.

Hipótese presente na segunda parte deste capítulo é que as relações de dominação heteropatriarcais de gênero, raça-etnia devem ser associadas à explicação de produção e reprodução das relações sociais capitalistas no Brasil, onde a violência se pôs como um dos elementos estruturais e estruturantes do capitalismo. Nesta direção, buscamos compreender o capitalismo, o patriarcado e o racismo como relações imbricadas, consubstanciais e formadoras de um nó não desatável, não apenas na dimensão da análise política e sociológica, mas também no nível das práticas sociais.

Segundo nossa acepção, a violência estrutural e permanente da nossa formação social é uma categoria (teórica e real/concreta) privilegiada para alcançarmos as mediações por meio das quais capitalismo, patriarcado e racismos entrelaçam e formam uma unidade (única, mas diversa) de dominação política e cultural e de exploração econômica;[3] e é também uma chave explicativa da força que o bolsonarismo, espécie brasileira do *neofascismo*, vem demonstrando em várias regiões do país,

---

3. Eis a ideia de Saffioti que permitiu elaborar a segunda parte deste texto: "na realidade concreta, essas variáveis são inseparáveis, pois se transformaram, através desse processo simbiótico, em um único sistema de dominação-exploração, aqui denominado: patriarcado-racismo-capitalismo" (SAFFIOTI, 1987, p. 60).

pois ao defender abertamente ideias homofóbicas, racistas, xenófobas, machistas e misóginas, o *neofascismo* só tem reforçado valores conservadores difusos e violentos há muito existentes em nossa formação social, e com grande potencial de capilaridade nas camadas populares.

Em nosso tempo histórico — segunda década dos anos 2000 —, a atualização da crítica marxista ao pensamento conservador nas Diretrizes Curriculares de 1996 requer de docentes e pesquisadores da área do Serviço Social a capacidade de adensar à massa crítica do núcleo de fundamentos do trabalho profissional novos aportes teórico-históricos, descobertos em processos de investigação preocupados em explorá-los em sua estreita articulação com os conteúdos dos dois outros núcleos do projeto de formação profissional defendido pela ABEPSS, aqueles relativos aos fundamentos da vida social e os da formação brasileira. Essa foi a nossa aposta ao escrever um texto cuja crítica aos fundamentos teóricos do neofascismo privilegia as suas conexões com a crise estrutural do capital e com a formação social do Brasil.

Recrudescimento da crise do capital e *neofascismo*

Conforme sinalizado na introdução, o Serviço Social brasileiro conta com uma massa crítica ponderável acerca do pensamento conservador e dos seus rebatimentos na profissão, toda ela forjada através de uma fecunda interlocução com o pensamento marxista. Todavia, tal como indicado anteriormente, essa massa crítica mostra-se insuficiente quando se trata de enfrentar o *neofascismo*, porque se considerarmos as substanciais diferenças entre essa particular forma do conservadorismo com aquelas que impactaram a profissão em seu passado recente, é justo sustentar que estamos diante de um "novo conservadorismo" (MOTA; RODRIGUES, 2020, p. 204) a exigir novos estudos e pesquisas.[4]

---

4. Ressaltar a novidade do conservadorismo neofascista nos parece inteiramente legítimo quando levamos em conta as três perguntas a seguir: se não se pode encontrar o humanismo abstrato neotomista no neofascismo, não estaríamos diante de um conservadorismo que é

DIRETRIZES CURRICULARES E FORMAÇÃO EM SERVIÇO SOCIAL

Mas essa insuficiência não torna dispensável aquele acúmulo teórico-crítico realizado pelo Serviço Social no Brasil, por duas razões centrais. A primeira delas é que, embora não sejam abundantes as publicações da área preocupadas em refletir sobre os modos de ser mais contemporâneos do pensamento conservador, próprios da primeira década dos anos 2000 (cf. SOUZA, 2020; BARROCO, 2011; 2015; 2022), há aí o acerto (especialmente nas análises feitas pela professora Lúcia Barroco) em localizar a matriz teórica desse conservadorismo mais atual no *neoconservadorismo* como um produto teórico-cultural típico dos Estados Unidos dos anos 1960. Por *neoconservadorismo* devemos ter, então, um entendimento distinto do usual posto em que essa expressão é utilizada aqui: não para se referir a formas mais contemporâneas do pensamento conservador, mas sim a uma específica forma que o conservadorismo conheceu em território estadunidense na década de 1960, quando surgiu um novo pensamento conservador (crítico ao liberalismo) para uma nova direita.

Além disso, podem nos ser úteis as descobertas presentes em produções do Serviço Social que se ocuparam de um conservadorismo, cuja forma teórica e as condições históricas do seu surgimento são muito distintas do pensamento conservador que se fortalece na primeira década do século XXI e nos interessa tratar aqui.

É esse o caso da análise empreendida por Escorsim Netto (2011) acerca do conservadorismo clássico — vigente no decurso da Revolução Francesa (1789) até a primeira Guerra Mundial —, a partir da qual podemos extrair duas lições, quais sejam: a primeira, refere-se

---

destoante do arranjo teórico-doutrinário (IAMAMOTO, 2013) que moldou o tradicionalismo profissional e impregnou a atuação dos assistentes sociais desde a década de 1930 até os anos 1960 (IAMAMOTO; CARVALHO, 2005)? Se não há no conservadorismo neofascista nenhum apelo ao neofuncionalismo estruturalista de Talcott Parsons ou congêneres, nem tampouco ao plural e vasto campo da fenomenologia, não poderíamos dizer que estamos diante de um pensamento igualmente diferente das elaborações teórico-profissionais sintonizadas com as perspectivas conservadoras da Renovação profissional, representadas pelas vertentes *Modernizadora* e da *Reatualização do Conservadorismo* (NETTO, 2015)? Seria adequado dispensar a um pensamento que tem estreita convergência com a extrema-direita as mesmas e acertadas críticas que na área do Serviço Social se fizeram aos efeitos conservadores das premissas pós-modernas de autores progressistas como Boaventura de Sousa Santos (NETTO, 1996; SANTOS, 2007)?

ao fato de que a inteligibilidade do pensamento conservador requer que o tratemos como um fenômeno histórico próprio da sociedade burguesa moderna, e em estreita vinculação com a dinâmica e as contradições do Modo de Produção Capitalista (MPC), um pensamento que surge com as formulações de um Edmund Burke como resposta aristocrática aos resultados políticos (democráticos) da Revolução Francesa e que tendo, em seus imediatos continuadores, um conteúdo contrarrevolucionário (anticapitalista-romântico) desempenhará um papel reacionário nas lutas de classes. Trata-se de um pensamento conservador que, apoiado em valores e ideais pré-capitalistas, apresenta-se crítico da modernidade, próprio de um momento em que a burguesia ainda desempenhava um papel revolucionário e lutava junto ao proletariado contra o *Ancien Régime*.

A segunda lição é que, a depender da dinâmica econômica do MPC e das lutas de suas classes fundamentais, o conteúdo e o significado do conservadorismo podem sofrer metamorfoses. Escorsim Netto (2011) nos esclarece sobre a mutação ocorrida no interior do pensamento conservador clássico: sua principal inflexão se deu em 1848, quando o proletariado emergiu como sujeito portador de um projeto societário revolucionário e se tornou o herdeiro da cultura moderna e das suas promessas emancipatórias; período em que a burguesia tornada classe dominante abandona os conteúdos progressistas dessa mesma cultura.

Assim, o período de vigência do conservadorismo clássico compreendeu o tempo histórico iniciado pelas elaborações de um Burke até às de um Durkheim, período da emersão de um pensamento conservador de cunho restaurador até a constituição de uma proposição conservadora de reforma (moral) da ordem. Ou se quisermos descrever de outro modo esse mesmo momento histórico, podemos dizer que esse foi o período em que o conservadorismo irracionalista de Burke se viu suplantado pelo conservadorismo de uma racionalidade miserável[5] típica do positivismo durkheimiano.

---

5. Sobre a relação entre a razão miserável e o positivismo e outras expressões teórico-conservadoras, como o estruturalismo, ver Coutinho (2010).

Ora, essa leitura do conservadorismo, feita sobre clara inspiração no pensamento de G. Lukács, tem o mérito de nos indicar quão rico é o estudo mais particularizado e historicizado do conservadorismo, a nos facultar o entendimento de suas múltiplas faces.

Além disso, o caminho trilhado por Escorsim Netto é inspirador, porque sua análise do conservadorismo (encharcada de historicidade) está fundamentada naquelas elaborações que, pertencentes à tradição teórica marxista, analisam a cultura em consonância com o postulado materialista histórico-dialético expresso na célebre frase d'*A ideologia alemã*, segundo a qual "não *é a consciência que determina a vida*, mas a vida que determina a consciência" (MARX; ENGELS, 2007, p. 94). Tal postulado exige da(o) pesquisadora/pesquisador a análise das condições econômicas e políticas que tornam possível a emersão de determinada perspectiva ideoteórica e do significado que ela exerce no quadro das lutas de classes.

Buscamos perseguir o mesmo horizonte teórico-metodológico numa leitura (ainda inicial) particularizada e historicizada do *neo-conservadorismo* de tipo neofascista, o que nos obrigou a investigar as conexões desse fenômeno cultural com a ascensão de uma (nova) direita extremista que, logo após a crise do *subprime* em 2008, tornou-se vitoriosa nas disputas eleitorais em várias regiões do mundo, chegando a conquistar, para além do Brasil, o comando central de algumas nações (por exemplo, na Hungria, com Viktor Orbán, nos Estados Unidos, com Donald Trump) e a ocupar o parlamento ou a ampliar o número de seus eleitores em países com uma história fortemente marcada por lutas revolucionárias e a atuação de partidos de esquerda de massa (como na Itália, na França e em Portugal).

Como parte desse fenômeno de caráter internacional, o *neofascismo* emerge no Brasil — destilando sem constrangimentos seu ódio contra mulheres, indígenas, população negra e LGBTQIA+ — desde as jornadas de junho que antecedem o golpe contra Dilma Rousseff em 2016. E se fortalece com a vitória eleitoral do candidato da extrema-direita para a presidência da República em 2018, Jair Messias Bolsonaro.

Esta versão do pensamento conservador que ganhou popularidade em todo o território nacional graças à disseminação de um antipetismo e do desprestígio da esquerda em geral promovidos pelas operações da *Lava Jato* e amplificados, intencionalmente, pela mídia não pode ser inteiramente compreendida se não levarmos em conta o giro à direita que se processou no capitalismo desde a crise estrutural do capital.

Em grande medida, o significado desse fenômeno, bem como os seus principais determinantes sócio-históricos, pode ser encontrado na leitura empreendida por Agustín Cueva (1989) em *Tempos conservadores*.

Em linhas gerais, seriam três as causas principais desse processo de "direitização" do capitalismo apontadas pelo marxista equatoriano. A primeira delas diz respeito às políticas de reestruturação produtiva que, desde a crise capitalista deflagrada nos anos 1970, vêm fortalecendo o poder de exploração do capital e precarizando as relações de trabalho. Em estreita conexão com estas mudanças, está a segunda causa da direitização das sociedades burguesas: os efeitos políticos regressivos sobre as lutas de classes que a reestruturação produtiva, combinada com o neoliberalismo e a financeirização, produziu. Trata-se aqui de considerar a guinada do mundo ocidental para a direita como a consequência política de uma reviravolta na luta de classes: quando o grande capital operando respostas para sua crise passa da defensiva para ofensiva (NETTO; BRAZ, 2010, p. 214-221), ou seja, é quando temos uma resultante profundamente regressiva de uma derrota internacional do projeto revolucionário quando, na virada do século XX para o XXI, as lutas vividas *nos longos anos 1960*[6] arrefecem e, na sequência, o "socialismo real" chega ao seu fim (RODRIGUES, 2016). Por fim, o terceiro elemento promotor da direitização do capitalismo, em fins dos anos 1970 e início de 1980, foi a adoção de uma

---

6. Conforme sugere Rodrigues (2016), para além de um operariado radicalizado, tais lutas envolveram a participação de múltiplos sujeitos políticos — mulheres, negros e negras, homossexuais e povos da periferia —, cujas reinvindicações, extrapolando pautas meramente econômicas, acabaram por colocar em xeque (nem sempre de forma consciente) a ordem burguesa e sua forma de dominação manipulatória (LUKÁCS, 2013, p. 748-831).

política externa belicista e revanchista pelos Estados Unidos, quando sua hegemonia se vê colocada em questão frente ao boicote que a Organização dos Países Exportadores de Petróleo (Opep) impôs aos países consumidores de petróleo e ao avanço de movimentos de libertação nacional, que culminaram numa posição revolucionária, como no Vietnã, Camboja, Laos, Angola, Moçambique, Nicarágua, Granada.

Inspiradas na problematização de Cueva, condensada nos três elementos anteditos, especulamos se a crise desencadeada em 2008 e suas repercussões (na economia, na política e na cultura) não seriam o agente catalisador da fase atual da direitização do capitalismo, tal qual a crise deflagrada na segunda metade dos anos 1970 foi para sua gênese. Em busca de respostas, encontramos a interessante tese de Tonelo (2021) para quem o *crash* de 2008 abriu uma nova fase na dinâmica do capitalismo, com impactos no mundo do trabalho, nas lutas de classes e nas disputas ideológicas. O balanço que fazemos por ora é que longe de ter conduzido a morte do neoliberalismo — como parece sugerir Tonelo —, a nova dinâmica capitalista pós-2008 tem levado ao aprofundamento da ofensiva do capital por meio da adoção de novas medidas que dão continuidade e, até mesmo, acentuam aquelas estratégias usadas desde a segunda metade dos anos 1970 para deter ou reverter a queda da taxa de lucro (neoliberalismo, reestruturação produtiva e financeirização).

Para avaliar a correção da indagação sobre as conexões entre a crise do *subprime* e o aprofundamento do processo de direitização do capitalismo, três elementos devem ser investigados mais a fundo: (a) as transformações recentes no circuito da produção promovidas pela inserção das tecnologias de informação e comunicação (TICs) na esfera da produção e nas relações de trabalho — por meio da expansão do trabalho digital, *on-line* e de seus algoritmos, e o fenômeno denominado *uberização do trabalho* (ANTUNES, 2020) —, e as mutações ideológicas sobre os trabalhadores daí decorrentes; (b) o impacto das múltiplas iniciativas contrarreformistas do grande capital para responder à sua crise, adotadas desde 2008 — planos de austeridade, ajustes fiscais, medidas de avanço das contrarreformas do trabalho, da previdência etc. —, nas disputas entre as forças/partidos e movimentos de direita (especialmente o fortalecimento da extrema-direita) e de esquerda (cujos dilemas se acentuam com a conversão dos governos social-democratas ao neoliberalismo);[7] e (c) a concorrência geopolítica entre os Estados Unidos e a China — que especialmente entre 2012 e 2013 emergiu como uma potência no cenário mundial (TONELO, 2021) e se tornou o principal adversário norte-americano no tabuleiro internacional —, com seus desdobramentos para a América Latina.

Mas há ainda um último elemento a ser considerado, que diz respeito à conexão entre o segundo momento da direitização do mundo e a propagação em vários âmbitos da vida social de um conservadorismo afinado com o ideário de uma extrema-direita: o aprofundamento da mercantilização da vida social em geral e, em especial, da instrumentalização mercantil da política até a sua conversão numa antipolítica ou numa política anticivilizatória (RODRIGUES; MOTA, 2021). Esses dois processos de mercantilização — da vida social e da política — remetem a um fenômeno que não é novo: a criação, a partir da Segunda Guerra Mundial, de um vasto e diversificado sistema de manipulação de informações, com o propósito de influir nos modos de viver e pensar cotidianos de homens e mulheres para se evitar as crises e assegurar a venda de mercadorias e os lucros dos monopólios (LUKÁCS, 2013). Todavia, a interferência na reprodução diária da vida dos indivíduos sociais dos grandes oligopólios na *web* — *Big Data* ou *Big Tech* —,[8] por meio do uso cada vez mais intenso de mercadorias de inteligência artificial — objetos com sensores e conectados em rede, capazes de controlar e de converter todos os aspectos da cotidianidade em apelos publicitários —, acentuou exponencialmente este poder manipulatório do capitalismo tardio (RODRIGUES; MOTA, 2021).[9]

---

7. É este o solo que parece nutrir o crescimento dos movimentos e partidos, e a ascensão de candidatos da extrema-direita (cf. RODRIGUES, 2022).

8. Atualmente, os cinco maiores oligopólios que vivem da extração e comercialização de dados que circulam na rede de computadores são norte-americanos: *Amazon, Google, Facebook, Apple* e *Microsoft*.

9. Provavelmente, a ilustração mais significativa desta exponenciação diga respeito à atuação mercantil do *Big Data* na esfera da política (EMPOLI, 2019). Um dado que em si nada tem de acidental, pois os oligopólios de extração de dados digitais são a base da promoção de

DIRETRIZES CURRICULARES E FORMAÇÃO EM SERVIÇO SOCIAL

Ao sinalizar que o giro do capitalismo para a direita fez emergir um novo conservadorismo, Cueva (1989) também nos ajuda a elucidar as raízes teóricas do pensamento que se fortalece com a crise de 2008. O *neoconservadorismo* a que ele se refere é aquele forjado pela geração de Daniel Bell e Irving Kristol, chamados *neocons* (NETO, 2020), pensadores norte-americanos que, entre os anos 1960 e 1970, ajudaram a dar uma unidade ideológica nos Estados Unidos para uma direita antiliberal[10] (SOUZA, 2013) e que, nos anos 1980, no decurso do governo neoliberal de Ronald Reagan, forneceram os subsídios teóricos para uma crítica conservadora (moralizadora) do *Welfare State* (NETO, 2020).

Não à toa, os traços do pensamento fortalecido mundialmente desde a crise das hipotecas americanas são muito semelhantes aos que peculiarizam o *neoconservadorismo* de Kristol e Bell. Tal como aqueles, o conservadorismo atual é marcado por: um forte antimodernismo e irracionalismo (derivados do tributo que se pretende fazer às ideias de Edmund Burke, pai do conservadorismo moderno); um hibridismo ideológico, resultante de uma síntese de distintas ideologias conservadoras — monetarismo de Hayek, anticomunismo e fundamentalismo

---

um exacerbado relativismo cultural, cujo poder de dissolver a noção de verdade objetiva tem levado à especulação acerca da constituição de uma era da pós-verdade (D'ANCONA, 2018; KAKUTANI, 2018), marcada pela ascensão da nova direita e pela disseminação da desinformação (*fake news*), de ideias de negacionismo científico, discriminatórias, racistas, machistas e pró-fascistas — expressões de uma política anticivilizatória que tem o ódio e o reacionarismo como combustíveis (RODRIGUES; MOTA, 2021).

10. Vale ressaltar que, sem deixar de ser um dos principais elementos de distinção com a velha direita norte-americana, a posição política antiliberal não desaguou em uma rejeição completa do pensamento liberal. Mesmo se afirmando antiliberal, a nova direita assimilou algumas ideias liberais e rechaçou outras: incorporou a defesa da liberdade do mercado e do individualismo, mas condenou o conteúdo racional e a secularização do pensamento liberal. Para este conservadorismo que valoriza a tradição e a religiosidade, o liberalismo lhe parece responsável por produzir um certo niilismo moral. Tanto é assim que Irving Kristol, em sua autobiografia, mostra que as pautas em prol da libertação sexual e da mulher — que foram fortes na agenda política de organizações e agremiações políticas identificadas com o liberalismo nos Estados Unidos dos anos 1960 a 1980 — receberam duras críticas dos *neoconservadores* que as acusaram de impedir que a mulher exercesse seu papel de mãe e esposa, ocasionando, assim o enfraquecimento da família (KRISTOL, 2003, p. 152).

religioso ou neotradicionalismo (MIGUEL, 2019) —; e o ataque a pautas e bandeiras de lutas que, erigidas entre 1957 a 1975, confrontam o horizonte cultural e os valores da sociedade burguesa ocidental alicerçados no trabalho, na família tradicional burguesa patriarcal heteronormativa e branca.[11]

Todavia, vale destacar que estamos diante de uma versão mais exacerbada do pensamento *neoconservador* que lhe serviu de matriz teórica, pois quando comparamos o pensamento dos *neocons* com divulgadores da ideologia da extrema-direita das duas primeiras décadas dos anos 2000, não encontramos nos primeiros o conteúdo neofascista, que é límpido no pensamento dos que são representativos do *neoconservadorismo* contemporâneo: Olavo de Carvalho ou Walter Block, membro sênior do Instituto Von Mises.

Estamos indubitavelmente diante de uma variante nova do *neoconservadorismo*: variante neofascista, que tem buscado de forma consciente e clara se colocar como porta voz dos descontentamentos populares (dos trabalhadores) contra o *status quo*.

Hipótese a exigir maior debate e estudo é a de que esse neofascismo esteja cumprindo nas lutas de classes o papel de buscar dar legitimidade a um projeto neoliberal draconiano (batizado por muitos de ultraneoliberalismo), ou seja, de tornar palatável o modo de ser bárbaro do capitalismo no pós-crise de 2008, que, para reverter ou deter a queda da taxas de lucro, tem de erodir os valores e as conquistas civilizatórias modernos que se tornaram um obstáculo ao avanço da sua ofensiva ainda mais destrutiva sobre o mundo do trabalho, o meio ambiente e os direitos sociais (RODRIGUES, 2021a).

---

11. Estas lutas que são próprias dos *longos anos 1960* (cf. nota de rodapé n. 129), ao indicarem a urgência de alterar as relações sociais de gênero, de gerações, de raças e de povos/nações, exigiram que o projeto socialista revolucionário incorporasse novas demandas democráticas (o que Lukács denominou de uma nova democracia) irrealizáveis dentro dos limites da democracia em sua forma burguesa e também da democratização experimentada, até então, nos países de socialismo real (RODRIGUES, 2016).

Violência contra mulheres, povos indígenas, população negra e LGBTQIA+: passado e presente da formação social brasileira

Pretendemos dialogar nesta seção acerca da indissociabilidade entre as relações heteropatriarcal, étnico-racial e o capitalismo na constituição da sociedade brasileira e, ao mesmo tempo, apontar a violência como um elemento persistente em nossa formação sócio-histórica. É importante atentarmos para aspectos do passado da história do país que se mantêm no presente, reatualizando as heranças conservadoras no plano econômico, político e cultural da formação brasileira. O Brasil é um país que tem raízes na escravização, no colonialismo e no patriarcalismo, uma sociedade marcada, desde o período colonial, pela dependência e subserviência à acumulação do capital dos países centrais. As marcas de subordinação e dependência ao mercado mundial, embora com diferentes configurações em cada momento histórico, estiveram e estão presentes na sociedade brasileira (IANNI, 1989).

Ao ressaltar o caráter autocrático do Estado brasileiro como fenômeno político permanente, Florestan Fernandes (2006) nos alerta sobre a centralidade do autoritarismo[12] na nossa formação. Fundado na relação de exploração, opressão e violência, o capitalismo no Brasil está imbrincado com o racismo e com as relações heteropatriarcais. Nessa ótica de análise, a violência é uma marca permanente da formação social brasileira, fazendo parte da velha política, da dominação de classes, da força e do monopólio estatal da violência, e da exploração dos meios de produção e das relações sociais.

Isso porque a violência, tal qual demonstra Engels (2016) no livro *O papel da violência na história*, não é produto de um ato político; ao

---

12. Florestan afirma que tal conceito é um tanto "ambíguo" e "plurívoco", e que pode haver um certo uso abusivo do conceito de autoritário e autoritarismo, pois ocorre uma tendência de confusão sistemática que classifica "regime autoritário" como sendo uma "democracia forte", o "regime soviético" sendo posto no "mesmo saco" do totalitarismo e que o conceito não é fundamentado nas relações de poder como deveria ser (FERNANDES, 2006).

contrário, ela é o resultado, a consequência, das relações de produção ou da economia, entendida nos termos que Marx buscou apontar em sua crítica da economia política: como produção da vida material, base da organização da sociedade, da vida social como um todo.

Na maioria das vezes, a violência é instrumentalizada por determinada elite a seu favor. Se a produção da vida material na sociedade burguesa é a base da violência, devemos considerar que com seu desenvolvimento ela vai se estruturando como elemento mais definidamente relacionado à desigualdade, às classes sociais e às relações heteropatriarcais de gênero e raça-etnia.

Clóvis Moura contribui para a compreensão da formação da sociedade brasileira através de uma contradição fundamental: a relação entre senhores e escravos. Assim, ele elucida como as relações de produção no Brasil têm por base o racismo "como um conteúdo de dominação, não apenas étnico, mas também ideológico e político" (MOURA, 1994, p. 28).

Desde a sua constituição no final do século XIX, o Estado brasileiro em sua forma burguesa assumiu um caráter autocrático, quer dizer, prevaleceram soluções autoritárias por parte da burguesia em seu movimento de respostas às crises econômicas, sociais e políticas. Portanto, vários são os momentos da história do país marcados por autoritarismo, violência e preconceito, mas também o são pelas lutas de resistência à opressão e à concentração de poder, na busca por democracia, resultantes da operação das lutas de classes em dadas condições sociais e políticas.

A aparição do neofascismo no plano internacional no pós-2008 e sua incidência na sociedade brasileira desde as jornadas de junho em 2013 até a vitória eleitoral de Bolsonaro acentuaram as marcas autoritárias, violentas e preconceituosas de nossa formação. Pois vejamos: tomando por base dados de órgãos oficiais do Estado brasileiro e de entidades da sociedade civil dos anos de 2019 e 2020, o *Barômetro de Alerta sobre a situação dos Direitos Humanos no Brasil de 2020,* documento elaborado pela Coalizão Solidariedade Brasil (2021), concluiu que nos dois primeiros anos do mandato presidencial de Jair Messias

Bolsonaro, aumentaram a desigualdade, a violência e as violações contra segmentos historicamente excluídos, como mulheres, populações negras, LGBTQIA+, indígenas, camponeses e habitantes das periferias. Impossível negar a conexão entre a deterioração dos Direitos Humanos e da justiça social que o referido documento denuncia, e a ascensão da extrema-direita e da sua ideologia neofascista após as eleições presidenciais de 2018, pois ela é comprovada numericamente.

De acordo com o citado *Barômetro*, a violência contra as mulheres, legitimada por discursos e representações sexistas divulgados pelo governo, só aumentou. Em 2019, três em cada dez mulheres sofreram algum tipo de violência e 1.326 feminicídios foram registrados no Brasil, representando um aumento de 7,1% em comparação com 2018. Além disso, a questão racial foi um elemento marcante nos casos de feminicídio desse ano, pois 66,6% das vítimas desse tipo de crime eram mulheres negras.

Dado apresentado no aludido documento como expressão maior do racismo estrutural[13] contra populações negras e periféricas é o perfil das vítimas da violência policial. Ao indicar que houve aumento de 6% no número de pessoas mortas pela polícia no primeiro semestre de 2020 no Brasil, em comparação com o primeiro semestre de 2019, o *Barômetro* aponta que, em média, 79,1% dos mortos em 2019 durante as intervenções policiais eram pretos. O racismo também esteve presente na morte de policiais, pois 65% dos agentes de segurança mortos eram negros, mesmo sendo mais da metade, cerca de 55% da força policial no Brasil majoritariamente formada por pessoas brancas (COALIZÃO SOLIDARIEDADE BRASIL, 2021).

O *Dossiê de mortes e violências contra LGBTQI+ no Brasil* de 2022, elaborado pela ONG Observatório de Mortes e Violência LGBTI no Brasil, denuncia que durante 2022 ocorreram 273 mortes LGBT de

---

13. Para Almeida (2018), o racismo estrutural não é um ato ou um conjunto de atos, tampouco se resume a um fenômeno restrito às práticas institucionais; é, sobretudo, um processo histórico e político em que as condições de subalternidade mostram, de forma clara, as classes subalternas sendo uma parte da sociedade que é submetida às margens pela classe dominante/hegemônica, encontrando-se em mãos que as exploram e oprimem constantemente.

forma violenta no país. Dessas mortes, 228 foram assassinatos, 30 suicídios e 15 outras causas (OBSERVATÓRIO DE MORTES E VIOLÊNCIA LGBTI NO BRASIL, 2022). Entre as diversas violências praticadas nesse ano contra a população LGBTQI+ identificadas pelo citado *Dossiê*, estão desde agressões físicas e verbais até negativas de fornecimento de serviços e tentativas de homicídio. De acordo com o dito documento, no universo das 273 pessoas LGBTQI+ assassinadas em 2022, 159 eram travestis e mulheres trans, 97 eram gays, 91 vítimas eram pretas e pardas e tinham entre 20 a 29 anos; 74 mortes se deram por arma de fogo, 48 por esfaqueamento e 18 por suicídio, e foi no Nordeste que a maioria das mortes (118) ocorreu, quase o dobro das que se deram no Sudeste (71 mortes). Todas essas violências contra LGBTQI+ foram perpetradas em diferentes ambientes — doméstico, via pública, cárcere, local de trabalho etc.

Em 2022, a cada 32 horas, no Brasil, foi assassinado um LGBTQI+. Nosso país é um dos que mais matam a população de travestis e transexuais; somos, infelizmente, o campeão no *ranking*. E o cenário geral de violência contra lésbicas, gays, bissexuais, travestis, mulheres e homens trans, pessoas transmasculinas, não binárias e demais dissidências sexuais e de gênero pouco mudou em relação a medidas efetivas de enfrentamento da LGBTfobia por parte do Estado, que não tem sido apenas omisso, pois é também um agente direto de diversas violações e violências contra essas pessoas.

Elaborado pelo Gabinete de Transição da Presidência da República do terceiro mandato de Luiz Inácio Lula da Silva, o *Relatório final* (BRASIL, 2022) nos informa que no primeiro semestre de 2022, o Brasil bateu recorde de feminicídios, registrando cerca de 700 casos no período. Ainda de acordo com o referido *Relatório final*, em 2021, mais de 66 mil mulheres foram vítimas de estupro; mais de 230 mil brasileiras sofreram agressões físicas por violência doméstica. Embora todas as mulheres estejam expostas a essas violências, o citado *Relatório final* evidencia o caráter racista desse fenômeno: as mulheres negras são 67% das vítimas de feminicídio e 89% das vítimas de violência sexual.

DIRETRIZES CURRICULARES E FORMAÇÃO EM SERVIÇO SOCIAL

Além disso, no governo Bolsonaro, o feminicídio foi gravemente intensificado pela flexibilização da posse e do porte do uso de armas. De 2019 a março de 2022, mais de 400 mil novas armas de fogo foram registradas no país, segundo dados da Polícia Federal. Desse total, mais de 96% estão em nome de homens e 4% em nome de mulheres. Segundo o Fórum Brasileiro de Segurança Pública, quando consideramos que mais da metade dos casos de violência contra as mulheres são cometidos por companheiros, ex-companheiros, pais ou padrastos e dentro de casa, podemos dizer que isso eleva tanto o grau de escala de opressão, silenciamento e repressão sobre as mulheres, como o grau de letalidade dos homens sobre elas (BRASIL, 2022, p. 26).

Recolhendo dados do antedito Fórum, o *Relatório final* alerta que a violência contra negros e negras é uma das expressões mais cruéis do racismo, infelizmente comprovada por meio dos seguintes dados: 75% das vítimas da violência letal no Brasil são negras; jovens negros morrem mais que jovens brancos; policiais negros, embora constituam 37% do efetivo da corporação, são a porção maior de agentes de segurança assassinados; mulheres negras são vítimas de assassinato e assédio mais do que as brancas (BRASIL, 2022). Ademais, o documento formulado pelo Gabinete de Transição elucida que as políticas de promoção da igualdade racial sofreram severos retrocessos durante o governo Bolsonaro, efetivados por vários meios: estrangulamento orçamentário; desmonte de estruturas executivas e colegiadas relativas à temática; descumprimento de dispositivos legais; descontinuidade de programas; ausência de monitoramento das ações; e desarticulação de agendas intersetoriais.

Com relação ao orçamento, houve uma drástica redução de 93% desde 2015, o que reflete um processo mais amplo (porque remete ao governo anterior ao de Bolsonaro) de esvaziamento orçamentário das políticas de promoção da igualdade racial no conjunto das ações relacionadas à temática, em diferentes órgãos e entes da Administração Pública Federal.

Entre os principais cortes, destacam-se a redução no programa de regularização fundiária de territórios quilombolas pelo Instituto Nacional de Colonização e Reforma Agrária (Incra), o estrangulamento das ações finalísticas da Fundação Cultural Palmares e as previsões irrisórias para a implantação do Sistema Nacional de Promoção da Igualdade Racial (Sinapir).

O desmonte orçamentário é também político. A antiga Secretaria de Políticas de Promoção para a Igualdade Racial (Seppir) foi rebaixada para a condição de secretaria nacional dentro do Ministério da Mulher, da Família e dos Direitos Humanos (MMFDH), com o consequente enfraquecimento das estruturas institucionais dedicadas à gestão do setor. Balanço geral do percurso de programas e ações em curso nos últimos anos aponta que dos 18 programas/ações componentes do repertório prioritário da Seppir em 2015, seis foram descontinuados, cinco desmantelados, seis enfraquecidos e um deles não passou por qualquer aprimoramento (BRASIL, 2022).

Também houve um aumento de invasões e ataques contra comunidades e lideranças indígenas, e o acirramento de conflitos refletidos em seus territórios e na ofensiva contra os direitos constitucionais dos povos originários durante o governo Bolsonaro. É o que aponta o *Relatório Violência contra os povos indígenas no Brasil — dados de 2021*, publicação anual do Conselho Indigenista Missionário (CIMI). A consequência dessa postura foi o aumento, pelo sexto ano consecutivo, dos casos de "invasões possessórias, exploração ilegal de recursos e danos ao patrimônio". Em 2021, o CIMI registrou a ocorrência de 305 casos do tipo, que atingiram pelo menos 226 Terras Indígenas (TIs) em 22 estados do país. No ano anterior, em 2020, ocorreram 263 casos de invasão que afetaram 201 terras em 19 estados. A quantidade de casos em 2021 é quase três vezes maior do que a registrada em 2018, quando foram contabilizados 109 invasões. Em seu terceiro ano, o governo de Jair Bolsonaro manteve a diretriz de paralisação das demarcações de terras indígenas e a omissão completa em relação à proteção das terras já demarcadas. Se, do ponto de vista da política indigenista oficial, essa postura representou continuidade em relação aos dois anos anteriores, do ponto de vista dos povos ela representou o agravamento de um cenário que já era violento e estarrecedor.

Em relação aos casos de "Violência contra a Pessoa", sistematizados no segundo capítulo do *Relatório Violência contra os povos indígenas no Brasil* (CIMI, 2021), foram registrados os seguintes dados: abuso de poder (33); ameaça de morte (19); ameaças várias (39); assassinatos (176); homicídio culposo (20); lesões corporais dolosas (21); racismo e discriminação étnico-cultural (21); tentativa de assassinato (12); e violência sexual (14). Os registros totalizam 355 casos de violência contra pessoas indígenas em 2021, maior número registrado desde 2013, quando o método de contagem dos casos foi alterado. Em 2020, haviam sido catalogados 304 casos do tipo. Os estados que registraram maior número de assassinatos de indígenas em 2021, segundo dados do Sistema de Informações sobre Mortalidade (SIM) e de secretarias estaduais de saúde, foram Amazonas (38), Mato Grosso do Sul (35) e Roraima (32). Os três estados também registraram a maior quantidade de assassinatos em 2020 e em 2019. É necessário reconhecer que as violências praticadas contra indígenas, tal como aquela que se dirige contra negros e negras, são sustentadas no que Almeida (2020) chama de racismo estrutural.[14]

Para Chaui (2001), toda violência age contra a liberdade, contra a vontade e contra a espontaneidade do ser violentado, uma vez que brutaliza, coage, constrange e viola sua natureza, tratando seres racionais e sensíveis como objetos a serem manipulados pela intimidação, pelo medo e pelo terror.

A referida autora nos ajuda a compreender o fenômeno da violência no Brasil por meio da categoria autoritarismo, configurada como concentração de poder pelo Estado e de uso corrente na ciência política, apresenta-se em contraposição à democracia (CHAUI, 2021).

Nessa perspectiva, a ideia de autoritarismo é remetida à relação estabelecida entre Estado e sociedade, sendo materializada por dada forma de governo que é adotada em determinado contexto e em contraposição à democracia. Mas o autoritarismo é mais do que isso, porque, de acordo com Chaui (2001), ele tem como substrato as desigualdades sociais que se apresentam de maneira hierarquizada, acentuadas pelo capitalismo selvagem, tendo como base a matriz senhorial e escravista da nossa formação social. Ademais, para além

---

14. Cf. o conteúdo da nota de rodapé anterior.

do autoritarismo como fenômeno político estatal — já que é elemento que constitui o Estado ao longo da história —, devemos considerar sua presença também na sociedade brasileira; seu corolário é o preconceito, os valores conservadores, as relações de mando e a obediência.

A compreensão crítica de uma sociedade burguesa e dependente marcada pelo racismo e por relações heteropatriarcais como a nossa deve ser buscada em uma análise da produção e da reprodução das relações sociais, étnico-raciais e capitalistas. Tais relações sociais representam relações de produção, que "continuam a operar e a se manifestar sob suas três formas canônicas: exploração, dominação e opressão" (KERGOAT, 2010, p. 75), existindo nelas disputas materiais e ideológicas.

Consideramos que capitalismo, racismo e heteropatriarcado são sistemas indissociáveis e consubstancias, isto é, esses sistemas não funcionam separadamente, nem se articulam apenas no plano da cultura, pois se estruturam através da produção material da vida, na imbricação entre exploração/opressão. Ademais, essa indissociabilidade contribui para fazer da violência um elemento estrutural da sociedade brasileira, elemento que remete ao passado da nossa formação, e é reatualizado em um contexto de aprofundamento da crise do capital e de ascensão de forças da extrema-direita.

Conclusão

Uma das faces da barbárie do capitalismo contemporâneo é o aumento no mundo inteiro, na entrada do século XXI, de discursos e práticas xenófobas, racistas, homofóbicas, machistas, misóginas, parte delas redundando em mortes violentas. Este fenômeno pode ser tratado como o efeito prático de um novo conservadorismo, reacionário e neofascista, ideologia de uma extrema-direita que vem ascendendo em vários países e regiões do planeta desde a crise do *subprime* de 2008.

Mészáros (2002) já havia alertado sobre a nova direção bárbara e mais destrutiva que a acumulação de capital assumira desde a crise dos anos 1970. Vimos que foi Agustín Cueva quem explorou com brilhantismo as conexões entre a crise estrutural do capital, a direitização do mundo capitalista e o nascimento de um novo conservadorismo desde então. Porém, a propagação na atualidade de ideias que naturalizam a barbárie por um número cada vez maior de *podcasters*, *youtubers* e blogueiros é um fenômeno novo que está a exigir maior investimento de pesquisa.

Aqui a relacionamos com o *crash* de 2008, partindo da hipótese de que a crise das hipotecas imobiliárias nos Estados Unidos descortinou uma nova dinâmica na acumulação capitalista, marcada pela amplificação e intensificação da ofensiva do grande capital sobre o mundo do trabalho, as políticas sociais, a preservação ambiental e a cultura.

É neste solo que nasce uma versão mais radicalizada, neofascista, do *neoconservadorismo*. Todavia, buscamos demonstrar também que a barbárie não é um elemento recente em nossa formação social. Ao contrário, ele se revela um ingrediente persistente e de peso em nossa história, quando efetuamos a leitura da formação social do Brasil sob a ótica da violência que se exerceu (e ainda se exerce) contra os povos indígenas, negros, negras, mulheres, LGBTQIA+ e migrantes, oriundos dos segmentos da massa trabalhadora (sempre muito heterogênea e estratificada em seu interior).

A violência estrutural e permanente é uma categoria que permite visualizar a linha que costura os vários tempos da nossa história e mais: possibilita também desvelar como se entrelaçam numa só dominação política e exploração econômica o racismo, o patriarcado e o capitalismo. Há ainda muito o que investir na releitura da história do Brasil a partir deste prisma.

Empreendida com a preocupação de entender a face de hoje do conservadorismo, a releitura da história do Brasil aqui proposta tem o potencial de nos ajudar a elucidar não só o nosso passado, mas também as potencialidades futuras da propagação em nosso país desse *neoconservadorismo* de versão neofascista. Pois se é certo que essa nova variante do *neoconservadorismo* defende muitos dos elementos reivindicados pelo conservadorismo clássico — a tradição, a experiência, o preconceito, a ordem, a hierarquia, a autoridade (BARROCO, 2015) —, sua funcionalidade ideológica só pode ser compreendida mediante uma crítica da dinâmica do capitalismo contemporâneo que permita elucidar a batalha das ideias num contexto de ofensiva de um projeto neoliberal draconiano, que guarda muitas conexões com traços deletérios da nossa formação social (relações patriarcais, autoritárias, autocráticas e religiosas), e que teria grande potencial para reafirmar uma moral conservadora à brasileira — tal como sugere Bonfim (2015).

Investigar a pertinência da hipótese de um conservadorismo moral à brasileira e do seu reforço com o recrudescimento da crise do capital nas primeiras décadas do século XXI nos parece ser um caminho fecundo para compreender as razões da capilaridade entre os subalternos do projeto bolsonarista de defesa da ordem social, em termos majoritariamente moralizantes, expresso na defesa da preservação "da supremacia do macho, do casamento monogâmico (com a subordinação da mulher-dona de casa ao pai de família) e da autoridade policial" (BARROCO, 2022, p. 19).

Porém, o aprofundamento da reflexão sobre o potencial de enraizamento do neofascismo no Brasil exige mais: requer que sejam identificadas também as formas de resistência à violência contra mulheres, povos indígenas, negros e negras e LGBTQIA+, e se faça o balanço de suas potencialidades e limites. Afinal, se é verdade que o autoritarismo, a violência e o preconceito são elementos persistentes da formação social do país, igualmente o são as insurgências e as lutas populares em prol da democracia e contra as injustiças e desigualdades sociais. Cabe aos docentes, aos pesquisadores, aos estudantes e aos profissionais da área do Serviço Social conhecê-las para fortalecê-las.

REFERÊNCIAS

ALMEIDA, Silvio. *O que é racismo estrutural?* Belo Horizonte: Letramento, 2020.

ALVES, Maria Elaene Rodrigues. *História de um tempo sem memória*: resistências das mulheres do Serviço Social na ditadura de 1964-1985. Uberlândia: Navegando, 2022.

ANTUNES, Ricardo (org.). *Uberização, trabalho digital e indústria 4.0*. São Paulo: Boitempo, 2020. Livro eletrônico.

BALDAIA, Fabio Peixoto Bastos Baldaia; ARAÚJO, Tiago Medeiros; ARAÚJO, Sinval Silva. "O bolsonarismo e o Brasil profundo: notas sobre uma pesquisa". *In*: ENCONTRO DE ESTUDOS MULTIDISCIPLINARES EM CULTURA, 17., 2021, Salvador. *Anais* [...]. Salvador, jul. 2021.

BARROCO, Maria Lúcia Silva. Barbárie e neoconservadorismo: os desafios do projeto ético-político. *Serviço Social & Sociedade*, São Paulo: Cortez, n. 106: Conservadorismo, lutas sociais e Serviço Social, 2011.

BARROCO, Maria Lúcia Silva. Não passarão! Ofensiva neoconservadora e Serviço Social. *Serviço Social & Sociedade*, São Paulo: Cortez, n. 124, 2015.

BARROCO, Maria Lúcia Silva. Direitos humanos, neoconservadorismo e neofascismo no Brasil contemporâneo. *Serviço Social & Sociedade,* São Paulo: Cortez, n. 143, 2022.

BONFIM, Paula. *Conservadorismo moral e Serviço Social*. Rio de Janeiro: Lumen Juris, 2015.

BRASIL. Gabinete de Transição Governamental. *Relatório final*. Brasília, dez. 2022.

CASIMIRO, Flávio Henrique. *A nova direita*: aparelhos de ação política e ideológica no Brasil contemporâneo. São Paulo: Expressão Popular, 2018.

CHAUI, Marilena. *Brasil:* mito fundador e sociedade autoritária. São Paulo: Fundação Perseu Abramo, 2001.

CIMI. *Relatório Violência contra os povos indígenas no Brasil*: dados de 2021. Brasília, 2021.

COALIZÃO SOLIDARIEDADE BRASIL. *Barômetro de alerta*: sobre a situação dos Direitos Humanos no Brasil em 2020. [*S. l: s. n.*]: jan. 2021.

COUTINHO, Carlos Nelson. *O estruturalismo e a miséria da razão*. São Paulo: Expressão Popular, 2010.

CUEVA, Agustín (org.). *Tempos conservadores:* a direitização no Ocidente e na América Latina. São Paulo: Hucitec, 1989.

D'ANCONA, Matthew. *Pós-verdade:* a nova guerra contra fatos em tempos de fake news. Barueri: Faro Editorial, 2018.

DELPHY, Cristine. Patriarcado. *In*: HIRATA, Helena *et al*. (org.). *Dicionário crítico do feminismo*. São Paulo: Fundação Editora da Unesp, 2009.

EMPOLI, Giuliano da. *Os engenheiros do caos*. São Paulo: Vestígio, 2019. Livro eletrônico.

ENGELS, Friedrich. *O papel da violência na história*. São Paulo: Edições Iskra, 2016.

ESCORSIM NETTO, Leila. *O conservadorismo clássico*: elementos de caracterização e crítica. São Paulo: Cortez, 2011.

FERNANDES, Florestan. *A revolução burguesa no Brasil*: ensaio de interpretação sociológica. 3. ed. Rio de Janeiro: Guanabara, 2006.

FERNANDES, Florestan. *Brasil em compasso de espera, pequenos escritos políticos*. Rio de Janeiro: Editora UFRJ, 2011.

HARVEY, David. *O neoliberalismo*: história e implicações. São Paulo: Edições Loyola, 2013.

IAMAMOTO, Marilda V. *O Serviço Social na contemporaneidade:* trabalho e formação profissional. São Paulo: Cortez, 1998.

IAMAMOTO, Marilda V. *Renovação e conservadorismo no Serviço Social:* ensaios críticos. 12. ed. São Paulo: Cortez, 2013.

IAMAMOTO, Marilda V.; CARVALHO, Raul. *Relações sociais e Serviço Social no Brasil*. 17. ed. São Paulo: Cortez, 2015.

IANNI, Octavio. *A ditadura da Grande Capital*. Rio de Janeiro: Civilização Brasileira, 1989.

KAKUTANI, Michiko. *A morte da verdade*: notas sobre a mentira na era Trump. Rio de Janeiro: Intrínseca, 2018.

KERGOAT, Danièle. Dinâmica e consubstancialidade das relações sociais. *Novos Estudos Cebrap,* São Paulo: Cebrap, n. 86, mar. 2010.

KRISTOL, Irving. *Neoconservadorismo*: autobiografia de uma ideia. Lisboa: Quetzal Editores, 2003.

LUKÁCS, Gyorgy. *Para uma ontologia do ser social II*. São Paulo: Boitempo, 2013.

LUKÁCS, Gyorgy. *A destruição da razão*. São Paulo: Instituto Lukács, 2020.

MARX, Karl; ENGELS, Friedrich. *A ideologia alemã*. São Paulo: Boitempo, 2007.

MATTOS, Marcelo Badaró. *Governo Bolsonaro*: neofascismo e autocracia burguesa no Brasil. São Paulo: Usina Editorial, 2020.

MÉSZÁROS, István. *Para além do capital*: rumo a uma teoria da transição. São Paulo: Boitempo, 2002.

MIGUEL, Luis Felipe. *O colapso da democracia no Brasil*: da Constituição ao golpe de 2016. São Paulo: Fundação Rosa Luxemburgo/Expressão Popular, 2019.

MOTA, Ana Elizabete; RODRIGUES, Mavi. Legado do Congresso da Virada em tempos de conservadorismo reacionário. *Katálysis*, Florianópolis, v. 23, n. 2, p. 199-212, maio/ago. 2020.

MOURA, Clóvis. O racismo como arma ideológica de dominação. *Revista Princípios*, São Paulo, n. 34, p. 28-38, 1994.

NETTO, José Paulo. Transformações societárias e Serviço Social: notas para uma análise prospectiva da profissão no Brasil. *Serviço Social & Sociedade*, São Paulo: Cortez, ano 17, n. 50, 1996.

NETTO, José Paulo. *Ditadura e Serviço Social*: uma análise do Serviço Social no Brasil pós-64. 17. ed. São Paulo: Cortez, 2015.

NETTO, José Paulo; BRAZ, Marcelo. *Economia política*: uma introdução crítica. São Paulo: Cortez, 2010.

NETO, Roberto Moll. Neoconservadorismo nos Estados Unidos da América: as ideias de Irving Kristoll e a experiência política no governo de Ronald Reagan (1981-1989). *Revista de História*, São Paulo, n. 179, 2020.

OBSERVATÓRIO DE MORTES E VIOLÊNCIA LGBTI NO BRASIL. *Dossiê de mortes e violências contra LGBTQI+ no Brasil*. Jan. 2022. Disponível em: https://observatoriomorteseviolenciaslgbtibrasil.org/dossie/mortes-lgbt-2022/. Acesso em: 30 maio 2023.

RODRIGUES, Mavi. Longos anos 1960 de CNC: a renovação do marxismo e 1968. *In*: BRAZ, Marcelo; RODRIGUES, Mavi (org.). *Cultura, democracia e socialismo*: as ideias de Carlos Nelson Coutinho em debate. Rio de Janeiro: Mórula, 2016.

RODRIGUES, Mavi. Serviço Social em tempos de conservadorismo reacionário: contribuições para análise. *In*: CONSELHO Regional de Serviço Social de Pernambuco (org.). *Crise capitalista, Serviço Social e realidade brasileira*: reflexões e perspectiva no contexto da pandemia. Recife: Editora da UFPE, 2021a. Livro eletrônico.

RODRIGUES, Mavi. *Assistência social, precariedade do trabalho e financeirização*: resultados teóricos provisórios. Relatório de pós-doutorado realizado na Universidade Federal de Pernambuco, abr. a set. 2021. Lisboa, out. 2021b.

RODRIGUES, Mavi. *O risco da recidiva assistencial no Serviço Social, Brasil e Portugal*: resultados teóricos provisórios. Relatório de pós-doutorado realizado na Universidade Lusíada de Lisboa, out. 2021 a abr. 2022. Rio de Janeiro, mar. 2022.

RODRIGUES, Mavi; MOTA, Ana Elizabete. Ultraconservadorismo, política anticivilizatória e luta de classes. *In*: SIMPÓSIO INTERNACIONAL LUTAS SOCIAIS NA AMÉRICA LATINA, VI, 2021, Londrina. *Anais* [...]. Londrina: UEL, 2021.

SAFFIOTI, Heleieth Iara Bongiovani. *O poder do macho*. 4. ed. São Paulo: Editora Moderna, 1987.

SANTOS, Josiane. *Neoconservadorismo pós-moderno e Serviço Social brasileiro*. São Paulo: Cortez, 2007.

SOUSA, Rodrigo Farias de. *William F. Buckley Jr., National Review e a crítica conservadora ao liberalismo e os direitos civis nos EUA, 1955-1968*. 2013. Tese (Doutorado em História) — Programa de Pós-Graduação em História, Universidade Federal Fluminense, Niterói, 2013. Disponível em: https://app. uff.br/riuff/handle/1/184. Acesso em: 5 jul. 2021.

SOUZA, Jamerson Murillo Anunciação de. *Tendências ideológicas do conservadorismo*. Recife: Editora UFPE, 2020. Livro eletrônico.

TONELO, Iuri. *No entanto, ela se move*: a crise de 2008 e a nova dinâmica do capitalismo. São Paulo: Boitempo; Iskra, 2021.

CAPÍTULO 8

A transversalidade da ética na formação e no exercício profissional

Valdenízia Bento Peixoto

> A academia não é o paraíso, mas o aprendizado, é um lugar onde o paraíso pode ser criado [...]. Nesse campo de possibilidades, temos a oportunidade de trabalhar pela liberdade, exigir de nós e de nossos camaradas uma abertura da mente e do coração que nos permite encarar a realidade ao mesmo tempo em que, coletivamente, imaginemos esquemas para cruzar fronteiras, para transgredir. Isso é a educação como prática da liberdade (bell hooks, *Ensinando a transgredir*, 2017, p. 273).

Introdução

Os estudos dos fundamentos da ética profissional em Serviço Social alcançaram, nas últimas décadas, a maturidade teórica que versa tanto sobre a dimensão filosófica quanto o aprofundamento dos elementos históricos, políticos, sociais e culturais que atravessam o cotidiano. A partir disso, pode-se inferir que os fundamentos da ética em Serviço Social não se encerram no caráter ontológico dela, mas percorre cada demanda do exercício profissional disposto nos mais diversos campos de atuação.

O Serviço Social, por décadas, buscou um aprimoramento das dimensões que compõem o estudo da ética, no intuito de melhor subsidiar as intervenções profissionais. Com isso, foi possível construir e desenvolver códigos de éticas que correspondessem à necessidade de cada momento histórico da profissão, condizendo à conjuntura em que o país estava imerso.

Atualmente, a partir das vastas produções sobre o tema e da maturação teórico-metodológica, ético-política e técnico-operativa, é possível, com facilidade, olhar para trás e analisar criticamente a gênese de um Serviço Social moralista, conservador e punitivista, conforme se apresenta nos códigos de ética de 1947, 1965 e 1975. Porém, para não incorrer numa crítica anacrônica, é importante ressaltar que em cada etapa o que estava em disputa era a busca de superação dos limites de cada período, bem como o avanço rumo a uma identidade profissional mais técnica (num primeiro momento) e, depois, sintonizada com as demandas da classe trabalhadora, ética e politicamente.

Desse modo, percorrer os caminhos desenvolvidos pelos estudos da ética em Serviço Social é imergir na própria história da profissão, considerando suas contradições, os avanços dos diálogos promovidos pelas entidades representativas da categoria, o conjunto CFESS/CRESS, a ABEPSS e a entidade estudantil ENESSO, as produções bibliográficas que envolvem a temática, as políticas e as normativas que abordam o trabalho profissional em diversos campos de atuação e, sobretudo, o progresso em pautas que ainda são um tanto nevrálgicas na sociedade, as quais carecem de um posicionamento político e moral[1] da profissão, quais sejam, as questões que envolvem raça, gênero, sexualidades e direitos humanos.

---

1. Para Barroco (2006), o debate da moral é algo oposto ao moralismo. As objetivações morais são construtos sociais, ontológicos que tornam possíveis a mediação de valor entre as atividades humanas e que determinam normas e valores na sociedade. Já o moralismo é a condição de alienação da moral, recheada de preconceitos e juízos provisórios.

DIRETRIZES CURRICULARES E FORMAÇÃO EM SERVIÇO SOCIAL

O ensino dos fundamentos da ética profissional, embora seja algo consolidado nas Diretrizes Curriculares da ABEPSS, assim como nos projetos pedagógicos dos cursos, é importante que esteja sistematicamente atualizado com questões contemporâneas que implicam um posicionamento ético-político profissional. Além disso, o ensino sobre ética profissional não deve estar restrito a um componente curricular específico, mas percorrer transversalmente toda a grade curricular, assim como permanecer explícito e objetivado em toda formação acadêmica, subsidiando a compreensão de discentes nos campos de estágio, nas pesquisas e nas atividades de extensão. Portanto, pensar os estudos, as pesquisas, as produções bibliográficas e as diversas dimensões que compõem o tema da ética em Serviço Social é compreender a inexorabilidade dela diante de uma profissão com demandas contraditórias e inserida numa sociedade que impõe desafios, que põe à prova a todo momento o exercício profissional criticamente referenciado.

Neste capítulo, abordo, num primeiro momento, a trajetória do Projeto Ético-Político Profissional de Serviço Social, suas bases de estruturação política, histórica e filosófica, a construção do *éthos* profissional a partir de transformações, desenvolvimento e maturação da dimensão teórica que envolve o debate ético profissional. Além disso, a disputa de discurso da ética profissional entre um Serviço Social tradicional e funcionalista e um outro, com perspectivas de ruptura com esse modelo, com uma inserção orgânica nas organizações políticas de diversos movimentos sociais, destacadamente o sindical em meados dos anos de 1970 (ABRAMIDES, 2019). Este é um debate que transiciona, pelo menos, nos últimos 40 anos da profissão, perpassando um momento político do Brasil, em que estava instaurado um governo autocrático burguês, mas também, paralelamente a esse modelo político, tinha-se a força de diversos setores da sociedade construindo a resistência democrática.

Em seguida, apresento o debate da ética profissional inserido em elementos que constituem a formação e o exercício profissional, tais como o conteúdo das diretrizes curriculares, as publicações do conjunto CFESS/CRESS, as produções bibliográficas, fóruns acadêmicos e políticos da categoria, e demais meios de elaboração e produção de conteúdo ao longo dos últimos anos. Isso demonstra que a pauta da ética profissional não é conduzida pela categoria como algo facultativo ou prescindível. Tampouco, pode-se entender que, ao abordar as orientações das entidades (CFESS, CRESS, ABEPSS e ENESSO) sobre os componentes jurídicos e políticos da ética, estes estão sob uma prescrição unilateral e verticalizada. Ao contrário, as produções que há sobre ética em Serviço Social representam o acúmulo de anos de uma construção coletiva do projeto profissional, maturado e solidificado em componentes de diversas ordens.

Por fim, aponto algumas questões indispensáveis para a formação e o exercício profissional a partir de temas e pautas de movimentos sociais que exigem de discentes, docentes e da categoria em geral um pensamento crítico e uma ação sintonizada com o Projeto Ético-Político Profissional do Serviço Social. Não se trata de questões inéditas ou problemas nunca abordados, mas sim de fatos que acirraram nas últimas décadas e que precisam, continuamente, de uma diretriz crítica da profissão para que ideias obsoletas e obscurantistas, próprias do conservadorismo, não se sobressaiam.

Os temas a que me refiro reportam à matéria dos preconceitos relacionados aos sexismo, ao racismo, ao heterocispatriarcado e aos demais assuntos imbricados nessas formas de opressão. Assim, sendo os fenômenos cotidianos o substrato imprescindível para elaboração dos fundamentos ontológicos da ética, é indispensável abordá-lo de forma real, concreta, e que o pensamento ético não se confunda com quimeras. Mesmo que a prática cotidiana seja recheada de espontaneísmo, imediatismo, pragmatismo, ultragenalizações, juízos de valores moralistas e outros elementos típicos do cotidiano (HELLER, 2000), a função do conhecimento científico,[2] sua elaboração e reprodução, livre de preconceito, são a chave para confrontar o pensamento conservador

---

2. Aqui chamo atenção de um entendimento de que o conhecimento acadêmico-científico não se sobressai ao conhecimento das comunidades tradicionais, que embora na maioria das

DIRETRIZES CURRICULARES E FORMAÇÃO EM SERVIÇO SOCIAL

e da ruptura com a alienação. Portanto, fica nítido e necessário que a pedagogia ética esteja em sintonia com a práxis social libertária, sem romantismo ou fantasias, mas ciente de que o cotidiano nos impõe contradições e adversidades, mas só e exclusivamente através dele é que também conseguimos, paradoxalmente, construir os meios de superação dessa condição.

A trajetória ético-política do Serviço Social na construção do projeto profissional

O debate da ética em Serviço Social ganha terreno numa perspectiva crítica em meados da década de 1980, período em que emerge, conjuntamente no meio acadêmico, uma perspectiva vinculada às bases da teoria crítica de viés marxista. É neste ensejo que há uma ampliação das produções bibliográficas, assim como a criação de programas de pós-graduação na área, o que ocasiona um avanço teórico conceitual nos fundamentos do Serviço Social. Além disso, foi um momento em que a profissão aprofundou os conhecimentos sobre a teoria crítica, amadureceu o entendimento do marxismo e o pôs como referência teórica e metodológica.

Esse é um período no qual se constituiu a sólida estrutura que designa a identidade teórica e política da profissão, que se convencionou nomear de Projeto Ético-Político do Serviço Social, ou seja, o projeto profissional que orienta e determina o conjunto de ações da formação e do exercício profissional. Desse modo, o projeto profissional, obedecendo a uma linha teórica marxista, materializou-se ao longo dos anos em publicações bibliográficas de caráter científico, nas legislações implementadas pelo CFESS (tais como os códigos de

---

vezes não possuam uma sistematização teórica, há a sabedoria ancestral, conduzida ao longo do tempo pelo repasse da história oral.

ética de 1986, de 1993 e na Lei de Regulamentação da profissão) e no conjunto de demais diretrizes do ensino e pesquisa.

No entanto, por outro lado, o entendimento de tal projeto parece ainda pairar sob o signo de uma mitificação, numa arriscada aproximação com o senso comum, o que pode encaminhar para um entendimento abstrato e desvinculado da processualidade social e histórica. A compreensão do Projeto Ético-Político Profissional do Serviço Social deve ter como horizonte a conectividade com as condições objetivas da realidade, com a totalidade social e com os elementos socioestruturais formadores da atual sociedade capitalista. Desapropriado do movimento da realidade e destituído das análises políticas, econômicas, culturais que compõem a sua própria formação, o projeto profissional é transformando numa espécie de elemento imaterial que inunda o imaginário do exercício profissional como algo inacessível ou fica simplesmente alojado no "mundo das ideias".

As mudanças que envolveram a sociabilidade no capitalismo, a vontade política dos sujeitos, a sua produção teórica proporcionaram um novo referencial crítico ao Serviço Social, o que implicou diretamente seu campo de atuação. A discussão sobre a inserção do Serviço Social na divisão sociotécnica do trabalho e as particularidades desta, refletidas na sociedade, abriram um leque de elementos inerentes ao desenvolvimento do projeto profissional. Porém, é preciso atentar que anterior a este debate, é necessária a compreensão sobre projetos coletivos, como se formam, o que significa, a implicação destes sobre os indivíduos, sobre a sociedade, e apontar para o debate do projeto societário.

Os projetos societários são produtos de ações humanas (individuais ou coletivas), que apresentam, na maioria das vezes, uma autoimagem da sociedade. As ações realizadas nos processos de construção dos projetos societários são de caráter teleológico, isto é, os sujeitos intencionam determinados ideais (que, por sua vez, possuem um teor valorativo imanente à época) e privilegiam certos meios para concretizá-los (NETTO, 1999).

Em todo projeto societário há uma saturação de elementos que compõem as estruturas da vida cotidiana. Por possuir tais características, os projetos societários estão sujeitos à ruptura ou à conservação, isso dependerá dos determinantes conjunturais dos períodos históricos e das classes que compõem a sociedade. Daí a caracterização dos projetos societários como flexíveis e passíveis à superação ou à manutenção, à elevação ou à subsunção de uma classe.

Nesse sentido:

> A experiência histórica demonstra que, tendo sempre em seu núcleo a marca da classe social a cujos essenciais atendem, os projetos societários constituem estruturas flexíveis e mutáveis: incorporam novas demandas e aspirações, transformam-se e renovam-se segundo as conjunturas históricas e políticas (NETTO, 1999, p. 94).

A sociedade contemporânea, regida sob a ótica do capitalismo em seu estágio mais desenvolvido, possui um projeto societário que atende aos interesses desse sistema, ou seja, interesses neoliberais e ultraconservadores. O projeto que vigora hegemonicamente na sociedade capitalista dissemina valores e ideologias que subtraem o sentido ontológico do trabalho, qual seja, a transformação do sujeito, da sociedade, e a criação de novas possibilidades de escolhas e necessidades. Ao focar a análise na sociedade brasileira, o que se apresenta nos últimos anos é a ascensão vertiginosa do projeto burguês associado ao que há de mais conservador e retrógrado. Tal projeto foi sintetizado num "pseudoplano de governo" do ex-presidente Jair Bolsonaro que, ao governar por quatro anos (2019-2022), implementou com assiduidade a destruição de políticas sociais historicamente conquistadas (principalmente nas áreas do meio ambiente, dos direitos das mulheres, de pessoas negras, indígenas e da população de lésbicas, gays, bissexuais, travestis, transexuais, intersexos, assexuados e demais identidades — LGBTQIA+).

Nestes últimos quatro anos no Brasil, pode-se considerar que o sistema capitalista, no âmbito de sua hegemonia planetária, tendeu a tornar as relações entre os indivíduos fragmentadas e efêmeras, no qual os valores morais de afetividade e solidariedade são destituídos de seu sentido ético. E, assim, a relação entre os indivíduos e entre eles e a sociedade é representada por um estranhamento, o que resulta no não reconhecimento como sujeitos determinantes de sua história, permanecendo alheios a si e ao meio. Esse debate sobre reconhecimento e representatividade dos sujeitos implica diretamente a formação e o ensino da ética em Serviço Social, afinal, o ser social é central em qualquer relação social estabelecida. Considerando o modo como as relações sociais na sociedade capitalista se desenvolvem, o reconhecimento do sujeito permanece numa condição desvalorizada em relação aos interesses econômicos e políticos. Mas essa questão pode ir além, ou seja, a condição premente destes sujeitos, sua possibilidade de vida, sua existência como ser social, pode ser totalmente eliminada, na medida em que o Estado não permite ou não oferece subsídios possíveis para que a vida possa ser plenamente vivível.

Este é um dilema que atravessa diretamente a dimensão ética do exercício profissional, uma vez essa parcela da população usuária das políticas sociais é, majoritariamente, formada por pessoas negras, mulheres, indígenas e LGBTQIA+. Tal população permanece carente não só de atendimento junto às políticas de assistência social, por exemplo, mas também são descredenciadas de suas identidades e vivências e, portanto, destituídas de uma vida que possa ser plenamente vivível. Permanecem à margem do reconhecimento e, logo, são vetadas do acesso aos direitos, por uma condição própria do capitalismo, que é o apagamento das identidades, dos corpos e das sociabilidades dissidentes.

Judith Butler (2017) se dedicou em *Quadros de guerra* a uma rigorosa investigação sobre o processo de reconhecimento dos sujeitos, ou o não reconhecimento deles por parte de organismos hegemônicos de poder político, econômico e social. A dificuldade de não se reconhecer é algo inscrito no tecido social e provoca limites éticos para o desenvolvimento pleno do ser humano. Ademais, a autora sustenta que "a condição de ser reconhecido precede o reconhecimento" (BUTLER, 2017, p. 19), ou seja, há um arsenal de condicionantes sociais, culturais, políticos e econômicos que engendram atos de possibilidades para o sujeito ser reconhecido em sua comunidade, o que provocaria sequencialmente o seu reconhecimento em âmbito público. Isso implica, rigorosamente, o estabelecimento de normas a serem cumpridas, mas também rompidas, e, uma vez os sujeitos atuando no sentido de romper com tais normas, estariam passíveis de uma precariedade mais contundente no exercício pleno de suas vivências. Portanto, afirmo, a partir das análises de Butler, coincidindo com o que Achille Mbembe (2016) discursa sobre necropolítica, que uma grande parcela da população não consegue, neste modelo de política do Estado, o qual possui um projeto societário que devasta e elimina vidas, manter-se em condições de sobrevivência. É na centralidade deste debate que o produto de um conhecimento ético-político deve se fazer presente.

Portanto, ao tratar de projetos coletivos, podemos considerar também o projeto profissional do Serviço Social, um exemplo representativo da organização política, ideológica e técnica da profissão. Assim como os projetos societários, eles são estruturas dinâmicas, que se renovam e se modificam, acompanhando as necessidades dos profissionais e dos usuários. Os sujeitos (a categoria profissional) que compõem o projeto são pertencentes a um universo heterogêneo de comportamentos, teorias, métodos e de referenciais ideológicos. Considerando o cenário heterogêneo da profissão, podemos identificar tensões e divergências acerca da condução do projeto, porém é este ambiente de disputa que garante o pluralismo e a possibilidade de uma direção hegemônica (PEIXOTO, 2009).

Desse modo, o projeto profissional do Serviço Social é um conjunto de determinações construídas coletivamente e, para tanto, são necessárias uma apreensão crítica da realidade e uma intervenção coerente com a práxis. Netto (1999) ainda ressalta que, para a execução e a implementação do projeto, é indispensável a tomada de consciência política, uma ação organizada e em sintonia com uma ideologia de recusa e crítica ao conservadorismo e ao capitalismo, além da vinculação a um projeto societário que contenha os mesmos propósitos.

A construção da dupla dimensão (ética e política) do projeto profissional acompanha temporalmente o desenvolvimento crítico da profissão. Porém, é importante ressaltar que a existência de um aparato teórico mais minucioso sobre os fundamentos éticos, nos anos 1980 e 1990, não anula nem desconhece a presença de debates éticos e morais nos projetos anteriores. Afinal, são imanentes a qualquer projeto elementos que respaldem seu cunho político e ideológico. Contudo, os projetos anteriores à década de 1980 mantinham um viés conservador, positivista, filantrópico e desarticulado da discussão ontológica, o que fazia do debate ético um manual de boa conduta, repleto de moralismo e preconceito (BARROCO, 2006).

Com o movimento de intenção de ruptura no início dos anos 1980, o projeto profissional tomou um novo fôlego e garantiu como principal bandeira a oposição ao modelo político-ditatorial, tendo como referenciais a liberdade política, a democracia e a não opressão dos trabalhadores diante do sistema capitalista. Além disso, o Serviço Social passou por mudanças teórico-metodológicas, buscando aportes para implementação de um conteúdo mais crítico, e voltado às necessidades sociais e políticas da classe trabalhadora.

A partir desse período, o Serviço Social inicia uma mudança em suas bases teóricas e práticas, rompendo gradativamente com o conservadorismo e adquirindo uma postura autônoma em relação às bases mais conservadoras, inclusive de cunho religioso. Esse período de laicização ocorre, simultaneamente, à introdução da teoria marxista como um novo aparato teórico para a profissão, porém de tímida abrangência. No entanto, Barroco (2006) chama atenção para um fato importante sobre a dimensão ética e moral da profissão dentro desse conjunto de rupturas. Segundo a autora, o Serviço Social não adquire nesse momento uma potencialidade crítica perante a temática da moral e da ética, restringindo sua criticidade contestatória apenas aos modelos burgueses referentes à política e à economia:

> O rebatimento dessas potencialidades ético-morais no Serviço Social não se faz visível, nas décadas de 60 e 70, em termos de um questionamento

coletivo à moral tradicional; o eixo condutor da construção de uma nova moralidade não se objetiva explicitamente pela oposição aos padrões culturais e morais repressivos que perpassam pela vida cotidiana, mas por uma intenção de ruptura político-ideológica com a ordem burguesa (BARROCO, 2006, p. 103).

Contudo, para a mesma autora, embora existissem fragilidades de compreensão dos assistentes sociais sobre o sentido filosófico da ética, eles tinham consciência política que lhes possibilitava ações mantenedoras da dimensão ético-política do projeto de ruptura.

Entretanto, em princípio, convém ressaltar que o código de ética de 1986 é influenciado por um movimento nacional desde o final da década de 1970, através do qual a sociedade exige a negação e o repúdio de formas violentas de exercício do poder, da cultura, da sociabilidade, da política, da educação e em tantos outros espaços da sociedade. Porém, a lacuna existente no código de ética é a ausência de explicitação do debate ético e moral. Assinala Barroco (2006) que isso retrata a não superação do conservadorismo no discurso teóri-co-filosófico da ética. Assim:

> [...] a impermeabilidade do tradicionalismo ético-profissional em face das transformações sociais [...] e a insuficiente explicitação das bases de uma nova ética, por parte da vertente que, apoiada no referencial da tradição marxista, se caracteriza pela intenção de ruptura com o *ethos* tradicional. O produto objetivo destas determinações, no nível da literatura e dos Códigos de Ética Profissionais, se traduz na *hegemonia do tradicionalismo ético até 1986* (BARROCO, 2006 p. 115, grifos nossos).

Esses elementos da conjuntura política e social são essenciais para caracterizarem os projetos profissionais, comprovando que, para a construção destes, é imprescindível a compreensão da processua-lidade histórica.

Desse modo, compreender os fatos que compõem a linha histórica e política da ética em Serviço Social é, para a atualidade, afirmar que tais questões não foram totalmente esgotadas teoricamente. Nesse sentido, surgem indagações, tais como: como está sendo apropriada a dimensão ético-política do projeto profissional na prática cotidiana da(o) assistente social? Diante das adversidades postas pela reestruturação capitalista no mundo do trabalho, é possível à(ao) assistente social uma prática condizente com os princípios do código de ética? Como se configura o processo de afirmação e consolidação do Projeto Ético-Politico do Serviço Social no século XXI, diante de uma sociedade escassa de valores humanos, democráticos, libertários e de justiça social?

A materialidade ética no cotidiano profissional

A materialização da ação ética no cotidiano pode provocar divergências de nível teórico-metodológico, que fecundam análises e debates importantíssimos para o Serviço Social e para aqueles que desafiam entender a relação entre ética, política, ser social e sociabilidade no capitalismo. Ao apontar que a ética deve ser algo a ser "materializado", pode-se incorrer num equívoco de que há variações do que é ética, ou seja, a existência de uma ética "imaterial" e outra "material", ou que precisa ser "materializada". Mas não me refiro, em absoluto, a nenhuma desses dois apontamentos. Trazer a ideias de "materialização" da ética é simplesmente abastecer de conteúdos reais e concretos o exercício profissional, as práticas cotidianas nos espaços de trabalho, as dinâmicas pedagógicas de ensino em Serviço Social e tantas outras formas relacionais nas quais, em alguma medida, seja necessário e preciso uma intervenção profissional subsidiada por elementos concretos que traduzam e "materializem" a dimensão filosófica, teórica e política do Projeto Ético-Político do Serviço Social.

Essa materialização dos fundamentos éticos é da ordem do inesgotável, ou seja, a reflexão ética nos desafia, a todo momento, problematizar fenômenos e fatos sociais que se apresentam como demanda, principalmente em tempo em que se acirram questões, as quais o senso comum as lê a partir do âmbito do moralismo. Por isso, trago mais uma vez a importância da compreensão histórica da formação e desenvolvimento do Projeto Ético-Político Profissional, por ser um conjunto de obras (teóricas, técnicas, metodológicas, políticas e jurídicas) que dão corpo e identidade profissional a assistentes sociais.

Assim, um dos primeiros espaços de contribuição que mensura e materializa o debate filosófico e ontológico da ética no Serviço Social foi nas universidades públicas, bem como nas entidades de organização política da categoria. No primeiro, a história nos mostrou que as mudanças teórico-metodológicas ocorridas no Serviço Social, a partir das ações da comunidade universitária, impulsionaram o projeto de ruptura com o conservadorismo, possibilitando que docentes não só exercessem a função do ensino, mas também da pesquisa e extensão. A expansão das escolas de graduação era crescente, o mesmo acontecia com os cursos de pós-graduação, assim o Serviço Social implementa uma formação profissional orientanda na capacitação teórico-metodológica, ético-política e técnica-operativa, distanciando-se das características majoritariamente tecnicistas e inaugurando um novo horizonte histórico com bases na compreensão da totalidade.

O reforço teórico à formação profissional implica uma intervenção fundamentada e uma prática política adensada e consciente, gerando reflexões críticas acerca das políticas sociais e do papel do assistente social na sociedade. Munidos com esse arsenal, os profissionais evidenciaram a construção de um projeto profissional que contemplasse as reivindicações da classe trabalhadora e contestasse o projeto da classe burguesa, que, por sua vez, era (e ainda é) hegemônica.

A consolidação dessa perspectiva crítica do Serviço Social é viabilizada através das mudanças implementadas nos currículos acadêmicos, com a publicação em 1982 do Currículo Mínimo, sendo a ABESS (Associação Brasileira de Ensino em Serviço Social) a entidade responsável pela execução do currículo e, por isso, tendo um papel importante na articulação nacional junto às escolas de Serviço Social em todo território nacional.

Embora com esse avanço curricular em 1982, que evidencia a defesa dos interesses da classe trabalhadora e a preocupação recorrente com o aprimoramento acadêmico-científico, ainda permaneciam alguns pontos bem deficientes e frágeis. Barroco (2006) aponta o incipiente debate sobre os fundamentos ontológicos/filosóficos da ética e da moral, por apresentar caráter ainda genérico e pouca profundidade da teoria marxista. A autora destaca que:

> Apesar de este marco ser pautado na crítica aos referenciais e valores que tradicionalmente orientam a prática profissional, indicando, de forma hegemônica, o marxismo como referencial a ser privilegiado, não se coloca em pauta a discussão sobre a ética marxista, ou sobre o debate filosófico do marxismo. Isso é contraditório, na medida em que tais disciplinas são, historicamente, espaços privilegiados de fundamentação ética e de apreensão dos valores e princípios éticos da profissão (BARROCO, 2006, p. 174-175).

Ainda sobre esse debate, Abramides (2019, p. 106) corrobora esse mesmo entendimento:

> Nos marcos da renovação do Serviço Social no Brasil, pode-se afirmar que a revisão curricular, realizada em 1982, expressa na formação profissional a vertente de intenção de ruptura. Aqui se trata de fato de intenção de ruptura, posto que o Currículo de 1982, apesar de seus avanços, guarda traços relevantes que ainda o aproxima do ecletismo [...].

Porém, não entendo que isso significa uma fragilidade irreversível, mas fez parte da própria processualidade do período, tanto que tempos depois, em 1996, houve uma nova reforma curricular, que preencheu lacunas do currículo anterior. Concomitantemente, em 1993 ocorre a aprovação do novo Código de Ética, que assim como as Diretrizes Curriculares de 1996 foi fruto de um longo e profundo debate da categoria em todo o Brasil. Esse Código procurou superar o mecanicismo, a impossibilidade prática de elementos contidos no código anterior,

DIRETRIZES CURRICULARES E FORMAÇÃO EM SERVIÇO SOCIAL

confirmando o refinamento teórico-crítico e consolidando a hegemonia da teoria marxista, orientando o projeto profissional. Pode-se observar isso quando Barroco e Terra (2012, p. 54) salientam que:

> Apoiado nesse referencial [marxista], o CE inscreveu a ética e os valores no âmbito da práxis, que tem no trabalho seu modo de ser mais elementar: a ética e os valores são concebidos como produtos da práxis: os valores são determinantes da prática social, resultantes da atividade criadora tipificada no processo de trabalho [...].

Por outro lado, a propósito do envolvimento político das entidades do Serviço Social com a formação profissional, registramos que, ainda em 1979, acontece um fato que entra para a história da profissão e que simbolicamente é relevante para engrossar a luta da ruptura. Refiro-me à realização do III Congresso Brasileiro de Assistentes Sociais (CBAS), também conhecido como "Congresso da Virada", que foi marco da organização política profissional, período que também é marcado pela reorganização do movimento sindical e dos partidos políticos de esquerda. O Congresso da Virada em 1979 é inexoravelmente um ato político-revolucionário para a categoria, praticamente um divisor de águas entre um Serviço Social conservador (que estava à frente da organização do Congresso) e um Serviço Social crítico, propositivo e comprometido com as lutas populares. Maria Beatriz Costa Abramides, professora doutora da PUC-SP, é uma referência central para este debate, por sua atuação direta junto ao movimento sindical e por ter sido protagonista da ação durante III CBAS. Abramides e Cabral (2019, p. 41) analisam que:

> A insatisfação no III CBAS é fruto da conjugação desse vários processos de lutas de resistência que se expressavam sindicalmente, na formação, em experiências profissionais, na articulação e solidariedade aos movimentos populares, aliados à retomada do movimento estudantil. A crítica de profissionais e estudantes ao CBAS estava latente, e as entidades sindicais que estavam organizadas assumiram sua direção

política, por decisão da categoria, que culminou na virada do congresso com assembleias diárias de deliberação do seu rumo.

Pode-se também considerar que o Congresso da Virada representou um anseio democrático de "virada" da conjuntura política do país, num momento em que dezenas de movimentos sociais eclodiam na perspectiva de abolir, através das lutas sociais, a ditadura militar no Brasil. É com orgulho e emoção narrar a presença de um Serviço Social autônomo em relações aos governos autocráticos, seguindo firme na trincheira contra a ditadura. O ambiente político da época favorecia a luta, afinal, anos antes parcela de profissionais já se aliava aos sindicatos, aos movimentos populares por moradia, aos movimentos eclesiais de base, além do movimento estudantil somando à luta da classe trabalhadora (ABRAMIDES, 2019).

Assim, após essas décadas de 1980 e 1990, que correspondem a 20 anos de transformação, maturação e ressignificação dos fundamentos teórico-metodológico, ético-político e técnico-operativo, pode-se inferir que foram estruturantes para os rumos futuros que a profissão percorreu no decurso dos anos seguintes. O fruto desses acúmulos foi a consolidação da direção crítica das Diretrizes Curriculares da ABEPSS, que mesmo sofrendo ataques constantes de governos com perspectivas neoliberais, subordinados aos interesses de um ensino superior fragmentado, privatista, efêmero e alienado, permaneceu (e permanece) incólume com a sua direção pedagógica do ensino em Serviço Social referenciado pela teoria social crítica.

De acordo com as Diretrizes Curriculares da ABEPSS que fundamentam a formação acadêmica, a ética um é princípio formativo que deve perpassar toda a formação curricular. As Diretrizes orientam ainda que:

> Propõe-se uma lógica curricular inovadora, que supere a fragmentação do processo de ensino-aprendizagem, e permita uma intensa convivência acadêmica entre professores, alunos e sociedade. *Este é, ao mesmo tempo, um desafio político e uma exigência ética: construir um espaço por excelência*

DIRETRIZES CURRICULARES E FORMAÇÃO EM SERVIÇO SOCIAL 255

do pensar crítico, da dúvida, da investigação e da busca de soluções (ABEPSS, 1996, p. 9, grifos nossos).

Dessa maneira, fica explícito que a ontologia da ética profissional se inscreve nas normativas curriculares, no código de ética, nas produções bibliográficas oriundas do avanço das pós-graduações e mais: há também ganhos referentes às políticas sociais, como o tripé da Seguridade Social, posto na Constituição de 1988, a aprovação da Lei de Regulamentação da Profissão em 1993, assim como a aprovação da Lei Orgânica de Assistência Social (LOAS). Estes elementos são uma parcela do que se pode considerar como materialização transversal dos insumos éticos da profissão em diversos âmbitos.

Reflexões éticas na contemporaneidade

Conforme abordado na primeira parte deste estudo, o trabalho da(o) assistente social se realiza no âmbito do cotidiano. Por sua vez, o cotidiano é um espaço marcado pelo pragmatismo, pela reprodução do senso comum e, sobretudo, por ser caracterizado como um lugar em que as demandas profissionais são respondidas por ações imediatas. Isso significa que nem sempre é possível uma elaboração com bases profundas nos fundamentos éticos e sócio-históricos do Serviço Social, com a teoria crítica alicerçando a ação profissional, assim, pondo em xeque a valorosa práxis social.

Por isso a importância de manter vívidas as orientações éticas, bem como todos os instrumentos que elas fornecem, para que assistentes sociais exerçam a profissão de maneira conciliada com o Projeto Ético-Político Profissional. No entanto, nos tempos atuais, isso se torna cada vez desafiador e complexo, por conta da conjuntura política e econômica na qual o país está afundado, mas também por uma onda ultraconservadora que emergiu em toda a sociedade, alavancada pelo governo de Jair Bolsonaro e pela qual o Serviço Social não passou ileso.

É então necessária a exigência criteriosa de respostas e orientações da parte das entidades representativas da profissão.

Ao longo dos últimos 20 anos, o Serviço Social, por meio de suas entidades, como o Conselho Federal de Serviço Social (CFESS), os Conselhos Regionais de Serviço Social (CRESS), a Associação Brasileira de Ensino e Pesquisa em Serviço Social (ABEPSS) e a Executiva Nacional de Estudantes de Serviço Social (ENESSO), vem apresentando à categoria profissional e estudantil subsídios teóricos, ético-políticos e técnicos que orientem um exercício profissional e uma formação acadêmica atenta aos desafios provocados por uma sociedade marcadamente machista, sexista, classista e racista.

No que tocante a tais questões, o conjunto CFESS/CRESS tem trabalhado assiduamente, provocando a categoria a se posicionar perante as recorrentes demandas que envolvem a temática de raça, gênero e sexualidade. Destacamos inicialmente a coletânea intitulada *Assistentes sociais no combate ao preconceito*, lançada em 2016, que consiste numa série de sete publicações com temas que versam sobre os seguintes assuntos: (1) o que é preconceito?; (2) o estigma do uso de drogas; (3) racismo; (4) transfobia; (5) xenofobia; (6) machismo; (7) discriminação contra a pessoa com deficiência; (8) discriminação contra a população usuária da saúde mental. Essas publicações significam não só um posicionamento político da profissão com relação a cada tema, como também orientam procedimentos e atuações profissionais em face da situação de violência motivada por preconceito e intolerância. Diante de tais publicações, não há como profissionais se esquivarem de promover debates que evidenciam o reflexo de uma sociedade marcadamente vinculada a opressões e explorações das mais diversas ordens. Assim como é hodierno trazer tais temas para debates em salas de aula, pautando o combate aos preconceitos e transversalizando no decorrer de toda a formação acadêmica a perspectiva ética e moral diante de temas latentes em toda sociedade.

Importante destacar que esses temas possuem uma imbricação que corresponde às relações sociais de dominação, opressão e exploração de classe, raça e sexo e, portanto, não há como analisá-los separadamente (CISNE; SANTOS, 2018). Isso desafia o Serviço Social a se aprofundar nesse tema de maneira coerente com as liberdades e as diversidades humanas, abandonar paradigmas dogmáticos que colocavam tais relações numa condição secundarizada em âmbito acadêmico, por exemplo.

A reflexão ética e moral diante de tais pautas é indispensável no combate ao preconceito, é por isso que na primeira série da coletânea é destacado que:

> O combate ao preconceito no âmbito do exercício profissional supõe, entre outras exigências: 1. compromisso ético com os valores e princípios da ética profissional; 2. postura crítica necessária à refutação dos julgamentos provisórios e à crítica da ideologia dominante; 3. conhecimento teórico que oriente essa refutação, dando fundamentação ao entendimento das situações particulares em sua relação com a totalidade sócio-histórica, em suas conexões e contradições; 4. conhecimento ético que desvele o significado dos valores, da moral profissional, do preconceito de suas bases de sustentação social e de suas consequências para os/as usuários/as dos serviços sociais; 5. participação coletiva nos debates e iniciativas da categoria que ampliem a consciência ético-política, adensem a compreensão teórica e motivem a práxis social e política; 6. participação em diferentes atividades sociais, políticas, artísticas e culturais, que alimentem motivações capazes de elevar a consciência acima das necessidades singulares, dirigindo-a para exigências humano-genéricas emancipatórias (CFESS, 2016, p. 21-22).

Para confirmar esse posicionamento da profissão, basta também recorrer aos Princípios Fundamentais Código de Ética Profissional de 1993, no item XI, no qual estabelece que o "exercício do Serviço Social sem ser discriminado, nem discriminar, por questões de inserção de classe social, gênero, etnia, religião, nacionalidade, orientação sexual, identidade de gênero, idade e condição física" (BRASIL, 2012, p. 24).

O conjunto CFESS/CRESS, para ampliar as orientações de atuação de assistente sociais, vem publicando resoluções normativas que endossam a preocupação da atuação diante de temas como o das sexualidades, como é o caso da Resolução n. 489/2006, que se refere à prática profissional livre de ações discriminatórias ou preconceituosas acerca da livre orientação sexual; a Resolução n. 615/2011, que dispõe sobre a inclusão e o uso do nome social de assistentes sociais travestis e transexuais nos documentos de identificação profissional; e a Resolução n. 845/2018, que dispõe sobre a atuação profissional do/a assistente social em relação ao processo transexualizador.

Outro grande marco foi o lançamento, em julho de 2006, da campanha pela livre orientação e expressão sexual, tendo como tema "O amor fala todas as línguas". Além disso, no ano seguinte, em 2007, o CFESS (2007) lançou o *CFESS Manifesta*, que abordou a necessidade do debate junto à categoria, num direcionamento "para fortalecer a luta por um projeto societário fundado na igualdade e na liberdade, o que implica reconhecimento e valorização da diversidade humana" (CFESS, 2007, p. 1). Outro momento bastante exponencial para o debate das sexualidades foi a realização, em junho de 2015, do Seminário Nacional de Serviço Social e Diversidade Trans: Exercício Profissional, Orientação Sexual e Identidade de Gênero. Tal evento, realizado em São Paulo, contou a participação de diversos profissionais (assistentes sociais, psicólogas, advogadas) de variadas frentes de trabalho, além de representantes do movimento de travestis e transexuais compondo as mesas.

A incorporação dessas temáticas também se expandiu nos trabalhos desenvolvidos pela ABEPSS, os quais se consolidaram com o Grupo Temático de Pesquisa (GTPs) de "Relações de Opressão e Exploração de Gênero, Raça/Etnia e Sexualidades", que reuniu pesquisadores/as assistentes sociais das temáticas de todo o Brasil. O acúmulo do debate neste GTP propiciou que a ABEPSS orientasse as unidades de ensino em todo Brasil a constituir nos projetos pedagógicos um componente curricular obrigatório que versasse sobre as ênfases do GTP. Embora não seja ainda a realidade almejada, em grande parte das unidades de ensino superior em Serviço Social é possível contar nos currículos dos cursos com a temática de gênero, raça e sexualidades.

Em relação às pautas raciais, a ABEPSS elaborou e publicou em 2018 os *Subsídios para o debate sobre a questão étnico-racial na formação em Serviço Social*, tendo como objetivo: "Oferecer subsídios para a inclusão e o fortalecimento do debate da questão étnico-racial contribuindo para uma formação em Serviço Social antirracista a partir do desenvolvimento de atividades de ensino, pesquisa e extensão (graduada e pós-graduada)" (ABEPSS, 2018, p. 12). Com esse documento, a ABEPSS sinaliza a necessidade urgente da compreensão do racismo estrutural como um ingrediente constituidor da questão social no Brasil, sendo esses subsídios importantes ferramentas a ser incorporadas no âmbito ético-pedagógico do Serviço Social.

Foi também no ano de 2018 que o Conselho Federal lançou a campanha "Assistentes sociais no combate ao racismo", com importantes peças publicitárias, e um vasto e rico debate sobre as implicações do racismo estruturante na sociedade brasileira, denunciando que o povo negro é o mais atingido quanto ao não acesso às políticas e aos direitos sociais. Os temas da campanha trataram das diversas facetas do racismo impregnado no cotidiano da sociedade, tais como: o não acesso de famílias negras a saneamento básico; a intolerância religiosa contra religiões de matriz africana e afro-brasileiras; a violência desproporcional contra mulheres negras; a política de Estado genocida contra jovens negros/as; e os cortes orçamentários nas políticas de saúde, educação e assistência social, das quais a população negra é a maior usuária.

Além dessas investidas do Serviço Social, é importante apontar que os estudos voltados para as questões de raça, gênero e sexualidade expõem as desigualdades contidas entre essas categorias, evidenciando uma brutal violência social contra mulheres, pessoas negras e pessoas LGBTQIA+. O Brasil é um dos países que possuem os mais altos índices de assassinatos em decorrência do feminicídio, do racismo na sua dimensão estrutural e da abjeção contra a população LGBTQIA+. Historicamente, o país construiu uma sociabilidade imersa em valores que amplificam a violação de direitos de pessoas que possuem uma sexualidade dissidente; um corpo marcado por atributos que a sociedade historicamente menospreza e desvalora, como o sexo feminino e a pele negra; e que, portanto, estabelece um padrão que privilegia as relações sociais fundadas nos paradigmas da heterossexualidade, da branquitude e da masculinidade compulsória. Logo, trazer à tona estudos que analisam e refutam esses padrões se faz tão necessário como urgente para o Serviço Social, uma vez que o exercício desta profissão incide diretamente na elaboração, na implantação, na execução e na avaliação de políticas públicas sociais que garantam os direitos sociais da população.

Conclusão

A transversalidade da ética na formação e no exercício profissional deve ser assimilada pelo conjunto de profissionais como um instrumento teórico-prático construído coletivamente pela categoria, com uma ampla divulgação de suas expressões em vários espaços da profissão.

Para formular argumento sobre essa questão, busquei apresentar neste capítulo três pontos fundamentais para a exequibilidade da dimensão ética no exercício cotidiano do trabalho de assistentes sociais. O primeiro deles foi que a construção de todo arcabouço ontológico, político, pedagógico e prático da ética em Serviço Social possui um perene caminho percorrido a partir da compreensão sócio-histórica da totalidade social. Isso alicerçou e estruturou decisões no âmbito pedagógico da formação acadêmica, assim como no âmbito político--normativo do exercício profissional. Reitero que toda essa construção foi feita ao longo de décadas e sempre priorizando a metodologia de organização coletiva entre as entidades, os/as profissionais e também com movimentos sociais.

O segundo ponto tem relação com a repercussão concreta deste aparato ético-político, ou seja, a elaboração e a publicação de um conjunto de documentos que deram materialidade aos insumos ontológicos, filosóficos e políticos. Estou me referindo, entre outros materiais, aos Códigos de Ética Profissionais (o de 1986 e o seu sucessor, o de 1993), às Diretrizes Curriculares da ABEPSS, às Resoluções Normativas do CFESS, às diversas campanhas, publicações, parâmetros e subsídios para atuação de assistentes sociais. Pode-se considerar que é conjunto dessas obras, em soma com publicações na área, que dá substância real ao chamado Projeto Ético-Político Profissional do Serviço Social.

Por fim, o terceiro ponto foi a apresentação de como temas contemporâneos exigem da categoria uma reflexão ética e moral; e como as entidades representativas estão trabalhando na produção de orientação técnico-jurídica para direcionar o exercício profissional. Todos esses elementos possibilitaram (e possibilitam) que assistentes sociais compreendessemqual o seu papel na sociedade, como indivíduos capazes de observar a realidade e intervir nela com uma leitura crítica, propositiva e articulada coletivamente, sempre na direção da garantia dos direitos. Ao entender que a sociedade brasileira foi fundada em sistemas de opressão, exploração e dominação, faz-se fundamental preencher as análises contra o capitalismo, o racismo e o heterocispatriarcado com os componentes da ética profissional.

O fato de as entidades representativas da profissão apresentarem evidente orientação ético-política sobre as questões mencionadas não significa que toda a categoria tenha unanimemente o mesmo referencial. É comum ouvirmos narrativas e encontrarmos situações (em campos de estágio, por exemplo) em que alguns/mas assistentes sociais ainda apresentam duras posturas envoltas do preconceito e da despolitização acerca dos temas, saturados por apologia da moralidade religiosa. O fantasma do filantropismo, do conservadorismo, ainda ronda fortemente nossa profissão, ainda mais quando há uma expansão vertiginosa de ensinos superiores em faculdades e centros universitários, onde uma parte dessas instituições não possui um compromisso adequado nem sequer com as diretrizes curriculares, quanto mais com temáticas sobre gênero, raça e sexualidades. É comum ouvir relatos de estudantes, professoras(es) dessas unidades de ensino sendo perseguidas(os) por terem uma visão crítica sobre a supervalorização dos discursos morais religiosos.

Por vezes, o cotidiano pode suprimir da(o) assistente social uma visão e interpretação crítica dos fenômenos sociais, é aqui que adentra a fundamentação teórica, como uma ferramenta indispensável para a leitura crítica e criativa da realidade. Isso é o que caracteriza o movimento dialético entre a teoria e prática. Reforço a importância e, ao mesmo tempo, o desafio posto a assistentes sociais, produtoras(es) e reprodutoras(es) de conhecimento teórico, acadêmico e político, de refletir sobre a possibilidade de reconhecer as desigualdades, as opressões e a exploração de gênero tão fundantes da "questão social", quanto as diferenças entre as classes, considerando ainda que a "questão social" não é apenas o acirramento das diferenças entre classes, mas além disso a resistência e a organização consciente da classe oprimida.

Por fim, termino por reafirmar que o atravessamento das questões éticas e morais no ensino, nas pesquisas, em estudos e projetos de extensão produzidos nos cursos de Serviço Social deve ser contínuo e inesgotável, pois eles cumprem o papel de assegurar a tradição libertária e crítica, além de promover importantes ferramentas de combate ao preconceito e tantas outras violações contra os direitos humanos. Já se passaram mais de 40 anos do Congresso da Virada, já há a consolidação da direção ético-política do projeto profissional, porém ainda é importante manter-se atento e sempre em alerta, afinal, os rumos da história nunca foram lineares, e os atuais seguem apontando para desafios cada vez maiores. Portanto, cabe a nós, ao coletivo de assistentes sociais de todas as áreas de atuação (e aqui destaco as/os docentes já que são as/os formadores de futuros profissionais) e à categoria estudantil, escrever os próximos rumos da história da profissão, com inspiração necessária para superar limites, combater o conservadorismo e manter-nos valentes na trincheira a favor das liberdades, dos direitos, e da vida digna e plena de toda a classe trabalhadora.

DIRETRIZES CURRICULARES E FORMAÇÃO EM SERVIÇO SOCIAL

REFERÊNCIAS

ABEPSS. *Diretrizes gerais para o curso de Serviço Social*. Brasília: ABEPSS, 1996.

ABEPSS. *Subsídios para o debate sobre a questão étnico-racial na formação em Serviço Social*. Brasília: ABEPSS, 2018.

ABRAMIDES, Maria Beatriz Costa. *O projeto ético-político do Serviço Social brasileiro*: ruptura com o conservadorismo. São Paulo: Cortez, 2019.

ABRAMIDES, Maria Beatriz Costa; CABRAL, Maria do Socorro Reis. 40 anos do "Congresso da Virada". *In*: SILVA, Maria Liduína de O. (org.). *Congresso da Virada e o Serviço Social hoje*: reação conservadora, novas tensões e resistências. São Paulo: Cortez, 2019.

BARROCO, Maria Lúcia Silva. *Ética e Serviço Social*: fundamentos ontológicos. 4. ed. São Paulo: Cortez, 2006.

BARROCO, Maria Lúcia Silva; TERRA, Sylvia Helena; CONSELHO FEDERAL DE SERVIÇO SOCIAL (org.). *Código de Ética do/a assistente social comentado*. São Paulo: Cortez, 2012.

BRASIL. *Código de Ética do/a assistente social*. Lei n. 8.662/93 de regulamentação da profissão. 10. ed. rev. e atual. Brasília: Conselho Federal de Serviço Social, 2012.

BUTLER, Judith. *Quadros de guerra*: quando a vida é passível de luto? Tradução: Sérgio Tadeu de Niemeyer Lamarão e Arnaldo Marques da Cunha. Revisão de tradução: Marina Vargas. Revisão técnica: Carla Rodrigues. 3. ed. Rio de Janeiro: Civilização Brasileira, 2017.

CFESS. *Série Assistente Social no combate ao preconceito*. Brasília: Conselho Federal de Serviço Social — CFESS, 2016. Caderno 1.

CFESS. *CFESS Manifesta — O amor fala todas as línguas*: assistente social na luta contra o preconceito: campanha pela livre orientação e expressão sexual. Natal, ago. 2007. Disponível em: http://www.cfess.org.br/arquivos/CFESSMANIFESTA-OAMORFALATODASASLINGUAS.pdf. Acesso em: 21 dez. 2023.

CISNE, Mirla; SANTOS, Silvana Mara Morais dos. *Feminismo, diversidade sexual e Serviço Social*. São Paulo: Cortez, 2018. (Biblioteca básica de Serviço Social, v. 8).

CRESS (org.). *Projeto ético-político e exercício profissional em Serviço Social*: os princípios do código de ética articulados à atuação crítica de assistentes sociais. Rio de Janeiro: CRESS, 2013.

HELLER, Agnes. *O cotidiano e a história*. 6. ed. Rio de Janeiro: Paz e Terra, 2000.

HOOKS, bell. *Ensinando a transgredir*: A educação como prática da liberdade. Tradução de Marcelo Brandão Cipolla. 2. ed. São Paulo: WMF Martins Fontes, 2017.

MBEMBE, Achille. Necropolítica: biopoder soberania estado de exceção política da morte. *Arte & Ensaios*: revista do Programa de Pós-graduação em Artes Visuais, Rio de Janeiro: UFRJ, n. 32, dez. 2016.

NETTO, José Paulo. *A construção do projeto ético-político do Serviço Social à crise contemporânea*. Capacitação em Serviço Social e política social: crise contemporânea, questão social e Serviço Social. Brasília: CEAD/UNB/CFESS-ABEPSS, 1999. Módulo 1.

PEIXOTO, Valdenízia Bento. *Projeto profissional do Serviço Social*: as expressões da dimensão ético-política no exercício profissional dos gestores da Secretaria Municipal de Assistência Social de Fortaleza. 2009. Dissertação (Mestrado em Serviço Social) — Programa de Pós-Graduação em Serviço Social, Universidade Federal de Pernambuco, Recife, 2009. p. 124.

CAPÍTULO 9

Elementos conceituais e basilares do Estágio Supervisionado na formação profissional em Serviço Social

Marileia Goin
Hayeska Costa Barroso

Considerações introdutórias

O Serviço Social se constituiu, historicamente, como uma profissão de cariz interventivo, dada a natureza dos processos de trabalho em que o/a profissional/a se insere na divisão social, sexual e técnica do trabalho. Tal aspecto, contudo, não se opõe — pelo contrário, se complementa e exige — à sua dimensão investigativa, indispensável para qualificar e orientar criticamente sua intervenção na realidade social. Dito isso, não é incomum, nem uma novidade, que sejam criadas expectativas por parte dos/as discentes de graduação de Serviço Social em relação ao momento do estágio como a possibilidade de, enfim, "aprender na prática" a teoria apreendida ao longo da formação profissional. Ao interpretar esta ânsia como um equívoco, incorremos num erro histórico de não enxergar que ela pode ser, na verdade, sintomática de lacunas criadas ao longo do curso, quer nos conteúdos programáticos das disciplinas, quer nas suas metodologias de ensino, quer nas suas estratégias de avaliação, quer nas atividades e nos debates extracurriculares facultados ao corpo discente. Por entre essas brechas, penetra um ideário que tem suas raízes fincadas desde a gênese da profissão e que forjou, àquele tempo histórico, uma identidade profissional alienada, alienante e alienadora (MARTINELLI, 1991). Questionamo-nos, tão logo, diante de tais elementos: (1) Como conferir centralidade ao estágio, à luz dos Fundamentos, na formação profissional em Serviço Social?; (2) Quais os desafios que ainda enfrentamos relacionados ao estágio e como superá-los, no Serviço Social?

É mister, portanto, reafirmar, de modo permanente, o estágio em Serviço Social para além de sua concepção restrita de, tão somente, o "ensino da prática" ou o "momento da prática". Como afirma Lewgoy (2018, p. 11), não podemos perder de vista que "a supervisão e o estágio exigem formação permanente, sendo esta uma estratégia político-pedagógica de adensamento e qualificação inerente à formação e ao exercício profissional".

Cientes dessa premissa, o objetivo deste capítulo é jogar luz para a necessidade de pautar o debate sobre o estágio na formação profissional em Serviço Social como estratégia de superação dessa visão pragmática, prescritiva e imediatista em relação ao estágio. Para tanto, o texto que se segue está organizado a partir de dois tópicos: um relacionando o debate sobre o estágio supervisionado na formação profissional, com ênfase para o seu significado e sua elementaridade; e o outro abordando as concepções em torno do estágio como processo de ensino e aprendizagem no Serviço Social.

Concepções e tensões em torno do estágio na formação profissional em Serviço Social

Não há suspeições da relevância do estágio no Serviço Social. Aliás, não se faz referência a qualquer modalidade de estágio, mas

DIRETRIZES CURRICULARES E FORMAÇÃO EM SERVIÇO SOCIAL

sim àquele que se realiza sob a supervisão de um/a assistente social. É este tipo de estágio, o supervisionado, que requer e não prescinde de acompanhamento permanente das atividades; de supervisão em campo; de orientação na instituição de ensino; de momentos sucessivos de reflexão e elaboração das experiências junto às diferentes políticas e naturezas institucionais; de espaços para troca e compartilhamento de saberes profissionais; de acolhimento de dúvidas e incertezas; e de suporte constante para que as devidas mediações teórico-práticas sejam realizadas.

A partir do fecundo diálogo com as Diretrizes Curriculares (1996) e com a Política Nacional de Estágio (2009), entende-se o estágio[1] como uma atividade que deve estar prevista no Projeto Pedagógico de cada curso, portanto, curricularizada e obrigatória,[2] assim como a carga horária, os objetivos, as competências de cada sujeito envolvido no processo, a documentação para registro acadêmico e profissional, a interface entre as instituições de ensino e concedente, bem como os seus preceitos, os quais devem ser consoantes com o perfil de egresso que se deseja formar.

Dada a proeminência na formação, especialmente por se tratar de uma profissão de caráter interventivo como o Serviço Social, o estágio não deve ser tratado como um apêndice. Ele ocupa lugar de destaque, principalmente, por não se tratar apenas do contato com a organização técnica do trabalho nas instituições sócio-ocupacionais em que os/as assistentes sociais se inserem, mas também demanda esforço crítico-reflexivo para apreender a dimensão intelectiva e ontológica do trabalho profissional, no bojo daquilo que é exclusivo e privativo à profissão. Diz-se, com isso, que o estágio na formação

---

1. Considerando o acúmulo realizado pela categoria na discussão sobre o estágio supervisionado, para fins deste trabalho, usar-se-á apenas o termo estágio, entendendo-o, sempre, como supervisionado.

2. Vale lembrar, conforme Buriolla (1995), que o estágio perpassa a formação em Serviço Social, no Brasil, como uma atividade obrigatória, desde a fundação das primeiras escolas, embora essa integração nos currículos tenha se dado de modo distinto e diverso ao longo do processo sócio-histórico da profissão.

em Serviço Social se propõe a sintonizar o/a discente no âmbito do significado sócio-histórico da profissão; das requisições profissionais e institucionais; das particularidades que lhe são imanentes como profissão inserida na divisão social, técnica e sexual do trabalho; dos desafios interpostos ao trabalho cotidiano; e do entendimento das tensões que permeiam a inserção profissional institucional — seja em termos de recursos, seja em termos das imposições sobre o que se deve fazer.

Ao exigir o deslocamento do/a discente-estagiário/a para um lugar constituído por reflexões teórico-práticas, de interconexões, de apreensão das múltiplas determinações econômicas, políticas, culturais e territoriais que permeiam os espaços profissionais e a realidade em que os sujeitos/usuários/as estão inseridos/as, o estágio, de um lado, não pode ser reduzido à preocupação exclusiva de mero cumprimento de carga horária semanal em campo de estágio e, de outro, está balizado pela constituição de necessárias mediações teórico-práticas entre as experiências no lócus de trabalho profissional e a totalidade das atividades inerentes à formação.

Se a perspectiva do estágio como síntese entre trabalho e formação é procedente, também se torna correto afirmar que "as condições de realização da supervisão dependem das condições de realização do trabalho profissional, mas também das condições sob as quais a formação profissional se realiza" (GUERRA, 2016, p. 103). Logo, partindo dessa perspectiva, conforme as Diretrizes Curriculares da Associação Brasileira de Ensino e Pesquisa em Serviço Social — ABEPSS (1996) —, a formação profissional tem seus princípios erigidos sob: (1) o rigoroso trato teórico, histórico e metodológico da realidade social — fundamento do solo interventivo do Serviço Social —, com vista a desocultar o modo como são produzidas e reproduzidas as relações sociais e, nisto, como processos contraditórios, diversos e complexos, que interferem objetiva e subjetivamente na profissão; (2) o abandono da fragmentação, da pulverização e da sectarização dos conteúdos em componentes curriculares isolados, uma vez que os conteúdos são transversais à formação e, portanto, tornam-se inteligíveis na

DIRETRIZES CURRICULARES E FORMAÇÃO EM SERVIÇO SOCIAL

interface com outras disciplinas, atividades, seminários temáticos, eventos ou oficinas, entre outros; e (3) o estabelecimento das dimensões investigativa e interventiva como centrais na relação entre teoria e realidade — entre formação e trabalho profissional —, o que refuta a clássica acepção de que a teoria se aprende no processo de formação e a prática no trabalho.

Como atividade pedagógica abundante de aprendizagem, o estágio está situado na formação a partir do cumprimento de requisitos básicos, como os componentes de Fundamentos Históricos e Teórico-Metodológicos do Serviço Social e Ética Profissional, conforme disposto pela Política Nacional de Estágio (2009/2010), porque demanda capacitação teórico-metodológica, ético-política e técnico-operativa, indispensáveis para o aproveitamento qualitativo do estágio, independentemente do campo, uma vez que é necessário "conhecer a natureza da profissão e seu papel na divisão social e técnica do trabalho e, nesse caso, as possibilidades e os limites de sua atuação no âmbito das políticas sociais, identificando requisições socioprofissionais e o sigilo profissional" (ORTIZ, 2019, p. 100).

Pressupõe-se, com isso, que o/a discente/estagiário/a tenha condições teóricas, políticas, éticas e técnicas para sintonizar as diferentes tendências que se apresentam no âmbito das instituições e, frente a isso, juntamente com os/as profissionais assistentes sociais que o/a supervisionam (de campo e acadêmico), constituir estratégias interventivas que asseverem, assim como dispõe o Código de Ética Profissional (CFESS, 1993): a defesa intransigente dos direitos humanos; a ampliação dos direitos sociais; a qualidade dos serviços prestados; e a defesa de uma sociedade sem discriminação e exploração de qualquer natureza (racial, étnica, geracional, de gênero, nacionalidade, religião, território ou aparência/condição física), as quais estão fundadas na liberdade como valor ético central. Assim como refere Netto (2013), a dimensão prospectiva do Código não define que liberdade é essa, mas como determinação concreta, patenteia a individualização (não o individualismo), que diz respeito à humanidade, aos homens e às mulheres, desde que atendam às exigências de autonomia e plena expansão dos sujeitos sociais, num horizonte permeado de possibilidades.

O contributo do estágio no processo de formação em Serviço Social, logo, só é assimilado quando sucumbida a perspectiva instrumental na formação — o ensinar a fazer Serviço Social, sob o aparato de cartilhas, manuais, roteiros e predefinição do *modus operandi* profissional. Constata-se, portanto, um verdadeiro deslocamento do universo dinâmico e contraditório das relações sociais capitalistas, donde se assenta não só a necessidade social da profissão, mas também donde deriva os fundamentos do seu objeto profissional.

> É nesse bojo que a extrusão do ensino tradicional, pautado no metodologismo, no teoricismo, nas abordagens desconectadas da realidade social, na transmissão de conteúdos e nas abordagens interventivas em um ou noutro setor ou política social, como se o objeto fosse ambíguo nos diferentes espaços sócio-ocupacionais, mostra-se necessária, de modo a refutar a racionalidade técnico-instrumental e fomentar um processo de formação profissional pautado, criticamente, na constituição de condições objetivas para a defesa de um projeto de caráter coletivo, de modo a passar de um trabalho fetichizado e reiterativo para um competente (GOIN, 2018, p. 20).

Reconhecemos, portanto, que o estágio não está ileso a tensões. Em torno dele, perpassam concepções de profissão, apreensão e transversalidade do objeto — ou de que objeto profissional é esse, perfil profissional, relação entre a formação acadêmica e o trabalho profissional, além da coexistência de projetos profissionais os mais diversos — nem sempre alinhados à direção hegemônica da profissão — e, consecutivamente, em consonância com cada projeto profissional, um projeto de sociedade. Visualiza-se, com isso, uma tácita antinomia: ou subsidia a apreensão da realidade social e as possibilidades profissionais nela inscritas ou conduz à busca contínua de *aprender a fazer* Serviço Social na prática, cuja concepção descaracteriza e desloca o perfil profissional (contemporâneo) que se deseja formar (GOIN, 2018).

DIRETRIZES CURRICULARES E FORMAÇÃO EM SERVIÇO SOCIAL

Essas disputas em curso se acirram num panorama educacional mercantilizado, de requisição aligeirada e tecnificada das profissões — para constituir respostas imediatas e rápidas ao mercado de trabalho —, e de avalanche neoconservadora que paira sob os quatro cantos do mundo. Fazendo uma analogia à frase inicial do *Manifesto do Partido Comunista* (MARX; ENGELS, 2007), um espectro ronda a profissão, o espectro do neoconservadorismo, das suas roupagens e de seus valores e princípios, pautados nos hábitos, nos costumes, na xenofobia, na misoginia, na família tradicional, na subsunção das mulheres aos homens e das crianças e idosos aos adultos.

> O estágio supervisionado carrega as contradições da sociedade capitalista, que chegam aos/às usuários/as, assistentes sociais e estudantes por meio de múltiplas mediações as quais, muitas vezes, ocultam as reais conexões entre os interesses do capitalismo e as exigências, demandas e requisições do campo. É, também, um espaço que privilegia o pragmatismo, como um conjunto de ações prático-empíricas, nas quais a razão instrumental impera, causando uma ruptura entre fins e meios (não importando se se trata de meios éticos ou não) e a desqualificação da teoria e dos processos reflexivos necessários a qualquer trabalho profissional (MESQUITA; GUERRA; GONÇALVES, 2019, p. 19).

É exatamente na inconteste necessidade de superação do estágio em sua concepção instrumental/tradicional — a qual tende a reduzi-lo a um momento de aprender a atender usuários/as e fazer Serviço Social na prática, ou mesmo à mera atividade obrigatória para integralizar a formação e de cumprimento formal da carga horária para não reprovação — que reside a importância do estágio no processo de formação, como outrora referido, tendo como uma de suas premissas "o estabelecimento de relações mediatas entre os conhecimentos teórico-metodológicos e o trabalho profissional, a capacitação técnico-operativa e o desenvolvimento de competências necessárias ao exercício da profissão" (ABEPSS, 2009, p. 14).

Se a íntima relação entre estágio e formação se encontra até aqui explícita, sobretudo não podem sobejar dúvidas na interface desse processo pedagógico com o trabalho profissional, na medida em que possibilita a aproximação: (1) às rotinas institucionais; (2) às relações de poder e correlações de forças existentes no espaço em que se realiza o estágio supervisionado; (3) às demandas profissionais; (4) ao perfil dos/as usuários/as atendidos/as e à natureza das suas demandas; (5) aos limites e às possibilidades, internos e externos ao campo e à instituição de ensino, interpostos à profissão; (6) à construção de estratégias profissionais e coletivas como respostas às demandas em pauta; (7) às condições éticas e técnicas para o desenvolvimento do trabalho profissional; (8) à inserção do/a assistente social em equipes inter e multidisciplinares; e (9) à autoimplicação entre a formação teórica — que subsidia os elementos para desocultar as determinações da realidade e apreender as suas contradições; o entendimento de que profissão é essa e o seu significado social no bojo da sociedade capitalista[3] — e a prática, ao passo que é na unidade entre teoria e prática que se reafirma a máxima de que a teoria "não vê no conhecimento um fim em si, mas, sim, uma atividade do homem vinculada às necessidades práticas às quais serve de forma mais ou menos direta, e em relação com as quais se desenvolve incessantemente" (VÁZQUEZ, 2011, p. 243).

O estágio é, tão logo, o momento singular da formação profissional que permite fazer o diálogo, a partir do adensamento teórico-metodológico, com a realidade concreta e com o cotidiano da vida social, sob acompanhamento profissional, tendo como pressuposto orientar e conduzir as reflexões teórico-práticas realizadas em campo de estágio. Assim, não é permissiva e coerente a realização do estágio em Serviço Social (obrigatório ou não obrigatório[4]) nos primeiros semestres de

---

3. Acrescente-se, ainda, a configuração do Estado e seu caráter classista e, nessa via, como isso rebate nas políticas sociais, no seu financiamento e no acesso pelos/as usuários; as metamorfoses no mundo do trabalho (social e profissional), que refletem não só na configuração da classe trabalhadora no Brasil, mas também na própria profissão, afetada diretamente, por exemplo, pelo rebatimento da existência dos múltiplos vínculos, do trabalho por projeto, do *freelancer*, das metas, do desvio de função e da incorporação de atribuições e atividades que não lhe são privativas.

4. De caráter optativo, o estágio não obrigatório, assim como o obrigatório, deve estar previsto no Projeto Pedagógico do Curso, garantir a supervisão acadêmica e a de campo,

DIRETRIZES CURRICULARES E FORMAÇÃO EM SERVIÇO SOCIAL

graduação, pois se reconhece que as disciplinas possuem conteúdos distintos de abstração, e requerem o acúmulo e a maturação discentes necessários para que tenham condições teórico-metodológicas de fazer as imprescindíveis mediações teórico-práticas na elaboração de respostas profissionais, num contexto sócio-ocupacional em consonância com as supervisões de campo e acadêmica.

Em sintonia com o acervo teórico-metodológico formativo, está a densa carga horária destinada a essa atividade curricular. A Política Nacional de Estágio (ABEPSS, 2009), em concordância com as Diretrizes Curriculares, indica o mínimo de 15% da carga horária total do curso, previsto para 3.000 horas (no mínimo) — o que totaliza uma carga horária mínima de 450 horas de estágio, distribuídas em dois semestres ou mais, entre as supervisões de campo e acadêmica. Terreno germinador de demandas e de possibilidades diversas de conhecimento (LEWGOY, 2009), a ampla carga horária, sendo sua parcela maioral destinada ao cumprimento em campo de estágio, designa-se pela necessidade de conhecimento da instituição concedente, da(s) política(s) atendida(s), das demandas institucionais e dos/as usuários/as, do perfil dos/as usuários/as dos serviços prestados, da inserção profissional na instituição e, por isso, em situação alguma, pode ser substituída pela participação em eventos ou pela confecção de documentos e relatórios. Sobre este último aspecto, Alves (2019, p. 189) ressalta que o processo de supervisão direta também pode prever "momentos de estudos, leitura de textos, pesquisas etc., visto que, o pressuposto do estágio é a unidade teoria e prática, na qual elas estão interligadas, imbricadas". Todavia, tais atividades devem ser realizadas considerando a totalidade do processo de estágio e o cômputo das estratégias de ensino-aprendizado que visam desenvolver habilidades e competências dos/as estagiários/as. Reforçamos,

---

prever a obrigatoriedade de aprovação discente nas disciplinas requisitadas e desenvolver atividades previstas em Plano de Estágio. Como se trata de uma atividade que é pedagógica e há a corresponsabilização entre instituição concedente e de ensino, a oferta das vagas nessa modalidade de estágio deve garantir não apenas as condições éticas e técnicas, mas também acadêmicas para seu acompanhamento.

ademais, que em hipótese alguma a elaboração de relatórios e de quaisquer outras atividades, que implicam a sistematização e a síntese de reflexões empreendidas sobre o estágio ou no contexto institucional do campo, pode substituir o cumprimento *stricto sensu* da carga horária no espaço sócio-ocupacional — em face dos seus objetivos, conforme já evidenciado.

A carga horária em campo é destinada ao acompanhamento do trabalho profissional — elemento fulcral para a realização das referidas mediações teórico-práticas — e não para mero cumprimento de atividades que computem carga horária. Essa mudança de perspectiva e de concepção — do cumprimento de carga horária para o acompanhamento contínuo do trabalho — está sintonizada com as particularidades de uma profissão interventiva e investigativa, que exige conhecimento da realidade e aproximações sucessivas para retirar o véu que encobre as contradições implícitas às demandas efêmeras, aparentes e imediatas.

Entendidoa como atividade teórico-prática, realizada pela inserção discente nos espaços sócio-institucionais nos quais trabalham assistentes sociais, a partir da formação teórico-metodológica, ético-política e técnico-operativa (ABEPSS, 2009), o estágio supera o entendimento de manuseio de instrumentos e técnicas, de "treinamento prático" (GOIN, 2018) ou do momento de colocar a teoria na prática,[5] e o inscreve na dinâmica concreta da vida real e no complexo terreno movediço em que a profissão se insere, de modo a desenvolver competências que ultrapassem o seu exercício espontâneo, pontual e utilitarista.

É nesse sentido que se dispõe de um conjunto de referências normativas que orientam o desenvolvimento do estágio sob supervisão direta, ademais das atribuições dos sujeitos envolvidos nessa

---

5. Perspectiva essa que fragmenta as dimensões profissionais e não as articula no âmbito dos fundamentos, subalternizando uma em detrimento de outras. "A formação profissional deve viabilizar uma capacitação teórico-metodológica e ético-política, como requisito fundamental para o exercício de atividades técnico-operativas, com vistas à apreensão crítica dos processos sociais numa perspectiva de totalidade" (ABEPSS, 1996, p. 28).

que, conforme outrora exposta, constitui-se como uma atividade educativo-formativa.

Referências normativas, supervisão e sujeitos envolvidos: bases que sustentam o estágio na formação em Serviço Social

Segundo a Associação Brasileira de Estágios (ABRES), em 2021, o Brasil contava com 686.000 estagiários/as de nível superior, o equivale a 8,12% do total de discentes matriculados/as em cursos de nível superior no país. Desse total, cerca de 60% dessas vagas estão localizadas na Região Sudeste, revelando expressiva desigualdade na distribuição destas em todo o território nacional.

A regulamentação do estágio como atividade integradora do processo de formação e aprendizado profissional, no Brasil, data da década de 1940. Àquele período, quando o Serviço Social vivenciava seu processo de profissionalização e institucionalização, a concepção de estágio vigente nas legislações nacionais não o considerava como um momento de aprendizado vinculado ao processo educativo, mas sim como trabalho, mais especificamente, "uma forma de se obter mão de obra de baixo custo" (COLOMBO; BALLÃO, 2014, p. 174).

Conforme afirma Lewgoy (2009), no Brasil, a gênese do estágio em Serviço Social caminha *pari passu* à história das condições políticas que envolveram a emergência da profissão no país, numa espécie de treinamento prático vocacional "[...] de pessoal (pago ou voluntário), que trabalhava nas organizações de caridade e que devia ser instruído nos princípios e métodos das instituições a que estivesse ligado" (ANDER-EGG *apud* LEWGOY, 2018, p. 6). Ao/a supervisor/a restava uma função de natureza muito mais administrativa do que pedagógica (LEWGOY, 2018).

Não obstante, Iamamoto e Carvalho (1982) também indicam que, no interior dos processos que instituíram o Serviço Social no Brasil, o estágio era, de fato, reconhecido como etapa de aplicação prática da teoria, constituindo dois momentos distintos, numa explícita separação entre formação e trabalho profissional, teoria e prática. Essa díade se fez presente ao longo do processo sócio-histórico do Serviço Social brasileiro, desafiando-o a construir respostas a partir de seus Fundamentos. Logo, não nos parece equivocado afirmar que a percepção sobre o lugar do estágio na formação e no trabalho profissional está intimamente ligada à concepção hegemônica, em cada tempo histórico, sobre os seus Fundamentos.

Assim, é mister destacar o papel que o Movimento de Reconceituação assume, portanto, desde meados dos anos 1970, interna e externamente, como desencadeador de transformações que afetaram a profissão e, consequentemente, a formação profissional, materializadas numa reação teórico-crítica às expressões do conservadorismo evidenciadas desde a sua gênese, de modo a constituir novas bases teóricas, éticas e políticas no Serviço Social a partir da interlocução com o marxismo. A partir de então, a constituição de um novo perfil profissional se forjou não apenas nos espaços de trabalho profissional, mas também atravessou a formação e reestruturou a articulação entre o ensino, a pesquisa e o trabalho profissional nas universidades, impulsionada, sobretudo, pelo "exercício da crítica, do debate, da produção criadora de conhecimentos no estreitamento de seus vínculos com a sociedade" (IAMAMOTO, 2012, p. 209).

A concepção de estágio, no entanto, não se viu afetada pelo Movimento. Ainda que se tenha testemunhado certos avanços de natureza teórica, foram deixadas de lado certas brechas em relação à dimensão técnico-operativa, tanto no âmbito da formação como no trabalho profissional. Nas palavras de Lewgoy (2018, p. 9), o predomínio da dimensão tecnicista em torno do debate sobre estágio comprometeu "o avanço teórico-político e metodológico, pois apenas se reproduzia o já produzido". Um exemplo disso se visualiza no fato de que, até os anos 1980, a supervisão de estágio ainda era responsabilidade exclusiva do/a supervisor/a de campo, a quem restava o ensino da prática.

DIRETRIZES CURRICULARES E FORMAÇÃO EM SERVIÇO SOCIAL

Em que pese a histórica sobreposição da prática à teoria no estágio, a década de 1990 jogou luz para a elementaridade do estágio na formação profissional, e trouxe marcos normativos importantes[6] para pensarmos numa guinada em torno da concepção sobre o estágio em Serviço Social, com proeminente destaque para as Diretrizes Curriculares da ABEPSS (1996), as quais reconhecem como um de seus princípios a indissociabilidade entre o estágio e a supervisão acadêmica e profissional. O estágio supervisionado em Serviço Social passa, então, a ser definido como:

> [...] uma atividade curricular obrigatória que se configura a partir da inserção do aluno no espaço sócio-institucional objetivando capacitá-lo para o exercício do trabalho profissional, o que pressupõe supervisão sistemática. Esta supervisão será feita pelo professor supervisor e pelo profissional do campo, através da reflexão, acompanhamento e sistematização com base em planos de estágio, elaborados em conjunto entre Unidade de Ensino e Unidade Campo de Estágio, tendo como referência a Lei 8662/93 (Lei de Regulamentação da Profissão) e o Código de Ética do Profissional (1993). O Estágio Supervisionado é concomitante ao período letivo escolar (ABEPSS, 1996, p. 19).

Os anos 1990 e as primeiras décadas dos anos 2000 demarcaram avanços significativos, em termos legais e jurídicos, para o estágio em Serviço Social a partir de: (1) movimentos *internos* à profissão, com as Diretrizes Curriculares da ABEPSS (1996), a Resolução CFESS n. 533/2008 e a Política Nacional de Estágio da ABEPSS (2009); (2) e movimentos *externos* à profissão, com a promulgação da chamada Lei do Estágio, em 2008, e a Instrução Normativa n. 213, de 2019 — conforme sistematizado no Quadro 1.

---

6. "Os documentos formulados pelo Serviço Social, nesses últimos anos, a saber, as Diretrizes Curriculares (1996), a resolução do CFESS 533/2008 e a Política Nacional da ABEPSS (2009), expressam, sobretudo, o horizonte de 'qual é a formação que desejamos'. Ainda que num contexto adverso, os instrumentos indicados nos possibilitam formular as estratégias de enfrentamento e respostas concretas de defesa do ensino de qualidade" (SANTOS; ABREU, 2013, p. 78).

Quadro 1 — Síntese das principais referências normativas sobre estágio.

Diretrizes Curriculares do Curso de Serviço Social (ABEPSS), de 1996	Proposta de Diretrizes Gerais para o Curso de Serviço Social, com base no Currículo Mínimo aprovado em Assembleia Geral Extraordinária de 8 de novembro de 1996.
Lei n. 11 788, de 25 de setembro de 2008	Dispõe sobre o estágio de estudantes.
Resolução n. 533, de 29 de setembro de 2008, do Conselho Federal de Serviço Social (CFESS)	Regulamenta a supervisão direta de estágio no Serviço Social.
Política Nacional de Estágio da ABEPSS, de 2009	Instrumento político-pedagógico que tem por objetivo orientar os estágios supervisionados em Serviço Social.
Instrução Normativa n. 213, de 17 de dezembro de 2019	Estabelece orientações sobre a aceitação de estagiários no âmbito da Administração Pública federal direta, autárquica e fundacional.

Fonte: Elaboração própria das autoras.

O estatuto jurídico e legal advindo e respaldado pela criação dos referidos instrumentos normativos foi responsável por ressituar o estágio e seu caráter pedagógico na formação profissional. Além de sua expressão jurídica, devem ser considerados, ainda e sobretudo, dispositivos políticos, capazes de encarnar e reforçar diretrizes, valores e orientações acerca da formação e do trabalho profissional, bem como em relação ao lugar ocupado pelo estágio supervisionado no Serviço Social, nessa cena. Reforça-se, portanto, a explícita finalidade do estágio como processo educativo, a partir do qual já não foi mais possível fugir de questões que se tornaram imperativas para o debate sobre o estágio no Serviço Social. As principais referências normativas delineiam, portanto, o escopo sob o qual estão ancoradas as possibilidades de reafirmação e defesa dos valores centrais e caros à profissão.

Considerando os marcos externos ao Serviço Social, mas que repercutiram efeitos diretos no âmbito da formação e do trabalho profissional, merece destaque a Lei n. 11 788/2008, conhecida como nova Lei do Estágio, a qual é vista como um avanço na legislação nacional em termos de regulamentação do estágio, que passa a ser definido

DIRETRIZES CURRICULARES E FORMAÇÃO EM SERVIÇO SOCIAL

como um ato educativo escolar supervisionado e pode ser realizado nos níveis da educação superior, de educação profissional, de ensino médio, da educação especial e dos anos finais do ensino fundamental, na modalidade profissional da educação de jovens e adultos.

A Lei aponta para a necessidade de que o estágio faça parte do projeto pedagógico do curso em questão. Além disso, tipifica os estágios como obrigatório e não obrigatório; o primeiro deve ser definido como tal no projeto do curso, tendo a carga horária como requisito para aprovação e obtenção de diploma; o segundo é aquele desenvolvido como atividade opcional, acrescida à carga horária regular e obrigatória do curso. Ainda que se particularizem em suas definições, estágio obrigatório e não obrigatório observam os mesmos formalismos (COLOMBO; BALLÃO, 2014), ou seja, prescindem das mesmas responsabilidades legais de todos os sujeitos envolvidos — a chamada tríade (supervisão de campo, supervisão acadêmica e discente-estagiário/a).

Tão elementar quanto a guinada que os instrumentos normativos permitem ao estágio, está a construção supervisionada em tríade,[7] ao passo que aglutina objetivos comuns aos sujeitos envolvidos no processo de ensino-aprendizagem. Desta feita, o ponto de vista da tríade no estágio — concepção que não permite fracionar e, ao mesmo tempo, constitui uma cultura profissional de unidade e relevância entre os/as envolvidos/as — recusa a hierarquização entre supervisores/as (acadêmico/a em detrimento do de campo) e a subalternidade discente em relação à profissional (GOIN; MACHADO; PEDERSEN, 2018).

Trata-se, pois, de estabelecer o processo de supervisão a partir da íntima articulação entre os/as envolvidos/as, respeitando as atribuições[8] que lhe são particulares no processo pedagógico. A supervisão

---

7. Acerca dessa tríade, inclusive, a PNE (Política Nacional de Estágio, 2009) posiciona-se contrária à "existência de agentes externos a este processo, como 'preceptores' e outros sujeitos alheios à supervisão direta, pois esta prática vem mostrando a fragmentação e a fragilização do exercício de ensino-aprendizagem no processo do estágio" (ABEPSS, 2009, p. 32).

8. Consultar item 4.1 da Política Nacional de Estágio (ABEPSS, 2009).

em tríade tem caráter teórico, ético, político e técnico, no estágio e na formação em Serviço Social, na medida em que estabelece intelecção à sua realização, elemento indispensável no contexto dos reiterados desmontes que a educação superior vem sofrendo e que rebatem diretamente na realização do estágio e, por sua vez, da supervisão: cobrança monetária pela supervisão de campo; número de discentes superior ao estabelecido na Resolução n. 533/2008 e na Política de Estágio (2009), tanto na supervisão de campo quanto acadêmica; ausência de supervisão nos estágios não obrigatórios; supervisão de campo concebida como sobre trabalho, sem o reconhecimento de seu caráter privativo profissional; restritas condições éticas e técnicas para a recepção de discentes-estagiários/as em campo de estágio; falta de diálogo entre supervisores/as de campo e acadêmico/a; não realização de visitas institucionais; descompasso entre a concepção e a necessidade dos registros documentais e, ainda, da natureza do cumprimento da carga horária de estágio.

Num processo horizontal de reflexão permanente, a supervisão em tríade configura:

> [...] o momento em que o profissional responsável pela supervisão de campo e acadêmica e o estudante se dedicam a pensar sobre esse exercício profissional: os fundamentos da profissão e a realidade que se apresenta neste determinado espaço sócio-ocupacional, tendo como fundamento determinado aporte teórico, ético-político e técnico-operativo que constituem as dimensões da profissão (SANTOS; GOMES; LOPES, 2016, p. 217).

Nessa esteira, a Política Nacional de Estágio (PNE) da ABEPSS (2009) chama a atenção para uma dificuldade que afeta de modo mais direto o estágio do tipo não obrigatório, o qual pode mais facilmente ser desfigurado de sua dimensão educativa-pedagógica. Esse tipo de estágio está mais propenso a assumir caráter reducionista e utilitarista, sobretudo ao encarar o/a discente-estagiário/a como mão de obra barata em vez de um discente em processo de formação. "Daí

DIRETRIZES CURRICULARES E FORMAÇÃO EM SERVIÇO SOCIAL

a necessidade de gestões permanentes no combate a essa distorção, para que também o estágio não-obrigatório possibilite ao estudante de Serviço Social a necessária inserção no cotidiano profissional e a capacitação para o exercício da profissão" (ABEPSS, 2009, p. 18). A PNE enfatiza, ainda, que:

> [...] é de nossa responsabilidade, no âmbito da formação profissional, garantir que a experiência do estágio supervisionado curricular não obrigatório seja apropriada pelos estudantes para a melhoria de suas habilidades, capacidades e conhecimentos, nos níveis teórico-metodológico, técnico-operativo e ético-político, e não aproveitada como mecanismo de contratação precária de força de trabalho semi-especializada, menos ainda como substituto à ausência de uma política universitária de assistência estudantil (ABEPSS, 2009, p. 28).

É fundamental que o entendimento em torno de tais instrumentos normativos, bem como sobre seus impactos no estágio em Serviço Social, seja lido "no contexto da redução de direitos e da precarização e desregulamentação do trabalho" (LEWGOY, 2013, p. 82). Articulados, eles se delineiam como referenciais compulsórios para todos os sujeitos, individuais e institucionais, envolvidos diretamente com o processo de supervisão de estágio em Serviço Social, a saber: (1) discente estagiário/a; (2) supervisor/a de campo; (3) supervisor/a acadêmico/a; (4) Coordenação de Estágio e do Curso de Serviço Social; (5) Coordenação de Estágio da Instituição de Ensino Superior (IES); (6) Instituição Concedente/Empresa; (7) Instituição Integradora/ Agentes de Integração.[9]

---

9. Agentes de integração são instituições que atuam na mediação da relação entre estagiário/a e as instituições concedentes do estágio, cabendo-lhes, por exemplo, atuar nos processos de seleção e captação de estudantes; identificar e divulgar oportunidades de estágio; encaminhar negociação de seguros contra acidentes pessoais; cadastrar estudantes; realizar o acompanhamento administrativo; e ajustar as condições de realização de estágio, entre outros. Um dos mais conhecidos e antigos agentes de integração de estágios no Brasil é o CIEE (Centro de Integração Empresa-Escola).

Quando da sua criação, a PNE prenunciava os dilemas que afetam o estágio não obrigatório, os quais envolvem desde questões relacionadas à supervisão até a natureza institucional dos campos de estágio, reconhecendo que "cabe aos sujeitos as mesmas responsabilidades para uma e outra experiência pedagógica de estágio" (ABEPSS, 2009, p. 31). A PNE reafirmou que os projetos pedagógicos dos cursos devem indicar, de modo explícito, a forma como será efetiva tanto a supervisão do estágio obrigatório como do não obrigatório. Decorridos 13 anos desde esta previsão, o estágio não obrigatório ainda se apresenta com um dos maiores desafios enfrentados no contexto da formação profissional. Àquele período, a ABEPSS (2009, p. 27-28) reconhecera que:

> [...] a experiência que temos com essa modalidade é de desconhecimento, de afastamento e total desconsideração com seus resultados frente à formação profissional dos discentes. Não significa dizer que não venhamos fazendo parte da crítica existente, no meio acadêmico, à utilização dos estudantes de terceiro grau como força de trabalho barata nas empresas, instituições públicas ou do chamado terceiro setor. Contudo, não passamos por nenhum processo mais sistemático de organização, enquanto categoria e órgãos representativos, para interferir e dar direção estratégica a esta crítica.

Promulgada um ano antes da PNE (ABEPSS, 2009), a Resolução CFESS n. 533/2008 regulamentou a supervisão direta de estágio no Serviço Social, definindo-a como "[...] a conjugação entre a atividade de aprendizado desenvolvida pelo aluno no campo de estágio, sob o acompanhamento direto do supervisor de campo e a orientação e avaliação a serem efetivadas pelo supervisor vinculado à instituição de ensino" (CFESS, 2008, p. 4). Ao abordar as condições para a realização da supervisão direta — cuja complementaridade se encontra na Resolução CFESS n. 493/2006, que dispõe sobre as condições éticas e técnicas do exercício profissional do assistente social —, a referida Resolução, ainda que trate do trabalho profissional e de uma de suas

DIRETRIZES CURRICULARES E FORMAÇÃO EM SERVIÇO SOCIAL

atribuições privativas, alcança a formação, ressituando o debate em torno do estágio.

Na definição de atribuições e responsabilidades de todos os sujeitos envolvidos na realização do estágio obrigatório em Serviço Social, o fluxo para a sua efetivação se inicia através da captação de vaga semestral, empreendida pela Coordenação de Estágio do Curso de Serviço Social, junto às instituições, públicas e privadas, que possuem convênio com a instituição de ensino. Essa atribuição exige da Coordenação de Estágio o permanente diálogo tanto com as instituições que já se apresentam historicamente como campo de estágio e mantêm uma relação de parceria e colaboração com o Curso de Serviço Social, bem como com as instituições em que essa relação ainda não está estabelecida, mas que encerram condições éticas e técnicas para se tornarem futuros campos de estágio. Muitas vezes, o contato com as referidas instituições ocorre, inicialmente, por meio do diálogo com os/as assistentes sociais supervisores/as de campo.

No processo de busca e captação de vagas, a iniciativa pode ter dois sentidos, simultâneos e não excludentes, partindo (1) da busca ativa por parte da Coordenação de Estágio junto aos (potenciais) campos de estágio; ou (2) da manifestação da disponibilidade para a supervisão de estágio por parte do/a assistente social. É válido destacar, ainda, que esse processo é dinâmico e sazonal, ou seja, inexiste um quadro de vagas permanente e fixo, o que significa dizer que há semestres em que se constata maior oferta de vagas do que em outros. Essa realidade, longe de figurar como resultado exclusivo da atuação da Coordenação de Estágio ou mesmo como efeito direto da maior disponibilidade dos/as profissionais para a supervisão, expressa determinações e processos sociais mais amplos, que podem ser encarados como dificultadores na manutenção e na ampliação das vagas de estágios, dos quais não podemos nos furtar à elucidação, tais como: (1) a excessiva burocratização no processo de estabelecimento de convênios — ou a ausência destes — entre a IES e as instituições concedentes; (2) a ausência de condições éticas e técnicas para a realização da supervisão nos espaços sócio-ocupacionais; (3) a sobrecarga de trabalho e a natureza das demandas institucionais, que inviabilizam uma supervisão direta, contínua, sistemática e de qualidade; (4) a fragilidade, a precariedade e a natureza dos vínculos trabalhistas dos/as profissionais assistentes sociais, o que os/as impedem de assumir a supervisão de estágio sob pena de ter seu trabalho descontinuado frente à interrupção de um contrato temporário de prestação de serviços ou mesmo pela iminência constante de demissão, no caso dos/as contratados/as; (5) a falta de reconhecimento e de valorização da supervisão de campo por parte das instituições de ensino; (6) a oferta de vagas por vários semestres seguidos sem o consequente encaminhamento de estagiários/as para ocupá-las.

Captadas, as vagas são destinadas aos/às discentes devidamente matriculados/as na disciplina de Estágio Supervisionado em Serviço Social.[10] É de suma importância reconhecer o papel no âmbito da gestão, mas também a dimensão pedagógica que encerra a atuação da Coordenação de Estágio do Curso de Serviço Social, a qual, junto às coordenações de curso ou departamentos, trabalha no sentido de "viabilizar as novas demandas de qualificação do Estágio como elemento central da formação profissional" (ABEPSS, 2009, p. 24).

A efetivação do estágio, sem desconsiderar a sua natureza educativa e pedagógica, exige certos trâmites formais e legais que antecedem a entrada do/a estagiário/a em campo. Não se trata, tão somente, de um mero formalismo burocrático, mas do reconhecimento da força política que esse processo representa, exatamente porque implica a definição das responsabilidades dos sujeitos envolvidos no estágio, garantindo uma espécie de sistema de proteção e garantia de direitos ao/à discente-estagiário/a, sobretudo por meio do Termo de Compromisso e do Plano de Atividades,[11] os quais devem dispor, obrigatoriamente, das seguintes informações:

---

10. Em geral, a carga horária do estágio curricular obrigatório é cumprida ao longo de dois semestres. No entanto, em algumas instituições de ensino, quando previsto no Projeto Pedagógico do Curso, essa carga horária pode estar dividida em dois semestres ou mais.

11. O plano de atividades pode ser apresentado como um anexo ao Termo de Compromisso ou pode integrar a própria estrutura do documento do Termo. É através do plano de atividades

DIRETRIZES CURRICULARES E FORMAÇÃO EM SERVIÇO SOCIAL

a) dados de identificação das partes, incluindo cargo e função do supervisor do estágio da parte concedente, do orientador da instituição de ensino e do estudante; b) as responsabilidades de cada uma das partes; c) objetivo do estágio; d) definição da área do estágio; e) plano de atividades, prevendo a avaliação dos progressos do estudante (que poderá ser na forma de aditivo ao Termo); f) a jornada de atividades do estagiário; g) a definição do intervalo na jornada diária; h) vigência do Termo; i) motivos que poderão ensejar a rescisão do Termo; j) concessão do recesso dentro do período de vigência do Termo; k) valor da bolsa [se for o caso] e eventuais outros benefícios; l) valor do auxílio-transporte; m) o número da apólice e a companhia de seguro (COLOMBO; BALLÃO, 2014, p. 183).

O encaminhamento do Termo de Compromisso e do Plano de Atividades[12] assevera as condições legais que permitem e autorizam a entrada do/a discente-estagiário/a em campo — a ausência de quaisquer desses documentos inviabiliza o início, de fato, do estágio. Uma vez que a supervisão direta foi iniciada, outros documentos passam a figurar o cotidiano do processo de ensino e aprendizagem do/a discente como estratégias de sistematização e síntese reflexiva acerca das questões atinentes à realidade institucional, às demandas dos/as usuários/as, aos instrumentais técnicos utilizados no trabalho profissional e aos seus pressupostos éticos, à interlocução com os fundamentos teóricos da profissão, entre outros. Dito isso, reafirmamos que, à guisa do conjunto de elementos institucionais, legais e políticos que incidem sobre o estágio, não podemos perder de vista que uma

---

que a Coordenação de Estágio e/ou o/a supervisor/ a acadêmico/a verifica a compatibilidade das atividades previstas para o estágio dentro do escopo do desenvolvimento de habilidades e competências, no lastro das atribuições privativas do/a assistente social em seu processo de formação profissional.

12. O Termo de Compromisso deve ser assinado pelo/a: (1) Estagiário/a; (2) Coordenador/a de Estágio do Curso de Serviço Social; (3) Responsável legal pela instituição concedente; (4) Responsável legal ou representante da Instituição Integradora (se for o caso); (5) Responsável legal pelos estágios na IES. Já o Plano de Atividades deve ser assinado também pelo/a supervisor/a de campo, com a indicação explícita do número do registro profissional de seu respectivo CRESS.

de suas premissas é "oportunizar ao/à estudante o estabelecimento de relações mediatas entre os conhecimentos teórico-metodológicos e o trabalho profissional, a capacitação técnico-operativa e o desenvolvimento de competências necessárias ao exercício da profissão, bem como o reconhecimento do compromisso da ação profissional com as classes trabalhadoras" (ABEPSS, 2009, p. 14).

Para finalizar, alguns apontamentos sobre essa fecunda temática

Desde as Diretrizes Curriculares da ABEPSS, de 1996, é inconteste que a educação superior no Brasil passou por transformações substanciais, no esteio de que a formação em Serviço Social não passou ilesa, o que afetou, sobremaneira, o perfil dos/as egressos/as dos Cursos de Serviço Social no país. Segundo o Censo da Educação Superior (INEP, 1996), em 1996, o número de discentes matriculados/as nos 75 cursos de graduação em Serviço Social, existentes no Brasil, totalizava 19.237. O Censo da Educação Superior de 2020 (INEP, 2020) aponta para números impressionantes: 36.828 discentes matriculados/as nos 292 Cursos de Serviço Social presenciais; 95.787 discentes matriculados nos 96 Cursos de Serviço Social na modalidade a distância — destaca-se que quase 90% dos cursos (presenciais e a distância) são de instituições de ensino superior privadas. Decorridos 26 anos, o quantitativo de discentes e de cursos de Serviço Social quintuplicou, praticamente, na mesma proporção. É mister, diante desse quadro, reafirmar o compromisso com uma formação profissional ancorada "num tempo e espaço construídos historicamente" (LEWGOY, 2013, p. 70), caminhando na contramão das tendências pragmáticas, instrumentais e puramente operativas que tendem a encontrar solo fértil dadas as configurações atuais da educação superior brasileira.

Nesse cenário, o estágio também não fica incólume a tensões e disputas imersas no âmbito da formação profissional. O Serviço

DIRETRIZES CURRICULARES E FORMAÇÃO EM SERVIÇO SOCIAL

Social, a partir da virada do século, tem consolidado construções que dialogam com a defesa do estágio como processo pedagógico, que se distancia da concepção tradicional que foi hegemonizada por longos anos na trajetória sócio-histórica profissional. Ademais, é essa guinada conceitual e, obviamente, operativa do estágio que permite sua apreensão como lócus privilegiado de mediações entre formação e trabalho, sob supervisão permanente e sistemática de profissionais assistentes sociais — equivocadamente, e apesar de não incomum, ainda há a tendência de atribuir ao/a discente-estagiário/a o desenvolvimento de algumas atividades nos espaços sócio-ocupacionais, sob um propalado *aprender Serviço Social fazendo* ou sob o que Goin (2016) denomina *binômio ensaio e erro*. Os riscos dessa perspectiva tradicional de supervisão são eminentes, porque legitimam a refutada prática como atribuição da supervisão de campo e teoria como competência da supervisão acadêmica, ou, ainda, de maneira reiterada, intencional ou não, reproduzem o prisma de que *na teoria a prática é outra*, como Santos (2011) vem debatendo e criticando nas suas produções.

A supervisão[13] de estágio em Serviço Social, subjacente ao outrora referido, evidencia-se como uma atividade privativa dos/as assistentes sociais, ao passo que é o sujeito profissional que detém competências técnico-profissionais para realizar a orientação do/a discente-estagiário/a — seja no campo, seja na academia. Disposta na Lei que regulamenta a profissão de assistente social no Brasil[14], a prerrogativa exclusiva aos/às profissionais da área, habilitados/as ao exercício da profissão — ou seja, (1) com registro profissional ativo no Conselho Regional de Serviço Social de jurisdição e pleno gozo dos seus direitos profissionais; (2) e vínculo profissional com a instituição de estágio —, pressupõe, também, que ademais da formação na área, do registro e do vínculo, o/a assistente social supervisor/a desenvolva caráter pedagógico no processo, a partir da orientação, do diálogo, da construção conjunta, da reflexão acerca das experiências profissionais

---

13. Para fins didáticos, quando usado o termo supervisão, está se fazendo referência à supervisão de campo e acadêmica, concomitantemente.

14. Lei n. 8 662, de 7 de junho de 1993.

cotidianas e, como refere Lewgoy (2009), espaço efetivo de não tutela, de autonomia, de apoio, de fruição, de criatividade.

Como elemento constitutivo e indissociável do estágio, a supervisão denota que haja um processo permanente e sistemático de apreensão da relação orgânica entre as dimensões teórico-metodológica e ético-política com a técnico-operativa. É o processo de supervisão que permite ao/à discente-estagiário/a estabelecer mediações que ultrapassem as determinações efêmeras, rotineiras e burocráticas presentes nos espaços profissionais, por isso a necessidade imanente de um/a profissional da área na supervisão, para possibilitar processos reflexivos que ultrapassem a mera reprodução cotidiana de qualquer trabalho, distanciado do *olhar exclusivo* de assistentes sociais — aqui reside o entendimento de que a atribuição privativa não é mero preciosismo profissional.

Além de refutar e abandonar a perspectiva de autonomização da operativa em detrimento das demais dimensões formativas, a supervisão:

> [...] possibilita ao/a estagiário/a a captura das mediações epistemológicas, ontológicas, políticas, éticas e técnicas inerentes à profissão. Constitui-se enquanto um construto social, na medida em que possibilita a reflexão teórica, ética, política e técnico-operativa do vivenciado em campo de estágio. Sob esse prisma, a supervisão supera a tradicional concepção instrumental, do ensino da prática e de utilização de manuais operativos, para constituir-se enquanto instrumento de despertar do senso crítico, investigativo e propositivo do/a estagiário/a; de apreensão dos processos sociais em suas múltiplas determinações; de elucidação e clareza dos objetivos profissionais no âmbito das instituições em que se inserem os(as) Assistentes Sociais; e de sintonizar o(a) estagiário(a) na concretude das particularidades da profissão no âmbito da divisão sócio-técnica do trabalho (GOIN; MACHADO; PEDERSEN, 2018, p. 72).

Na esteira aludida, concebe-se o estágio como processo, e "terreno germinador das demandas e das possibilidades do conhecimento e das práticas na apreensão das determinações e mediações que incidem na realidade social" (ABEPSS, 2009, p. 16), que supera a visão tecnicista e instrumental em sua realização (mero cumprimento da carga horária mínima, da escrita de diários de campo, de elaboração de planos, projetos e relatórios de estágio para obtenção de nota). Ademais de significar um giro político, essa acepção do estágio na formação em Serviço Social, como vem se demonstrando desde as primeiras linhas, constitui-se como espaço de mediação entre formação e trabalho profissional, cujas bases estão alicerçadas nos seus Fundamentos, e dialoga com a defesa de uma formação de qualidade, socialmente referenciada, teórica e politicamente fundamentada.

REFERÊNCIAS

ALVES, Eunice Maria. Supervisão de campo. *In*: MESQUITA, Andréa Pacheco de; GUERRA, Yolanda; GONÇALVES, André de Menezes (org.). *Dicionário crítico: estágio supervisionado em Serviço Social*. Fortaleza: Socialis, 2019. p. 186-192.

ASSOCIAÇÃO BRASILEIRA DE ENSINO E PESQUISA EM SERVIÇO SOCIAL (ABEPSS). *Diretrizes gerais para o curso de Serviço Social* (com base no Currículo Mínimo aprovado em Assembleia Geral Extraordinária de 8 de novembro de 1996). Brasília: ABEPSS, 1996. Disponível em: https://www.abepss.org.br/arquivos/textos/documento_201603311138166377210.pdf. Acesso em: 21 dez. 2023.

ASSOCIAÇÃO BRASILEIRA DE ENSINO E PESQUISA EM SERVIÇO SOCIAL (ABEPSS). *Política Nacional de Estágio*. Brasília: ABEPSS, 2009. Disponível em: http://www.abepss.org.br/arquivos/textos/documento_201603311145368198230.pdf. Acesso em: 9 dez. 2021.

ASSOCIAÇÃO BRASILEIRA DE ESTÁGIOS (ABRES). *Estatísticas*. São Paulo, 2022. Disponível em: https://abres.org.br/estatisticas/. Acesso em: 28 jan. 2022.

BRASIL. *Lei n. 8.662, de 7 de junho de 1993*. Dispõe sobre a profissão de assistente social. Brasília, 1993. Disponível em: http://www.planalto.gov.br/ccivil_03/leis/l8662.htm. Acesso em: 3 jan. 2022.

BRASIL. *Lei n. 11 788, de 25 de setembro de 2008.* Dispõe sobre o estágio de estudantes. Brasília, 2008. Disponível em: http://www.planalto.gov.br/ccivil_03/_ato2007-2010/2008/lei/l11788.htm. Acesso em: 3 jan. 2022.

BURIOLLA, Marta Alice Feiten. *O Estágio Supervisionado.* São Paulo: Cortez, 1995.

COLOMBO, Irineu Mario; BALLÃO, Carmen Mazepa. Histórico e aplicação da legislação de estágio no Brasil. *Educar em Revista,* Curitiba: Editora UFPR, n. 53, p. 171-186, jul./set. 2014.

CONSELHO FEDERAL DE SERVIÇO SOCIAL (CFESS). *Código de Ética do assistente social.* Resolução n. 273, de 13 de março de 1993. Brasília, 1993. Disponível em: http://cfess.org.br/arquivos/CEP_1993.pdf. Acesso em: 9 dez. 2021.

CONSELHO FEDERAL DE SERVIÇO SOCIAL (CFESS). *Resolução CFESS N. 533,* de 29 de setembro de 2008. 2008. Disponível em: https://www.cfess.org.br/arquivos/Resolucao533.pdf. Acesso em: 9 dez. 2021.

GOIN, Marileia. Fundamentos teóricos, éticos, operativos e formativos do estágio supervisionado em Serviço Social. *In*: GOIN, Marileia; MACHADO, Loiva Mara de Oliveira; PEDERSEN, Jaina Raqueli. *Estágio supervisionado em Serviço Social:* os (des)caminhos das experiências nos diferentes espaços sócio-ocupacionais. Jaguarão: CLAEC, 2018. p. 17-34.

GOIN, Marileia; MACHADO, Loiva Mara de Oliveira; PEDERSEN, Jaina Raqueli. A tríade no processo de supervisão do estágio em Serviço Social: significados, indissociabilidade e fortalecimento. *In*: GOIN, Marileia; MACHADO, Loiva Mara de Oliveira; PEDERSEN, Jaina Raqueli. *Estágio supervisionado em Serviço Social:* os (des)caminhos das experiências nos diferentes espaços sócio-ocupacionais. Jaguarão: CLAEC, 2018. p. 70-87.

GUERRA, Yolanda. O estágio supervisionado como espaço de síntese da unidade dialética entre teoria e prática: o perfil do profissional em disputa. *In*: SANTOS, Cláudia Mônica dos; LEWGOY, Alzira Maria Baptista; ABREU, Maria Helena Elpidio. *A supervisão de estágio em Serviço Social:* aprendizados, processos e desafios. Rio de Janeiro: Lumen Juris, 2016. p. 101-124.

IAMAMOTO, Marilda Villela. *O Serviço Social na contemporaneidade:* trabalho e formação profissional. 23. ed. São Paulo: Cortez, 2012.

IAMAMOTO, Marilda Villela. A formação acadêmico-profissional no Serviço Social brasileiro. *Serviço Social & Sociedade*, São Paulo, n. 120, p. 609-639, out./dez. 2014.

IAMAMOTO, Marilda Villela; CARVALHO, Raul de. *Relações sociais e Serviço Social no Brasil*: esboço de uma interpretação histórico-metodológica. São Paulo: Cortez, 1982.

INEP. Instituto Nacional de Estudos e Pesquisas Educacionais Anísio Teixeira. *Censo da Educação Superior 1996:* sinopse estatística. Brasília, 1996. Disponível em: https://www.gov.br/inep/pt-br/areas-de-atuacao/pesquisas-estatisticas-e-indicadores/censo-da-educacao-superior/resultados. Acesso em: 20 fev. 2022.

INEP. Instituto Nacional de Estudos e Pesquisas Educacionais Anísio Teixeira. *Censo da Educação Superior 2020:* sinopse estatística. Brasília, 2020. Disponível em: https://www.gov.br/inep/pt-br/assuntos/noticias/censo-da-educacao-superior/resultados-do-censo-da-educacao-superior-2020-disponiveis. Acesso em: 20 fev. 2022.

LEWGOY, Alzira Maria Baptista. *Supervisão de estágio em Serviço Social*: desafios para a formação e o exercício profissional. São Paulo: Cortez, 2009.

LEWGOY, Alzira Maria Baptista. O estágio supervisionado em Serviço Social: desafios e estratégias para a articulação entre formação e exercício profissional. *Temporalis*, Brasília, ano 13, n. 25, p. 63-90, jan./jun. 2013.

LEWGOY, Alzira Maria Baptista. Fundamentos e mediações da supervisão de estágio em Serviço Social na formação e no exercício profissional: estudo da particularidade ibero-americana. *In*: ENCONTRO NACIONAL DE PESQUISADORES EM SERVIÇO SOCIAL, 16., 2018, Vitória. *Anais* [...]. Vitória: UFES, 2018.

MARTINELLI, Maria Lúcia. *Serviço Social*: identidade e alienação. 2. ed. São Paulo: Cortez, 1991.

MARX, Karl; ENGELS, Friedrich. *Manifesto do Partido Comunista*. São Paulo: Martins Claret, 2007.

MESQUITA, Andréa Pacheco de; GUERRA, Yolanda; GONÇALVES, André de Menezes (org.). *Dicionário crítico*: estágio supervisionado em Serviço Social. Fortaleza: Socialis, 2019.

NETTO, José Paulo. Liberdade: o valor ético central do código (três notas didáticas). *In*: CONSELHO Regional de Serviço Social do Rio de Janeiro (org.). *Projeto Ético-Político e exercício profissional em Serviço Social*: os princípios do Código de Ética articulados à atuação crítica de assistentes sociais. Rio de Janeiro: CRESS, 2013.

ORTIZ, Fátima Grave. A supervisão de estágio como atribuição privativa do assistente social. *In*: SANTOS, Cláudia Mônica dos; LEWGOY, Alzira Maria Baptista; ABREU, Maria Helena Elpidio. *A supervisão de estágio em Serviço Social*: aprendizados, processos e desafios. Rio de Janeiro: Lumen Juris, 2016. p. 193-214.

ORTIZ, Fátima Grave. Estágio curricular obrigatório. *In*: MESQUITA, Andréa Pacheco de; GUERRA, Yolanda; GONÇALVES, André de Menezes (org.). *Dicionário crítico*: estágio supervisionado em Serviço Social. Fortaleza: Socialis, 2019. p. 98-103.

SANTOS, Cláudia Mônica dos. *Na prática a teoria é outra?* Mitos e dilemas na relação entre teoria, prática, instrumentos e técnicas no Serviço Social. Rio de Janeiro: Lumen Juris, 2011.

SANTOS, Claúdia Mônica; ABREU, Maria Helena Elpidio. Desafios do estágio supervisionado na atualidade. *In*: PEREIRA, Larissa Dahmer; ALMEIDA, Ney Luiz Teixeira de (org.). *Serviço Social e educação*. 2. ed. Rio de Janeiro: Lúmen Juris, 2013. (Coletânea Nova de Serviço Social).

SANTOS, Cláudia Mônica; GOMES, Daniele Cristina Silva; LOPES, Ludmila Pacheco. Supervisão de estágio em Serviço Social: desafios e estratégias para sua operacionalização. *In*: SANTOS, Cláudia Mônica dos; LEWGOY, Alzira Maria Baptista; ABREU, Maria Helena Elpidio. *A supervisão de estágio em Serviço Social*: aprendizados, processos e desafios. Rio de Janeiro: Lumen Juris, 2016, p. 215-242.

VÁZQUEZ, Adolfo Sánchez. *Filosofia da práxis*. 2. ed. Buenos Aires: Clacso; São Paulo: Expressão Popular, 2011.

CAPÍTULO 10

A importância do tripé ensino--pesquisa-extensão na formação em Serviço Social

Raquel Santos Sant'Ana
Anita Pereira Ferraz

Introdução

Este capítulo discute a importância do tripé ensino, pesquisa e extensão na formação em Serviço Social. Para isso, consideramos o acervo teórico e documental construído pelo Serviço Social para orientar o processo de formação e destacamos, em especial, as diretrizes curriculares da Associação Brasileira de Ensino e Pesquisa em Serviço Social, a ABEPSS. Neste documento de referência na área, está colocada a necessidade de apreensão da realidade numa perspectiva de totalidade, bem como a importância do tripé ensino, pesquisa e extensão para garantir a qualidade da formação.

As universidades brasileiras nascem e se desenvolvem de maneira elitista e só no final do século passado e no início deste século que passam por um processo, ainda que incipiente, de maior democratização do acesso. Isso ocorre num período de avanço do ultraneoliberalismo, o que vai trazer rebatimentos efetivos sobre como a expansão e a democratização vão se efetivar.

Quando em 2016 ocorreu o golpe que destitui a presidenta Dilma Rousseff e assumiu o poder Michel Temer, a situação das universidades, que já vinha num processo de precarização, sofre ainda maiores impactos devido ao desfinanciamento e à maneira como a educação e a pesquisa foram sendo direcionadas no país. Em 2018, inicia o governo de Jair Bolsonaro e este quadro se agrava ainda mais, pois, além do desfinanciamento, as universidades são ameaçadas em sua autonomia; um processo que envolveu lutas e resistências e que seguem, ainda que em condições diferenciadas, no governo de Luiz Inácio Lula da Silva. Mesmo com todas as dificuldades estruturais e conjunturais, as universidades seguem como importantes *loci* da pesquisa, da produção do conhecimento científico e tecnológico, de formação especializada e de realização de trabalhos junto aos diversos segmentos sociais pela via da extensão. O tripé ensino, pesquisa e extensão conjuga os elementos fundamentais para que o diferencial de qualidade da formação aconteça nas universidades brasileiras.

A ciência foi sucateada pelo governo Bolsonaro e isso gerou muitas incertezas, especialmente decorrentes do desfinanciamento e das intervenções de cunho conservador e reacionário, as quais ameaçaram a produção do conhecimento científico, em especial aquele produzido com bases críticas e questionadoras da ordem instituída. Essas incertezas afetaram sobremaneira as áreas que ainda são jovens e, em especial, as humanidades que já ficam com menor financiamento, como é o caso do Serviço Social e de seus programas de pós-graduação. Com o início do governo Lula, algumas medidas urgentes foram tomadas, no sentido de recompor perdas conforme será brevemente apresentado neste texto.

Outro elemento fundamental que traz a urgência da reflexão sobre o tripé da universidade pública vem da determinação legal de inclusão da extensão na grade horária de todos os cursos de nível universitário do país, numa carga horária mínima de 10% de cada curso. Isso é algo que requer urgência do debate, pois a proposta a ser implantada no Serviço Social tem que seguir na mesma direção de seu projeto formativo de cunho crítico e aliado aos movimentos e às lutas sociais, mas ao mesmo tempo tem que ser capaz de contemplar a realidade do alunado que, em grande medida, são os/as trabalhadora/as.

Ainda que o Serviço Social tenha há muito tempo firmado sua posição contrária ao ensino de graduação a distância para a formação em Serviço Social, devido à pandemia do Sars-CoV-2, os cursos de maneira geral foram obrigados a seguir a formação com atividades remotas durante grande parte dos anos de 2020 e 2021. Isso também trouxe grandes desafios e comprometeu a formação não só no âmbito do ensino, mas também na pesquisa a na extensão.

Discutir estes elementos é a proposta deste capítulo que fecha esta coletânea. Esperamos conseguir evidenciar aqui a importância e a necessidade de uma apreensão crítica da universidade e de seus elementos constituintes a partir do tripé ensino, pesquisa a extensão universitária e, especialmente, a importância deste na formação em Serviço Social.

A universidade brasileira e sua expansão em tempos neoliberais

A universidade brasileira desenvolveu-se de forma tardia se comparada aos demais países sul-americanos, como um projeto para atender às demandas de formação e capacitação da elite nacional, sem compromisso com a transformação social, tampouco visando à produção científica. Essas marcas no desenvolvimento da universidade brasileira se refletem ao longo de sua história, até os dias atuais, sendo possível observar isso em seus normativos e orçamento, além de que, é preciso considerar que ela reflete o contexto no qual está inserida.

Como aponta Chaui (2001, p. 35):

> A universidade é uma instituição social. Isso significa que ela realiza e exprime de modo determinado a sociedade de que faz parte. Não é uma realidade separada e sim uma expressão historicamente determinada de uma sociedade determinada.

É possível observar que a universidade brasileira foi criada a partir de um modelo elitizado e excludente, desde suas formas de acesso até a suas políticas e ações, reproduzindo a uma sociedade desigual e subdesenvolvida.[1] O ensino superior brasileiro registra experiências de pesquisa e extensão ao longo dos anos, entretanto, estas ações não demonstravam compromisso com o desenvolvimento econômico e social; os investimentos na educação superior também caminharam para reforçar isso.

A educação nunca foi uma política prioritária no Brasil, em nenhum dos níveis de ensino, em especial o nível superior, que na esfera pública foi direcionado à elite nacional e, na esfera privada, tratado como mercadoria. Com os avanços neoliberais, essa perspectiva se acentuou, sendo possível observar de maneira muito evidente a reprodução da lógica mercadológica de acumulação capitalista.

Os movimentos pela democratização do país e por políticas públicas são fundamentais para os avanços na compreensão da educação como política pública, como um direito constitucional e, especialmente, pela inclusão do texto que trata do tripé universitário na Constituição de 1988, apontando para uma universidade socialmente referenciada e democrática, que deve se pautar pelo princípio da indissociabilidade

---

1. As obras *Escritos sobre universidade*, de Marilena Chaui (2001), e *Florestan Fernandes: sociologia crítica e militante*, de Florestan Fernandes (2004), trazem mais informações sobre o tema.

DIRETRIZES CURRICULARES E FORMAÇÃO EM SERVIÇO SOCIAL

entre ensino, pesquisa e extensão. No artigo 213 consta ainda a possibilidade de a pesquisa e a extensão receberem apoio financeiro do poder público. Entretanto, a Lei de Diretrizes e Bases da Educação Nacional (LDB) — Lei n. 9 394, de 20 de dezembro de 1996 — traz novas perspectivas à política educacional brasileira, em especial no ensino superior.

A LDB é seguida de leis, medidas provisórias, decretos, emendas constitucionais, resoluções e pareceres pautados pelo Ministério da Educação (MEC) e pelo Conselho Nacional de Educação (CNE) que promovem uma reforma universitária. A perspectiva dessa reforma pauta ajustes econômicos neoliberais, preconizados pelos organismos financeiros, promovendo o desmonte das universidades. Estas se afastam dos desafios socioeconômicos e dos compromissos com a sociedade, sofrendo com a precarização, sob a argumentação de redução de custos, como aponta Chaui (2001, p. 37):

> Agora temos de ouvir essa mesma classe dominante pontificar sobre como baixar custos e "democratizar" essa universidade pública deformada e distorcida que nos impuseram goela abaixo. Que é proposto como remédio? Para "baixar os custos", privatizar a universidade pública, baixar o nível da graduação e realizar, para a universidade, como versão-90, o que foi feito para o primeiro e segundo graus na versão-70.

Como afirma José Paulo Netto (2000, p. 27-28), a política de ensino superior brasileira tem similaridades com o movimento político de reforma do Estado, tais como: a "acelerada expansão do privatismo"; a "liquidação" da relação ensino, pesquisa e extensão; a "supressão do caráter universalista da universidade"; a "subordinação dos objetivos universitários às demandas do mercado"; e "redução do grau de autonomia universitária". Tal política favorece a ampliação das instituições de ensino particular em detrimento das instituições de ensino público, reduzindo consideravelmente a educação pública e repetindo a lógica mercadológica na educação.

Essa reforma tem rebatimentos diretos na formação em Serviço Social, com expansão da oferta do curso por instituições particulares e, principalmente, pela oferta de cursos na modalidade a distância.[2] A oferta de cursos de Serviço Social pelas instituições privadas foi ampliada, reproduzindo a perspectiva mercadológica, como aponta Pereira (2018, p. 79):

> O aumento exponencial da oferta de vagas em cursos EAD foi decorrente da política formulada pelo Estado brasileiro para promover a expansão do ensino superior, com o discurso de aumentar a capilarização dos cursos em regiões onde não se tinham instituições de ensino. No que se refere ao ensino privado, o argumento utilizado para a expansão da modalidade a distância foi em decorrência da exaustão da oferta de cursos presenciais, buscando então a expansão de novos espaços e realização de seus lucros por parte das empresas capitalistas.

Essa lógica não prioriza a qualidade do ensino, tampouco preconiza uma formação crítica, além de não atender à perspectiva de indissociabilidade entre ensino, pesquisa e extensão. As entidades representativas ABEPSS, Conjunto CFESS/CRESS e ENESSO travaram batalhas judiciais, além de intensas e reiteradas campanhas sobre a temática, reafirmando o compromisso político da profissão, entretanto, a privatização do ensino universitário e a lógica mercadológica seguem predominantes do contexto brasileiro.

Em relação às instituições privadas, poucas são as que possuem status de universidade e tem a obrigatoriedade de desenvolver atividades de ensino, pesquisa e extensão. A redução de financiamento das instituições públicas diminui os recursos para a pesquisa, abrindo espaço para a iniciativa privada investir em pesquisa utilizando o bem público em seu proveito, sem oferecer devolutivas à sociedade, além de ser possível observar a pesquisa restrita a alguns centros

---

2. A pesquisa *A expansão dos cursos de Serviço Social e os desafios enfrentados pelas assistentes sociais docentes*, de Letícia Terra Pereira (2018), traz dados detalhados sobre essa expansão.

DIRETRIZES CURRICULARES E FORMAÇÃO EM SERVIÇO SOCIAL

especializados. A extensão, que historicamente é o componente que menos recebe recursos, tem o reforço de ações de prestação de serviço e oferta de cursos, via de regra remunerados, o que se torna uma via de privatização das universidades.

O Decreto n. 6.096, de 24 de abril de 2007, que criou o Programa de Reestruturação e Expansão das Universidades Federais (Reuni), cria 14 novas universidades federais, totalizando 59 universidades em 123 novos municípios, alcançando um total de 237 municípios oferecendo Educação Superior pública federal e gratuita. Embora o Reuni tenha promovido ampliação e a acesso à universidade, Ferraz (2019, p. 23) aponta:

> Como resultado, o Reuni integra o processo de continuidade da dependência enfrentando a crise estrutural do capital. As consequências diretas do programa foram de expansão de vagas sem garantir o incremento da qualidade do ensino oferecido devido à pressão por aumento de índices como os de aprovação, relação alunos/professor e prazo para conclusão do curso. Entretanto, a busca por estes indicadores quantitativos não reconhece ou contempla as peculiaridades qualitativas de cada universidade, curso, corpo discente e docente.

Convém ainda mencionar o Programa Universidade para Todos (ProUni), instituído através da Lei n. 11 096, de 13 de janeiro de 2005, que é uma política pública que versa sobre a oferta de ensino superior por instituições privadas mediante a concessão de isenções tributárias. O programa permite o acesso de pessoas com renda familiar de até três salários mínimos no ensino superior, porém a qualidade do ensino não é privilegiada, como reforçam Souza e Menezes (2014, p. 628):

> [...] as IESP lograram êxito em modificar todas as regras da política que lhes trariam benefício, reduzindo a quantidade de bolsas, os controles institucionais das exigências de investimentos, sem, contudo, reduzir em nada os benefícios tributários. Nota-se que a única regra importante

do programa que não foi alterada foi aquela relativa às isenções fiscais, pois manteve-se a supressão das alíquotas do IRPJ, CSLL, PIS e COFINS.

Assim, o Prouni aumenta a ocupação das vagas ociosas das instituições privadas, que recebem benefícios fiscais sem oferecer ensino de qualidade à população que historicamente tem seu acesso negado às universidades públicas.

A precarização do ensino público é intensificada em 2016, com a aprovação da Emenda Constitucional n. 95, de 15 de dezembro de 2016 — "Emenda do Teto dos Gastos Públicos", como aponta Ferraz (2019, p. 24):

Limita os recursos para Saúde e Educação durante 20 anos em um patamar insustentável para a oferta das políticas públicas, colocando em ameaça a continuidade das ações universitárias de ensino, pesquisa e extensão. As universidades anunciaram demissões e reorganização de algumas atividades para que pudessem manter seu funcionamento.

Além da "Emenda do Teto dos Gastos Públicos", o governo de Jair Messias Bolsonaro, que não tinha uma política de educação delimitada em seu plano de governo, executou ações que reforçaram o sucateamento das instituições de ensino públicas e um processo de deslegitimação das universidades e da ciência. Na realidade, um governo autoritário que promoveu sistemáticos cortes à educação, e fez avançar o processo de precarização do ensino superior e a fragilização do tripé ensino, pesquisa e extensão.

O orçamento aprovado no governo de Jair Messias Bolsonaro para o ano de 2023 inviabilizaria serviços básicos nas áreas de saúde, educação e outras políticas públicas. O atual governo, de Luiz Inácio Lula da Silva, desde a campanha apontou a necessidade de revogação do "Teto dos Gastos Públicos". Foi aprovada uma "PEC de Transição" que permitiu que o governo ampliasse os gastos com políticas públicas, entretanto, o governo teve que encaminhar até agosto uma proposta de um novo regime fiscal.

A formação em Serviço Social e o tripé ensino, pesquisa e extensão

O Serviço Social surge como demanda do capitalismo monopolista que precisa aliviar as tensões decorrentes das lutas de classes. Esta profissão é demandada pelo Estado para atender aos interesses das classes dominantes; à medida que a caridade a pobres e enfermos não consegue aliviar as tensões, a criação de políticas públicas pelo Estado passa a ser uma demanda importante para a manutenção do sistema, ainda que em seu contraponto também atenda às reivindicações dos trabalhadores por direitos sociais.

No Brasil, o primeiro curso de Serviço Social surge em 1936 em São Paulo, e resulta do incipiente processo de industrialização e urbanização que faz crescer a classe operária em área urbana, esta composta principalmente por imigrantes europeus.[3] A partir de uma concepção assistencialista, a profissão irá atuar no sentido de aliviar as tensões presentes na sociabilidade em função das péssimas condições de vida e trabalho da população da cidade e do campo.

Como afirma Netto (1991), o Serviço Social se expande, mas segue sem grandes questionamentos a ordem instituída até a década de 1960 e, quando inicia este processo de revisão, o faz em conjunto com outros profissionais da América Latina que estavam pondo em questão não só o papel político da profissão, mas também seu referencial teórico-metodológico sustentado em teorias importadas do continente europeu ou mesmo dos Estados Unidos.

Este movimento que ficou conhecido como de reconceituação do Serviço Social vai se dar em condições bastante adversas, ou seja, no

---

3. Aos negros recém-libertos foi negado o acesso ao emprego no setor industrial. Como bem aponta Florestan Fernandes em *A integração do negro na sociedade de classes*, após o fim do regime escravocrata, a posição do negro no sistema de trabalho e sua integração à ordem social deixaram de ser matéria política, não sendo pensadas nem realizadas políticas de inclusão, fazendo com que a inserção dos negros no mercado de trabalho se restringisse a ocupações mal remuneradas. Até a contemporaneidade, é possível observar os impactos disso na vida da população negra brasileira.

período da ditadura civil militar de 1964-1984. Ainda que no início dos anos de 1960, numa conjuntura de lutas sociais, o Serviço Social inicie a discussão sobre a profissão, vai ser durante a ditadura que este processo vai se desenrolar de maneira a criar um debate interno fundamental para o posterior desenvolvimento crítico da profissão, no final da década de 1970.

O processo de revisão vai ser marcado por uma conjuntura de intensa repressão política, mas o projeto de modernização econômica em curso no âmbito da sociedade vai facilitar a erosão do Serviço Social tradicional. A modernização da profissão vai se dar a partir de bases ainda conservadoras, como é o caso da corrente que hegemonizou este processo até o final da década de 1970 (NETTO, 1991). Porém, é neste percurso que as divergências e os questionamentos vão sendo construídos e tensionando a direção hegemônica e, para isto, em muito contribuiu a inserção dos cursos de Serviço Social nas universidades públicas (NETTO, 1991). As correntes que colocavam em xeque a ordem instituída só conseguem assumir a direção ideopolítica da renovação da profissão quando a conjuntura mais ampla favorece. Na realidade, estes embates internos que mudam a direção ideopolítica da profissão ocorrem em sintonia com a ambiência política em que diversas lutas contra a ditadura estavam acontecendo, e diversos sindicatos e partidos políticos estavam se rearticulando. Neste ascenso de massas do final da década de 1970, as correntes críticas do Serviço Social brasileiro assumem a direção da profissão. Como afirma Braz (2019, p. 184): "Nada poderiam as assistentes sociais que deram a 'virada' em 1979, se não existissem condições objetivas relativamente favoráveis resultantes das dificuldades do regime da ditadura que já durava quinze anos desde o golpe de 1964". Ao longo dos últimos 45 anos, muitas lutas foram travadas de maneira a possibilitar que a direção ético-política do Serviço Social pudesse vir a se apoiar num referencial teórico-metodológico crítico, radicalmente questionador da ordem do capital e de todos os sistemas de opressão que acentuam as desigualdades na sociedade brasileira. Um projeto que tem na liberdade um valor ético fundamental — esta entendida como a plena expansão dos indivíduos sociais; que defende a democracia e se coloca contrário a todas as formas de arbítrio e autoritarismo; defensor da cidadania e dos direitos sociais, mas que reconhece que nesta sociabilidade não será possível construir igualdade e propõe a construção de uma nova ordem societária. Ainda dentro dos limites estabelecidos por esta sociabilidade, a direção social estratégica da profissão segue se comprometendo no combate a todas as formas de preconceito e opressão, com a luta por direitos e políticas públicas universais e com a qualidade dos serviços prestados.

Uma das primeiras preocupações das correntes críticas do Serviço Social, quando assumem a direção do Serviço Social no final dos anos de 1970 e início dos anos de 1980, foi exatamente construir um projeto de formação profissional que pudesse garantir uma perspectiva crítica e de totalidade para os futuros profissionais de Serviço Social.

> Em 1982, é regulamentado o Currículo Mínimo para os cursos de Serviço Social do país, a partir da proposta discutida desde 1979. Essa nova proposta curricular representou, juntamente com o Código de Ética de 1986, uma profunda renovação profissional. [...] o centro da revisão curricular de 1979/1982 foi a conexão da formação com a realidade brasileira em um momento de redemocratização e ascensão das lutas dos trabalhadores (BEHRING; RAMOS, 2009, p. 158).

Desde a década de 1980, o protagonismo das entidades (CFESS/ CRESS, ABEPSS e ENESSO) foi fundamental para que essa direção crítica se consolidasse. As normativas criadas no âmbito do trabalho e da formação profissional foram e continuam sendo referências fundamentais para dar o direcionamento do que convencionamos chamar de Projeto Ético-Político do Serviço Social brasileiro.

> A participação política constitui-se num legado grandioso do Serviço Social no Brasil. Aqui nos referimos diretamente, mas não exclusivamente, ao protagonismo das entidades representativas da categoria (conjunto CFESS/CRESS/ABEPSS/ENESSO) e à instituição de eventos destinados

à reflexão crítica sobre a formação e o trabalho profissional, que reúnem a base da categoria profissional. Torna-se relevante destacar que este protagonismo político, seja das entidades, seja de alguns assistentes sociais, não foi produzido de forma endógena à profissão. Destaca-se, neste processo, a interlocução com diferentes sujeitos políticos (segmentos de outras profissões, movimentos sociais e partidos políticos) unificados por um ideário de esquerda (RAMOS; SANTOS, 2016, p. 216).

Abramides e Cabral (2019, p. 48) destacam que, na década de 1990, o Serviço Social adquire maturidade teórico-metodológica para romper com o conservadorismo. Para isso, contribuíram o legado e a tradição marxista, que permitiram maior aprofundamento teórico-metodológico e ético-político, e a construção de leis e regulamentações que conferem a legalidade institucional da profissão. As autoras citam o Código de Ética profissional de 1993, a nova lei de regulamentação de profissão de 1996, as diretrizes curriculares de 1996 e as legislações sociais, que contribuíram para que o exercício profissional pudesse se pautar em direitos, como o Estatuto da Criança e do Adolescente (ECA), a Lei Orgânica da Saúde (LOS) e a Lei Orgânica da Assistência Social (LOAS).

É importante destacar que a construção dessas normativas da área de Serviço Social foi resultado de amplas mobilizações profissionais e estudantis, um processo dialogado e que seguiu nos anos 2000 com política nacional de estágio da ABEPSS; com os cadernos de parâmetros de atuação profissional em diversas áreas, construídos pelo Conjunto CFESS/CRESS; as campanhas e as mobilizações da ENESSO em prol da universidade pública e contra o ENADE etc.

Nos limites deste texto, que discute a relação entre ensino, pesquisa e extensão para a formação em Serviço Social, vamos trabalhar em especial as Diretrizes Curriculares da ABEPSS pela sua importância no âmbito da formação[4] e outros dois documentos também

---

4. Na época de adequação dos cursos à LDB, o Ministério da Educação (MEC) teve a responsabilidade de propor diretrizes curriculares em substituição ao currículo mínimo para todos

DIRETRIZES CURRICULARES E FORMAÇÃO EM SERVIÇO SOCIAL

da entidade, ambos ainda em discussão pela categoria. O primeiro fornece subsídios para que os programas de pós-graduação possam fortalecer a atual direção ideopolítica da profissão num contexto tão adverso como o atual e, o outro, discute o processo de curricularização da extensão universitária.

O documento que tem como título *Diretrizes gerais para o curso de Serviço Social*, mas que ficou popularmente conhecido como Diretrizes Curriculares da ABEPSS, propõe que a formação se efetive a partir de teorias críticas que possam contribuir para o desvelar da realidade do capital e dos processos de opressão que este desencadeia ou reforça, assim como pressupõe a apreensão da profissão a partir da realidade na qual está inserida.

Entre os princípios da formação, destacamos em especial dois (o quinto e o oitavo) que dialogam diretamente com a temática deste texto:

> 5. Estabelecimento das dimensões investigativa e interventiva como princípios formativos e condição central da formação profissional, e da relação teoria e realidade; [...]
> 8. Indissociabilidade nas dimensões de ensino, pesquisa e extensão (ABEPSS, 1996, p. 6-7).

À medida que o Serviço Social se coloca como uma profissão inserida na divisão sócio-técnica do trabalho e que tem como objeto a questão social (esta entendida a partir das contradições geradas por uma sociabilidade marcada pela luta de classes e diversos sistemas de

---

os cursos de nível superior no país. A ABEPSS e o CEDEPSS tinham construído, em conjunto com as unidades de ensino, um documento orientador da formação, e com isto, se adiantaram e apresentaram tal documento para o MEC. Este pediu que a proposta tivesse outro formato e montou uma comissão de especialistas que reapresentou o documento na versão solicitada. O MEC, porém, recusou grande parte das propostas, mas fundamentalmente descaracterizou seu direcionamento ético-político. Então, embora oficialmente as diretrizes curriculares do MEC sejam o instrumento legal a ser cumprido pelos cursos, as Diretrizes Curriculares da ABEPSS são o documento de referência fundamental para os cursos, em especial aqueles vinculados às universidades públicas.

opressão), a apreensão da realidade para além da sua imediaticidade é um desafio que se apresenta de modo textual no documento que orienta a formação, pois requer instrumentação teórico-metodológica, ético-política e técnico-operativa. Para isso, segue como uma primeira requisição a apreensão da realidade como totalidade histórica.

Neste documento, que já foi bastante discutido nesta coletânea, a formação se estrutura em núcleos de fundamentação[5] de maneira a garantir que a compreensão do ser social, da realidade brasileira e do Serviço Social, ocorra com bases críticas e fundamentadas em teorias sociais que permitam a superação dos complexos mecanismos ideológicos construídos pela sociedade do capital.

Aqui destacamos em especial a importância do tripé universitário para que esta proposta que requisita a apreensão da realidade como contraditória, em movimento, marcada pela luta de classes e por amplos processos de dominação e opressão, possa de fato se efetivar.

Desde a aprovação das diretrizes até hoje, as entidades da área e os cursos aprofundaram o debate sobre o tripé universitário, e a maior inserção do Serviço Social nas universidades públicas contribuiu para isso. Na Política Nacional de Estágio (PNE), aprovada pela ABEPSS em 2009, o tripé é colocado como fundamental para a formação, mas o estágio, embora possa ser realizado em projetos de extensão, não se confunde com a atividade extensionista. Como afirma Ferraz (2019, p. 76): "A PNE reafirma a necessidade que o estágio só possa ser realizado na extensão mediante a previsão no projeto pedagógico do curso, e desde que respeitadas a carga horária discente e docente".[6]

O debate sobre a qualidade da formação ganhou destaque nos anos 2000, tendo a LDB como marco, e outros decretos e regulamentações posteriores a ela, que incentivam o surgimento e o fortalecimento

---

5. São eles: Núcleos de Fundamentos Teórico-Metodológicos da Vida Social, Núcleo Fundamentos da Formação Sócio-histórica da Sociedade Brasileira e Núcleo de Fundamentos do Trabalho Profissional.

6. A PNE detalha as condições para que a atividade extensionista possa ser também estágio. A este respeito, conferir: ABEPSS (2009, p. 40).

da educação a distância nos vários cursos de nível universitário. O impacto dessa regulamentação será amplo, em especial na área de humanas, cujos cursos podem ser ofertados com pouca infraestrutura. Neste período ocorre, também, a "invasão" do mercado educacional pelos grandes conglomerados educacionais, que veem nesta área um nicho altamente lucrativo.

O Conjunto CFESS/CRESS, a ABEPSS e a ENESSO desde os anos 2000 desenvolvem campanhas, elaboram documentos e levantamento de dados, reafirmando o compromisso da categoria com a formação crítica e alinhada ao dito Projeto Ético-Político profissional. Os dados levantados pelas entidades evidenciam que as experiências de ensino a distância se opõem ao ideário de educação pública de qualidade e ao projeto profissional. O posicionamento das entidades evidencia esta incompatibilidade ao destacar o que é necessário à formação:

> Converge com as bandeiras históricas de luta da profissão de Assistente Social em defesa da educação superior enquanto direito de todos e dever do Estado; da indissociabilidade entre ensino, pesquisa e extensão do processo formativo básico com a perspectiva de totalidade e criticidade na apreensão da realidade do acesso à bibliografia de qualidade da realização do estágio supervisionado de modo presencial e com acompanhamento dos supervisores acadêmico e de campo; da realização de pesquisa e investigação como princípio formativo que deve perpassar todo o currículo. Sobre a incompatibilidade entre graduação à distância e Serviço Social (CFESS, 2011, p. 29).

O levantamento aponta ainda:

> Os documentos apresentados pelos CRESS, dos quais recolhemos as situações mais graves, nos trazem elementos suficientes, factuais e analíticos, para sustentar o posicionamento contrário e lutar pelo fim da oferta da graduação à distância em Serviço Social no Brasil. Longe de ser uma posição meramente ideológica, trata-se da firme defesa da densidade teórico-prática que deve orientar a formação do/a profissional de qualidade que o país requer (CFESS, 2011. p. 30).

A dissociação entre ensino, pesquisa e extensão é escancarada à medida que a oferta de cursos a distância se limitava ao ensino,[7] considerando os elementos já citados, que não exigem de instituições que não são universidades a preconização do tripé universitário. Ou seja: um modelo de educação que fragmenta ações, privilegia números em detrimento da qualidade, precariza o trabalho docente e sequer dispõe nos polos de estrutura para ações de pesquisa e extensão, consequentemente, deixando de favorecer a dimensão investigativa e crítica.

Com relação à investigação e à pesquisa, estas aparecem nas Diretrizes Curriculares da ABEPSS como um componente transversal, que deve compor os três núcleos da formação profissional. O posicionamento crítico do Serviço Social destaca que o fazer pesquisa na área requer perguntar para que e para quem, ou seja, reconhece que a produção do conhecimento não é neutra e que cabe à categoria, por meio de suas pesquisas, apropriar-se de conhecimentos que possam ser úteis e socializados com o conjunto da classe trabalhadora e com os diversos segmentos sociais, que sofrem as diferentes formas de opressão desencadeadas pela sociedade do capital.

A transversalidade da pesquisa na formação em Serviço Social decorre da necessidade de apreensão da realidade e da superação de sua imediaticidade, portanto, é fundamental para o trabalho profissional. Desenvolver conhecimentos e habilidades de pesquisa é considerado uma necessidade para formar profissionais de Serviço Social, tanto aqueles que irão trabalhar diretamente vinculados às políticas quanto os novos pesquisadores da área.

A investigação e a pesquisa são elementos que contribuem no trabalho profissional para a apreensão dos determinantes da questão

---

7. Não temos como desenvolver todos os argumentos apresentados pelas entidades de Serviço Social sobre o seu posicionamento contrário à formação em Serviço Social a distância, mas destacamos apenas alguns dos argumentos: o aligeiramento, a falta de uma interlocução crítica com a proposta de formação do Serviço Social, ausência da interação presencial e essencial para a troca de informações e experiência entre docentes e discente etc. Sobre essa temática, recomendamos a leitura do documento *Sobre a incompatibilidade entre graduação à distância e Serviço Social*, elaborado pelas entidades da categoria (CFESS/CRESS, ABEPSS e ENESSO).

DIRETRIZES CURRICULARES E FORMAÇÃO EM SERVIÇO SOCIAL

social que aparecem mediados por elementos muitos diversos e que, muitas vezes, escondem suas particularidades mais fundamentais.

A pesquisa acadêmico-científica tem como lócus privilegiado (porém não exclusivo) as atividades de iniciação científica na graduação, e as teses, as dissertações e as produções teóricas daqueles que estão vinculados a programas de pós-graduação. A área de Serviço Social, ainda que seja pequena, possui produção teórica de vulto e é reconhecida como área de conhecimento, tanto pela Capes como pelo CNPq.

> A pesquisa para o Serviço Social, na atualidade, é entendida como uma atribuição profissional que se expressa na formação e no trabalho do assistente social. Na formação profissional ela tem sido denominada *pesquisa acadêmico-científica*, que é realizada na graduação e tem a pós-graduação como espaço privilegiado, na tentativa de analisar a realidade social e, ao mesmo tempo, responder às exigências das instituições financiadoras que avaliam os projetos de pesquisa, e também aquelas (Coordenação de Aperfeiçoamento de Pessoal de Nível Superior — CAPES; e Ministério da Educação — MEC) que apreciam e recomendam os cursos de graduação e pós-graduação (MORAES, 2017, p. 391).

Com a ampliação dos programas de pós-graduação houve também um crescimento do acervo teórico, e destacamos aqui algo mencionado por Iamamoto em 2007 e que segue ainda hoje com as mesmas características, porém ainda mais ampliadas: a diversidade temática da produção teórica do Serviço Social brasileiro. Segundo a autora, essa diversidade é um privilégio da categoria que é "socialmente convocada a atuar transversalmente nas múltiplas expressões da *questão social*, na defesa dos direitos humanos e das políticas públicas que os materializam" (IAMAMOTO, 2007, p. 457).

Com relação à pós-graduação *stricto sensu*, em 2021, segundo Plataforma Sucupira, eram 36 programas de pós-graduação em Serviço Social que ofereciam 56 cursos, sendo 36 de mestrado acadêmico e 20 de doutorado na área. Uma profissão muito jovem, que criou seu primeiro programa em 1979, mas que cresceu e produziu um acervo fundamental para o direcionamento crítico do Serviço Social em todas as áreas de atuação, e o fez incluindo profissionais e estudantes com diversas inserções sociais, laborais e acadêmicas, sempre em diálogo com os movimentos sociais. Como destaca Mota (2013, p. 169), é inegável o protagonismo dos programas de pós-graduação para o avanço da pesquisa no Serviço Social e para a consolidação dessa diretriz crítica da profissão.

No âmbito da pesquisa, destacamos também a criação e posterior desenvolvimento dos grupos temáticos de pesquisa da ABEPSS que, articulados por áreas, promovem o diálogo dos pesquisadores e contribuem para fortalecer a pesquisa no âmbito da profissão.

O documento *Contribuição da ABEPSS para o fortalecimento dos programas de pós-graduação em Serviço Social no Brasil* (ABEPSS, 2015) traz subsídios e referências para orientar os programas de pós-graduação da área. Nesse documento, construído pela entidade em conjunto com o Fórum Nacional de Coordenadores de programas de pós-graduação da área de Serviço Social, é feita uma análise da realidade vivenciada pela universidade brasileira e, em especial, pelos programas de pós-graduação, devido à contrarreforma universitária no contexto da reestruturação capitalista, demarcando a lógica privatista e mercantil vigente no âmbito do ensino superior, principalmente após o Protocolo de Bolonha. Reafirma-se uma série de compromissos no sentido contrário a essa lógica hegemônica vigente, que prioriza a competitividade, o individualismo, o produtivismo e a formação aligeirada no âmbito da pós-graduação *stricto sensu*. A proposta do documento é reforçar elementos de contratendência aos posicionamentos majoritários dentro das universidades e, em especial, nos programas de pós-graduação.

Entre os desafios enfrentados pelos programas são elencados: o estímulo à solidariedade entre os programas, de maneira a ter estratégias coletivas de fortalecimento da área; a articulação entre graduação e pós-graduação como elemento fundamental para assegurar a qualidade da formação; a necessidade de os programas discutirem a relação entre produtivismo e produção científica e o que está sendo proposto no atual sistema de avaliação; a necessidade de trabalhar a

DIRETRIZES CURRICULARES E FORMAÇÃO EM SERVIÇO SOCIAL

internacionalização dos programas não como exigência institucional dos sistemas de avaliação, mas como esforço de fortalecimento da direção ideopolítica da profissão e seu vínculo com valores emancipatórios.

Destacamos aqui a articulação entre graduação e pós-graduação. Neste desafio, está expresso o vínculo entre ensino, pesquisa e extensão como o elemento que poderá fortalecer e contribuir para o processo de qualificação da formação. As estratégias elencadas no documento evidenciam a necessidade desse vínculo entre graduação e pós-graduação e a relação entre ensino, pesquisa e extensão:

- Organização de fóruns regionais de graduação e pós-graduação com pauta e discussões unificadas;
- Investimento em núcleos e grupos de pesquisa que envolvam docentes e discentes de graduação e pós-graduação;
- Organização de eventos conjuntos voltados à apresentação de trabalhos científicos da graduação e pós-graduação;
- Investimento em veículos de divulgação da produção intelectual (livros, artigos, comunicações científicas) envolvendo docentes e discentes da graduação e pós-graduação;
- Envolvimento dos docentes e discentes com as pesquisas da Iniciação Científica/PIBIC;
- Realização de estágio de docência, o que possibilita a participação dos mestrandos e doutorandos em disciplinas no âmbito da graduação em Serviço Social;
- Implementação de atividades de extensão na graduação (Núcleos de extensão, PETs, grupos de pesquisa) que articulem graduação e pós-graduação (ABEPSS, 2015, p. 16).

No que diz respeito ao debate da extensão no Serviço Social, destacamos que esta temática avançou bastante e seguiu em conjunto com as normativas gerais da extensão promovidas pelo Fórum Nacional de Pró-Reitores de Extensão Universitária das Universidades Públicas Brasileiras (Forproex). Isto fez com que várias atividades de Serviço Social, que ocorriam diretamente vinculadas às comunidades, fossem sendo revistas ou renomeadas a partir do acúmulo geral construído sobre os conceitos e as características da extensão universitária. É o que aponta Ferraz (2019, p. 62):

> Cabe frisar que a presença marcante da extensão nos cursos de Serviço Social não é resultado das normativas, embora a elas tenham se adaptado. O trabalho com as diversas populações em projetos vinculados aos cursos de Serviço Social faz parte da história do Serviço Social brasileiro e ilustra esta assertiva o fato de uma das experiências mais basilares para a mudança na direção social da profissão ocorrida em 1972, ou seja, em plena ditadura militar, foi exatamente vinculado a um projeto de extensão da Universidade Católica de Belo Horizonte e que ficou conhecido como Método BH, conforme já mencionado. As produções dos congressos brasileiros e mesmo levantamentos como aquele feito por Belfiori (1993) atestam a presença do vínculo entre a formação e o trabalho de extensão, ainda que até a década de 1980 não tenha esta denominação.

Em 1987, com a criação do Forproex, o conceito de extensão passa a ser assim definido: "A extensão universitária é o processo educativo, cultural e científico que articula o ensino e a pesquisa de forma indissociável e viabiliza a relação transformadora entre universidade e sociedade" (Forproex, 1987, p. 11).

Desde a criação do Forproex, uma série de normativas foram sendo criadas para regulamentar o que está previsto na Constituição de 1988, que em seu artigo 207 estabelece que a universidade brasileira está assentada sobre o tripé ensino-pesquisa-extensão.

Em 1998, a partir das regulamentações estabelecidas pela LDB e pelo Plano Nacional de Educação, é aprovado o Plano Nacional de Extensão Universitária. Esse documento enfatiza a atividade extensionista como fundamental à universidade, reafirma o conceito de extensão definido pelo Forproex de 1987 e inicia um processo de institucionalização das atividades extensionistas, procurando estabelecer princípios, parâmetros e financiamentos em âmbito nacional para as

DIRETRIZES CURRICULARES E FORMAÇÃO EM SERVIÇO SOCIAL 313

diversas universidades criarem seus projetos, programas e serviços na área. É digna de nota a ênfase do Plano para o trabalho junto à comunidade e, em especial, junto aos movimentos sociais, porém as fontes de financiamento ainda são precárias. Contraditoriamente, uma série de medidas são tomadas de maneira a viabilizar a prestação de serviços remunerados, o que fortalece a privatização das universidades.

Quando surge em 2012 a Política Nacional de Extensão Universitária, já havia sido aprovado em 2001 o Plano Nacional de Educação, que previa na meta 23 que as atividades extensionistas fizessem parte das cargas horárias dos cursos em todo o território nacional, porém isso não havia se efetivado. Na Política Nacional, essa proposta da creditação é considerada um avanço, bem como a retomada do Programa de Fomento à Extensão Universitária (Proexte) criado em 1993 e que na nova versão foi denominado Programa de Extensão Universitária (Proext), cujos editais seguiram até 2016.

Em linhas gerais, a Política Nacional de Extensão traz uma concepção democrática e enfatiza a necessidade de uma relação horizontal com a comunidade, tanto no âmbito da pesquisa quanto da extensão universitária. Esta concepção geral do documento pode ser apreendida nos artigos terceiro e quarto, que tratam da horizontalidade, e no quinto, que destaca o que é entendido como prestação de serviço:[8]

> 3. A Universidade deve participar dos movimentos sociais, priorizando ações que visem à superação da desigualdade e da exclusão social existentes no Brasil;
> 4. A ação cidadã das Universidades não pode prescindir da efetiva difusão e democratização dos saberes nelas produzidos, de tal forma que as populações, cujos problemas se tornam objeto da pesquisa acadêmica, sejam também consideradas sujeito desse conhecimento, tendo, portanto, pleno direito de acesso às informações resultantes dessas pesquisas;

---

8. Destacamos este princípio, pois pela via da pesquisa e da extensão podem ocorrer também processos que privatizam os serviços prestados e as pesquisas desenvolvidas nas universidades públicas e isto é um fato! Porém, a Política Nacional enfatiza a concepção contrária, como mostra o princípio descrito.

5. A prestação de serviços deve ser produto de interesse acadêmico, científico, filosófico, tecnológico e artístico do Ensino, Pesquisa e Extensão, devendo ser encarada como um trabalho social, ou seja, ação deliberada que se constitui a partir da (e sobre a) realidade objetiva, produzindo conhecimentos que visem à transformação social (Forproex, 2012, p. 38).

É possível perceber que a universidade vai criando aparatos institucionais para estabelecer condições para viabilizar o tripé ensino, pesquisa e extensão, mas efetivamente este processo ainda não é uma realidade, pois existem desníveis efetivos entre o ensino e a pesquisa, por um lado, e a extensão, por outro. Desníveis que decorrem da valorização acadêmica diferenciada de cada atividade e do financiamento direcionado para cada uma delas. O próprio conceito de extensão que ultrapasse as concepções de mera devolutiva do que é produzido na universidade ou de prestação de serviços remunerados ainda é um processo de disputa política, especialmente nesta universidade cada vez mais voltada aos interesses de mercado.

A Lei n. 13 005 aprova o Plano Nacional de Educação de 2014-2024 e a curricularização da extensão de, no mínimo, 10% da carga horária que é retomada na meta 12.7. A partir de então, algumas universidades iniciam a discussão a respeito, mas em 2018, por meio de uma resolução do Conselho Nacional de Educação — Resolução CNE/CES n. 7, de 18 de dezembro de 2018 —, são estabelecidos prazos para a efetivação deste processo que, depois, é prorrogado até dezembro de 2022.

A ABEPSS acompanha este processo e constitui uma comissão de especialistas[9] para debater o tema e construir um documento preliminar para contribuir com o posicionamento da área. Esse documento ainda está em discussão, mas vale a pena destacar alguns elementos

---

9. A comissão foi constituída em 2020 e, ao final da gestão (2019-2020), entrega o documento para que a próxima gestão possa dar continuidade ao debate junto às bases. A gestão 2021-2022 divulgou o documento junto às unidades de ensino e segue discutindo suas proposições.

do texto. Uma das questões que o documento traz é que o processo de curricularização da extensão tem de ser pensado a partir do projeto de formação existente, e tem que ser coerente com seu direcionamento ético-político. Daí a qualificação da extensão baseada em princípios de Paulo Freire, que seja de fato voltada para os interesses da população e que siga em sintonia com os movimentos sociais. É o que indica a citação a seguir:

> Assim, referendamos uma concepção de extensão como popular, comunicativa e orientada para processos de uma educação emancipatória:
> • Que se balize pelo método da educação popular, pois coloca como ponto de partida a autonomia dos sujeitos e construção de alternativas junto com eles respeitando seus interesses;
> • Que reafirme a atualidade do significado da relação profissional com os movimentos sociais redimensionando criticamente a formação e o perfil profissional, fortalecendo os processos de renovação profissional;
> • Que referencie práticas educacionais emancipadoras como forma de superar o enfoque de "difusão" atuando com maior inserção na realidade social e política brasileira.
> Ou seja, uma prática extensionista que seja efetivamente comunicação com a realidade social, diálogo que garante a autonomia nos processos (ABEPSS, 2021b, p. 2-21).

O tripé ensino, pesquisa e extensão é, portanto, considerado um elemento essencial à formação em Serviço Social, pois existe um entendimento de que a conexão entre realidade e Serviço Social pode ser ampliada para além do ensino com as atividades de pesquisa e extensão, tanto do ponto de vista teórico quanto prático. Isso contribui para promover as habilidades previstas pelo projeto de formação que requer o desenvolvimento das competências teórico-metodológicas, ético-políticas e técnico-operativas.

O documento destaca que as unidades de ensino, ao construir sua proposta de curricularização, devem dar especial atenção:

1. ao conceito de extensão se atentando para que a concepção anteriormente proposta se efetive;

2. para o cômputo da carga horária docente, de maneira que não haja diminuição do quadro de professores, ou seja, a carga horária de 10% creditada à extensão tem que ser atribuída aos docentes responsáveis pela sua implementação;

3. devem dedicar especial atenção para o fato de que grande parte dos/as estudantes de Serviço Social serem alunos/as trabalhadores/as. Isso implica arranjos institucionais bastante desafiadores e, especialmente, dialogados com o conjunto de envolvidos/as.

O Serviço Social e os desafios do contexto atual

O avanço do conservadorismo e mesmo do reacionarismo é parte de um fenômeno global, cujas raízes ultrapassam o debate proposto neste texto. Mas destacamos aqui a inflexão ocorrida na realidade brasileira quando assumiu o poder Jair Messias Bolsonaro. Reconhecidamente a vitória eleitoral de Bolsonaro não é um "raio em céu azul" e diversos elementos contribuíram para colocar no poder um presidente de ultradireita.

O governo brasileiro eleito em 2018 é um complexo produto que articula, de forma explosiva, o conservadorismo-reacionário historicamente edificado a partir da base colonial-dependente, instabilidades permanentes na periferia do capitalismo mundial e a atual crise estrutural do capital cada vez mais incapaz de gerenciar suas próprias contradições (SANT'ANA; SILVA, 2020, p. 7).

O discurso de Bolsonaro incitou a violência e o desrespeito às mulheres e à população LGBTQIA+, fortaleceu o racismo e defendeu um moralismo extremamente conservador. Do ponto de vista econômico, o direcionamento ultraneoliberal devastou os direitos dos trabalhadores e levou à dilapidação do patrimônio público. Somaram-se a este quadro caótico a irresponsabilidade e o negacionismo do governo no combate à pandemia do Sars-CoV-2, o que resultou num número absurdo de mortes, muitas da quais poderiam ter sido evitadas.

Nos últimos anos, a situação se agravou para o conjunto da classe trabalhadora, mas aqueles que estão em situação de pobreza absoluta foram ainda mais penalizados. O Brasil, que já tinha retornado para o mapa da fome antes da pandemia, agora segue com a situação ainda mais agravada e que coloca mais da metade da população (125 milhões, ou seja, 58,7%) em situação de insegurança alimentar e 33,1 milhões (15,5%), inclusive, em situação de fome (PENSSAN, 2022). Mais de 14 milhões de brasileiros estão desempregados e milhares em empregos precários. Enquanto isso, a inflação aumenta e as perspectivas para o futuro são desoladoras, pois os cortes nas políticas públicas de maneira geral fazem com que a situação de desamparo dos mais pobres entre em um nível absolutamente crítico.

O governo Bolsonaro desqualificou a ciência não apenas em seu discurso, mas também em suas ações. Além de interferir na autonomia universitária, o governo promoveu, de maneira ampla e sistemática, o desfinanciamento das universidades e dos órgãos de fomento à pesquisa e à pós-graduação. Isso afeta a formação de nível superior no Brasil, mas afeta sobretudo a área de humanidades, na qual está o Serviço Social. Com reduzido número de bolsas, inseguranças sobre a política de financiamento de pesquisa, a pós-graduação na área de Serviço Social está numa situação de tensão e incertezas com relação ao futuro. Com a "PEC de Transição", a educação brasileira passa a receber mais investimentos, entretanto, o cenário ainda é indefinido em relação ao novo regime fiscal e seu real impacto na educação. Convém mencionar que no mês de fevereiro de 2023, foi concedido reajuste de 40% nas bolsas de mestrado e doutorado, que estavam estagnadas desde 2015, além de reajustes em bolsas em outros níveis de ensino.

Com a pandemia da covid-19, outros desafios foram se colocando para a formação superior, mas em especial para o Serviço Social. A necessidade do isolamento social fez com que as aulas fossem suspensas e o governo exigiu a continuidade da formação por meio de atividades remotas, que passam a ser denominadas como Ensino Remoto Emergencial (ERE).

O Serviço Social tem posicionamento contrário ao ensino a distância, conforme já mencionado, e no debate público reafirma seu posicionamento baseado em muitos argumentos, parte deles se aplica ao ERE. Entre esses argumentos, destacamos dois: a impossibilidade de desconstruir preconceitos e construir massa crítica sem interação e debates entre os diferentes sujeitos do processo de formação (estudantes, supervisores e professores); e ausência do tripé ensino, pesquisa e extensão.

Farage (2021, p. 8) destaca outros argumentos:

O ensino remoto emergencial deve ser compreendido como um dos elementos do processo de contrarreforma da educação em curso no Brasil e em toda a América Latina. Não só porque impulsiona um novo modelo de educação, que nem pode ser considerado educação a distância, como regulamentada no Decreto n. 9.057, de 25 de maio de 2017, mas também porque é fruto de uma modalidade de trabalho docente adequado ao processo de reestruturação produtiva e precarização do mundo do trabalho que esvazia o sentido do fazer profissional dos professores universitários.

No entanto, neste período de pandemia, o Serviço Social teve que se adaptar às atividades remotas para dar continuidade à formação, pois as universidades, em sua maioria, exigiram que o semestre letivo tivesse continuidade. Ainda que diversos contrapontos e argumentações contrárias à adoção do ERE tenham sido publicizados, em especial pelo Sindicato Nacional dos Docentes das Instituições de Ensino Superior (ANDES), a obrigatoriedade levou a que quase todos os cursos dessem continuidade à formação na modalidade remota. Muitos cursos de Serviço Social questionaram a proposta e até se contrapuseram, quando as condições permitiram, mas 96% deles acabaram por aderir, segundo a pesquisa realizada pela ABEPSS.[10] Só 3,1% das unidades de formação que participaram da pesquisa da ABEPSS avaliaram que nesse período não tiveram prejuízo na formação. A maioria (96,9%) admitiram que a aprendizagem foi prejudicada, parcial ou totalmente. Entre os motivos desse prejuízo, destacam:

> Perda do diálogo/debate coletivo (75,3%); perda de espaços de mobilização coletiva (75,3%); perda de estratégias pedagógicas que ampliem interação docente/discente (70,1%); perda da interlocução teoria/prática (62,9%); falta de aprofundamento dos conteúdos das disciplinas (48,5%); redução do conteúdo programático (43,3%); aligeiramento da formação (36,1%) (ABEPSS, 2021c, p. 43).

A ABEPSS se posicionou de forma contrária com relação à adoção do ERE, pois com longo acúmulo sobre a formação a distância sabe que as condições desta modalidade inviabilizam as relações e as interações fundamentais para a construção do processo de ensino e aprendizagem. Destaca no documento a assertiva defendida por Farage sobre o ERE:

> [...] nos indica que, para a área, a transposição do ensino presencial para o remoto fragiliza o próprio projeto ético-político. O Serviço Social não pode prescindir de uma formação com "sólido arcabouço teórico", de ter o estágio como um período privilegiado da formação profissional, bem como de um espaço formativo em que docentes e discentes tenham liberdade de expressão, livre escolha dos conteúdos e dos métodos pedagógicos a partir do currículo (FARAGE, 2021, p. 62).

A Executiva Nacional de Estudantes de Serviço Social (ENESSO) realizou uma pesquisa junto aos estudantes de Serviço Social de todo o Brasil sobre o ERE, que revelou:

---

10. A ABEPSS produziu o documento "A formação em Serviço Social e o ensino remoto". Disponível em: https://www.abepss.org.br/noticias/abepss-produz-documento-sobre-o-ensino-remoto-emergencial-459. Acesso em: 12 jan. 2022.

46,3% das/os discentes afirmam que as Unidades de Formação Acadêmica (UFAs) não estabeleceram nenhum diálogo com elas/eles antes de aderir ao ensino remoto emergencial. Além disso, 33,7% relataram não haver nenhuma política de permanência que garanta o acesso das/os alunas/os aos equipamentos necessários (computadores, internet etc.). Os dados da pesquisa resultaram no "Relatório Nacional de Estágio: reflexões a partir do Formulário acerca da Situação do Estágio em Serviço Social durante a pandemia" (ENESSO, 2021, n.p.).

Uma das fragilidades desse processo desencadeado pelas universidades devido à pandemia da covid-19 foi exatamente a forma como a pesquisa e extensão continuaram a ocorrer. Ainda que 87,5 % das unidades de ensino tenham dado continuidade aos projetos de pesquisa e de extensão, a maioria das atividades seguiu na modalidade remota. A pesquisa da ABEPSS aponta que prevaleceram reuniões virtuais, leituras de bibliografias, praticamente sem pesquisa de campo. Na extensão, as *lives*, a difusão de informações e outras modalidades remotas foram sendo desenvolvidas, sem conseguir efetivar aquilo que é essencial e que caracteriza a extensão: a interação e o contato direto com a comunidade, com as lutas e com os movimentos sociais.

Isso significa que o prejuízo se deu exatamente porque as atividades realizadas nos três níveis do tripé não conseguiram efetivar aquilo que é fundamental para o projeto de formação do Serviço Social brasileiro: a interação, o diálogo, o contato com a realidade concreta em que o curso está inserido. A ABEPSS (2021a) destaca, inclusive, que isso ameaça o projeto de formação da área, e insiste na urgência e na importância de retomarmos a formação presencial, desde que nas condições sanitárias favoráveis.

No âmbito da pós-graduação, os desafios foram ainda maiores, pois com a suspensão das atividades presenciais, o ensino remoto foi utilizado para o cumprimento de créditos e outras atividades. Na pesquisa realizada pela ABEPSS, 91,7% aderiram totalmente e 8,3% parcialmente ao ERE. Via de regra, essa adesão não se deu de maneira tranquila, mas como parte de uma avaliação do que poderia causar menos prejuízo aos programas. Mas 94,4% dos coordenadores de programas de pós admitem que houve prejuízo para a formação; destes, 33% disseram que sim e 61,1% entenderam que o prejuízo foi parcial. Apenas 5,6% dos coordenadores de programas entenderam que não houve prejuízo à formação nesse período.

Como atualmente o período de tempo para a realização do mestrado é muito curto e com o prolongamento da pandemia, muitos estudantes de pós-graduação tiveram toda ou parte de sua formação a distância.

Ainda com relação à pós-graduação em geral e não só no Serviço Social, é importante destacar as tensões desse período, marcado por contínua ameaça aos órgãos de fomento à pesquisa, seu desfinanciamento e depois a ameaça ao sistema de avaliação e ao seu questionamento por parte do Ministério Público do Rio de Janeiro,[11] o que resultou num processo de grandes incertezas para os programas e ameaças concretas à continuidade de seu funcionamento.

Por fim, outro elemento a ser destacado é que, pelo fato de a profissão ser majoritariamente de mulheres, o trabalho e o estudo remotos afetaram sobremaneira as estudantes e profissionais de Serviço Social, que tiveram de dar conta das responsabilidades atribuídas às mulheres, mães e trabalhadoras. Os estudos em geral apontam a diminuição do número de artigos produzidos por mulheres durante a pandemia, assim como mostram que as mulheres cuidaram mais, trabalharam mais, mas concomitantemente a isso, também foram as que mais perderam seus empregos.

Mudança estrutural dentro de uma condição emergencial do processo de ensino- aprendizagem. Cabe um destaque para os impactos na vida das mulheres, que por terem que exercer o cuidado com filhos e pessoas

---

11. Para mais informações sobre o questionamento do Ministério Público e a suspensão da avaliação dos cursos de pós-graduação, consultar: https://jornal.usp.br/artigos/a-quem-interessa-a-paralisacao-do-sistema-de-avaliacao-da-capes e https://www.cartacapital.com.br/educacao/justica-do-rio-determina-que-a-capes-suspenda-avaliacao-dos-cursos-de-pos-graduacao/.

idosas, sofrem de forma mais intensa as consequências da quebra da fronteira entre o local de trabalho e o local de moradia (MACIEL *apud* ABEPSS, 2021a, p. 13).

Considerações finais

No decorrer deste capítulo, procuramos evidenciar que as universidades brasileiras e suas formas de se constituir estão diretamente conectadas às condições sociais e políticas que, historicamente, foram se desenvolvendo num país marcado por extremas disparidades e que nunca priorizou a educação, aliás, pelo contrário. O ensino superior se manteve elitizado e só no final do século passado e início deste século é que houve certa democratização do acesso e expansão das universidades públicas, ainda assim, um processo que ocorre a partir da radicalização do ideário neoliberal. Isso fez com que o tripé ensino, pesquisa e extensão previsto pela Constituição brasileira de 1988 fosse regulamentado de maneira frágil.

O Serviço Social brasileiro, há mais de 40 anos, constrói um projeto de formação crítico e que enfatiza o tripé ensino, pesquisa e extensão como elementos fundamentais para garantir a qualidade do processo formativo e a apreensão das diversas particularidades que compõem a questão social. Para isso, construiu uma série de normativas e documentos, entre eles, destacamos neste texto as diretrizes curriculares da ABEPSS, pela sua importância no projeto de formação. Nesse documento está colocado o perfil crítico e questionador necessário de ser desenvolvido ao longo da formação, bem como a importância da pesquisa e da extensão para compor com o ensino e contribuir para o desenvolvimento de condições teórico-metodológicas, ético-políticas e técnico-operativas necessárias ao futuro profissional.

Discutimos também os desafios enfrentados pelo Serviço Social ao longo deste percurso, em especial, a situação atual com ERE após a suspensão das aulas presenciais em função da pandemia do Sars-CoV-2. Na realidade, a continuidade da formação na modalidade remota foi uma exigência das universidades, e isso afetou de maneira incisiva o processo de formação em geral e, em específico, o Serviço Social, que tem posicionamento crítico com relação a essa modalidade de ensino. No desenvolvimento da formação, acreditamos ser essenciais o diálogo, a interação, a convivência e as trocas que o ensino presencial proporciona. Além disso, a pesquisa e a extensão colocam o estudante diretamente em contato com a realidade, e isso contribui para que a construção de um pensamento crítico se fortaleça no âmbito da formação. Durante a pandemia, esse contato com a realidade ficou quase bloqueado, salvo algumas exceções de projetos de extensão e, issto comprometeu a formação em Serviço Social. Mas a trajetória de lutas e resistências da categoria e de suas entidades tem feito a profissão manter seu direcionamento crítico, mesmo em condições adversas.

Ainda que o avanço do conservadorismo no âmbito da sociabilidade tenha colocado frequentes ameaças a esta diretriz crítica da profissão, como menciona Braz (2019), o Serviço Social tem avançado mesmo em períodos muito difíceis e, esperamos que isto siga ocorrendo.

O tripé ensino, pesquisa e extensão tem um papel importante neste processo. A pesquisa e o fortalecimento dos programas de pós, como mencionado no texto, são fundamentais, assim como a creditação da extensão que está em curso também pode contribuir para que o projeto de formação profissional se fortaleça. Mas, para isso, é muito importante que a categoria, os/as estudantes, as unidades de formação e as entidades do Serviço Social sigam resistindo e alinhados na construção de possíveis caminhos e alternativas para o fortalecimento da atual direção política da profissão.

REFERÊNCIAS

ABRAMIDES, Maria Beatriz Costa; CABRAL, Maria do Socorro Reis. 40 anos do "Congresso da Virada". *In*: SILVA, Maria Liduína de Oliveira (org.). *Congresso da Virada e o Serviço Social hoje*: reação conservadora, novas tensões e resistências. São Paulo: Cortez, 2019. p. 35-55.

ASSOCIAÇÃO BRASILEIRA DE ENSINO E PESQUISA EM SERVIÇO SOCIAL (ABEPSS). *Diretrizes Gerais para o Curso de Serviço Social.* 1996. Disponível em: https://www.abepss.org.br/noticias/abepss-produz-documento-sobre-o-ensino-remoto-emergencial-459. Acesso em: 12 jan. 2022.

ASSOCIAÇÃO BRASILEIRA DE ENSINO E PESQUISA EM SERVIÇO SOCIAL (ABEPSS). *Política nacional de estágio da Associação Brasileira de Ensino e Pesquisa em Serviço Social.* Brasília, 2009. Disponível em: www.cfess.org.br/arquivos/pneabepss_maio2010_corrigida.pdf. Acesso em: 15 jan. 2022.

ASSOCIAÇÃO BRASILEIRA DE ENSINO E PESQUISA EM SERVIÇO SOCIAL (ABEPSS). *Contribuição da ABEPSS para o fortalecimento dos programas de pós-graduação em Serviço Social no Brasil.* Brasília, 2015. Disponível em: https://www.abepss.org.br/arquivos/anexos/contribuicao-da-abepss-para-o-fortalecimento-dos-programas--de-pos-revisto-201703241351072223440.pdf. Acesso em: 21 dez. 2023.

ASSOCIAÇÃO BRASILEIRA DE ENSINO E PESQUISA EM SERVIÇO SOCIAL (ABEPSS). *A formação em Serviço Social e o ensino remoto.* Brasília, 2021a. Disponível em: https://www.abepss.org.br/noticias/abepss-produz-documento-sobre-o-ensino-remoto-emergencial-459. Acesso em: 12 jan. 2022.

ASSOCIAÇÃO BRASILEIRA DE ENSINO E PESQUISA EM SERVIÇO SOCIAL (ABEPSS). *Documento preliminar acerca da curricularização da extensão.* Brasília, 2021b. Disponível em: https://www.abepss.org.br/arquivos/anexos/20210608_documento-preliminar-curricularizacao-da-extensao-202106091753268191190.pdf. Acesso em: 10 jan. 2022.

ASSOCIAÇÃO BRASILEIRA DE ENSINO E PESQUISA EM SERVIÇO SOCIAL (ABEPSS). *Pesquisa da Enesso revela falta de garantia de acesso ao ensino remoto e de segurança no estágio.* Brasília, 2021c. Disponível em: https://www.abepss.org.br/noticias/wwwabepssorgbrpesquisaenessoestagio-485. Acesso em: 12 jan. 2022.

BEHRING, Elaine Rossetti; RAMOS, Sâmya Rodrigues. *ABEPSS* — o protagonismo da ABEPSS no passado e no presente: 30 anos de lutas. *In*: CFESS. *30 anos do Congresso da Virada.* Brasília: [s. n.], 2009.

BRASIL. *Plataforma Sucupira.* Disponível em: https://sucupira.capes.gov.br/sucupira/public/consultas/coleta/programa/quantitativos/quantitativoAreaConhecimento.xhtml;jsessionid=A4nTVF-mO7roJGm4dqYC1O9a.sucupira-218?areaAvaliacao=32. Acesso em: 26 jan. 2022.

BRAZ, Marcelo. *Projeto ético-político e lutas sociais:* história em processo. *In*: SILVA, Maria Liduína de Oliveira e (org.). *Congresso da virada e o Serviço Social hoje*: reação conservadora, novas tensões e resistências. São Paulo: Cortez, 2019.

CONSELHO FEDERAL DE SERVIÇO SOCIAL (CFESS). *Sobre a incompatibilidade entre graduação à distância e Serviço Social.* Brasília: CFESS, 2011. v. 1.

CHAUI, Marilena. A universidade operacional. *Folha de S.Paulo*, São Paulo, 9 maio 1999, p. 3. Caderno Mais!

CHAUI, Marilena. *Escritos sobre universidade*. São Paulo: Fundação Editora Unesp, 2001.

EXECUTIVA NACIONAL DE ESTUDANTES DE SERVIÇO SOCIAL (ENESSO). *Relatório nacional de estágio:* reflexões a partir do formulário acerca da Situação do estágio em Serviço Social durante a pandemia. Rio de Janeiro, 2021. Disponível em: https://www.abepss.org.br/arquivos/anexos/relatorio-nacional-de-estagio_-reflexoes-a-partir-do-formulario-acerca-da-situacao-do-estagio-em-servico-social-durante-a-pandemia-20210930223580802590.pdf. Acesso em: 12 jan. 2022.

FARAGE, Eblin. Educação superior em tempos de retrocessos e os impactos na formação profissional do Serviço Social. *Serviço Social & Sociedade*, São Paulo: Cortez, n. 140, p. 48-65, jan./abr. 2021. Disponível em: https://www.scielo.br/j/sssoc/a/vqzxmknyDzYpLKH5rwG4Ttc/?lang=pt. Acesso em: 26 jan. 2022.

FERNANDES, Florestan. *A integração do Negro na sociedade de classes*. São Paulo: Dominus, 1965. v. 19, "O legado da raça branca", v. 29 "No limiar de uma nova era".

FERNANDES, Florestan. *Florestan Fernandes:* sociologia crítica e militante. São Paulo: Expressão Popular, 2004.

FERRAZ, Anita Pereira. *Serviço Social e extensão universitária:* reflexões sobre formação profissional. 2019. 124 f. Tese (Doutorado em Serviço Social) — Pontifícia Universidade Católica de São Paulo, São Paulo, 2019.

FÓRUM DE PRÓ-REITORES DE EXTENSÃO (FORPROEX). *Documento final do l Encontro de Pró-Reitores de Extensão das Universidades Públicas Brasileiras:* conceito de extensão, institucionalização e financiamento. 1987. Disponível em: https://www.ufmg.br/proex/renex/images/documentos/1987-I-Encontro-Nacional-do-FORPROEX.pdf. Acesso em: 10 jan. 2022.

FÓRUM DE PRÓ-REITORES DE EXTENSÃO (FORPROEX). *Política Nacional de Extensão Universitária.* 2012. Disponível em: www.ufmg.br/proex/renex/images/documentos/Pol%C3%ADtica-Nacional-de-Extens%C3%A3o-Universit%C3%A1ria-e-book.pdf. Acesso em: 19 jan. 2022.

FUNDAÇÃO OSWALDO CRUZ. *Desemprego e sobrecarga recaem mais sobre mulheres na pandemia.* Rio de Janeiro, 2021. Disponível em: http://informe.ensp.fiocruz.br/noticias/50956. Acesso em: 15 jan. 2022.

IAMAMOTO, Marilda Villela. *Serviço Social em tempo de capital fetiche*: capital financeiro, trabalho e questão social. São Paulo: Cortez, 2007.

MARTONI, Valéria Bonadia Marucchi. Expansão para quem? Uma análise dos objetivos do REUNI e das diretrizes para a educação do Banco Mundial. *Revista Brasileira de Estudos Organizacionais*, v. 2, n. 2, p. 211-234, dez. 2015.

MORAES, Carlos Antônio de Souza. Pesquisa em Serviço Social: concepções e críticas. *Katálysis*, Florianópolis, v. 20, n. 3, p. 390-399, set./dez. 2017. Disponível em: https://www.scielo.br/j/rk/a/9cqrvxrpyXFtmnfgmkjx9wN/?format=pdf&lang=pt. Acesso em: 17 jan. 2022.

MOTA, Ana Elisabete. Serviço Social brasileiro: profissão e área do conhecimento. *Katálysis*, Florianópolis, v. 16, n. esp., p. 17-27, 2013. Disponível em: https://www.scielo.br/j/rk/a/9kN3x6tySLZWBNGKsHk4rbS/?format=pdf. Acesso em: 15 jan. 2022.

NETTO, José Paulo. *Ditadura e Serviço Social*: uma análise do Serviço Social no Brasil pós-64. São Paulo: Cortez, 1991.

NETTO, José Paulo. Capitalismo e barbárie contemporânea. *Argumentum*, Vitória, v. 4, n. 1, p. 202-222, jan./jun. 2012.

NETTO, José Paulo. Reforma do Estado e Impactos no Ensino Superior. *Temporalis*, ano 1, n. 1, Brasília, jan./jul., 2000, p.11.

PEREIRA, Letícia Terra. *A expansão dos cursos de Serviço Social e os desafios enfrentados pelas assistentes sociais docentes.* 2018. 208 f. Tese (Doutorado em Serviço Social) — Universidade Estadual Paulista, Faculdade de Ciências Humanas e Sociais, Franca, 2018.

RAMOS, Sâmya; SANTOS, Silvana Mara de Morais. Projeto profissional e organização política do Serviço Social brasileiro: lições históricas e contemporâneas. *In*: SILVA, Maria Líduína de Oliveira. *Serviço Social no Brasil*: história de resistências e de ruptura com o conservadorismo. São Paulo: Cortez, 2016.

REDE BRASIL ATUAL. *Número de pessoas com fome vai a 19 milhões, e insegurança alimentar dispara no Brasil*. Disponível em: https://www.redebrasilatual.com.br/cidadania/2021/04/pessoas-com-fome-19-milhoes-inseguranca-alimentar-dispara-no-brasil/. Acesso em: 26 jan. 2022.

REDE BRASILEIRA DE PESQUISA EM SOBERANIA E SEGURANÇA ALIMENTAR E NUTRICIONAL (PENSSAN). *II Inquérito Nacional sobre Insegurança Alimentar no contexto da pandemia da covid-19 no Brasil* [livro eletrônico]: II VIGISAN: relatório final. São Paulo: Rede Brasileira de Pesquisa em Soberania e Segurança Alimentar — PENSSAN; Fundação Friedrich Ebert; Rede PENSSAN, 2022.

SANT'ANA, Raquel Santos; SILVA, José Fernando Siqueira da. Recrudescimento conservador no Brasil: bases ontológico-concretas e expressões no Serviço Social. *Libertas*, v. 20, n. 2, jul. dez. 2020. Disponível em: https://periodicos.ufjf.br/index.php/libertas/article/view/32164. Acesso em: 16 jan. 2022.

SILVA, Maria Liduína de Oliveira e (org.). *Congresso da Virada e o Serviço Social hoje:* reação conservadora, novas tensões e resistências. São Paulo: Cortez, 2019.

SOUZA, Márcio Rodrigo de Araújo; MENEZES, Monique. Programa Universidade para Todos (PROUNI): quem ganha o quê, como e quando? *Ensaio*: Avaliação e Políticas Públicas em Educação, v. 22, n. 84, p. 609-633, set. 2014.

WITTE, Virginia; FERRARI, Carlos. *Desemprego e sobrecarga recaem mais sobre mulheres na pandemia*. 2020. Disponível em: https://noticias.ufsc.br/2020/09/instituto-de-estudos-de-genero-da-ufsc-alerta-para-sobrecarga-de-mulheres-nas-novas-rotinas-devido-a-pandemia/. Acesso em: 15 jan. 2022.

SOBRE OS/AS AUTORES/AS

REGINALDO GHIRALDELLI (ORGANIZADOR) — Graduado, mestre e doutor em Serviço Social pela Universidade Estadual Paulista Júlio de Mesquita Filho (Unesp). Realizou estágio de pós-doutoramento na Universidade de Roma "La Sapienza" (Roma, Itália), na área de Sociologia do Trabalho. Professor associado do Departamento de Serviço Social e do Programa de Pós-Graduação em Política Social da Universidade de Brasília (UnB). Líder do Grupo de Estudos e Pesquisas sobre Trabalho, Sociabilidade e Serviço Social (TRASSO). Bolsista de Produtividade em Pesquisa do CNPq.

Endereço eletrônico: rghiraldelli@unb.br
Orcid: 0000-0002-9229-7686

MICHELLY ELIAS (ORGANIZADORA) — Assistente social. Doutora em Serviço Social pelo Programa de Pós-Graduação em Serviço Social da Universidade Federal do Rio de Janeiro (UFRJ). Realizou estágio de pós-doutoramento na Universidade Estadual de Campinas (Unicamp) em Ciência Política, entre 2022-2023. Professora adjunta do Departamento de Serviço Social e do Programa de Pós-Graduação em Política Social da Universidade de Brasília (UnB). Vice-líder do Grupo de Estudos e Pesquisas sobre Trabalho, Sociabilidade e Serviço Social (TRASSO).

Endereço eletrônico: michellyeliass@gmail.com
Orcid: 0000-0002-9163-445X

ANITA PEREIRA FERRAZ — Assistente social. Doutora em Serviço Social pela Pontifícia Universidade Católica de São Paulo (PUC-SP). Assistente social do Instituto Federal de Brasília — *campus* São Sebastião. Membro do Grupo de Pesquisa Teoria Social de Marx e Serviço Social/Unesp.

Endereço eletrônico: anitapereiraferraz@gmail.com
Orcid: 0009-0002-3315-739X

EVELYNE MEDEIROS PEREIRA — Assistente social. Doutora em Serviço Social pela Universidade Federal do Rio de Janeiro (UFRJ). Professora adjunta do Departamento de Serviço Social da Universidade Federal de Pernambuco (UFPE).

Endereço eletrônico: evelyne.medeiros@ufpe.br
Orcid: 0000-0003-2644-0285

HAYESKA COSTA BARROSO — Professora adjunta do Departamento de Serviço Social e do Programa de Pós-Graduação em Política Social da Universidade de Brasília (UnB). Doutora em Sociologia (UFC). Mestra em Políticas Públicas e Sociedade da Universidade Estadual do Ceará (Uece). Assistente social. Coordenadora do Grupo de Estudos e Pesquisas sobre Maternidades, Parentalidade e Sociedade (Gmater). Pesquisadora do Grupo de Estudo e Pesquisa sobre Fundamentos do Serviço Social e América Latina (GFAL).

Endereço eletrônico: hayeskacb@gmail.com
Orcid: 0000-0002-8280-7187

JOSENICE FERREIRA DOS SANTOS ARAÚJO — Graduada em Serviço Social pela Universidade Federal da Paraíba (UFPB), mestre em Sociologia pela UFPB e doutora em Política Social pela Universidade de Brasília (UnB). Professora adjunta 4 e vice-coordenadora do curso de Serviço Social da Universidade Federal de Tocantins (UFT).

DIRETRIZES CURRICULARES E FORMAÇÃO EM SERVIÇO SOCIAL

Presidente do NDE é docente do Programa de Pós-Graduação em Serviço Social da UFT. Vice-líder do Grupo de Estudos e Pesquisas Ser & Lutas, e pesquisadora do Grupo de Estudos e Pesquisas sobre Trabalho, Sociabilidade e Serviço Social (TRASSO/UnB).

Endereço eletrônico: joseniceferreira@uft.edu.br
Orcid: 0009-0008-9773-0806

MARCELO BRAZ — Assistente social. Mestre e doutor em Serviço Social pela Escola de Serviço Social da Universidade Federal do Rio de Janeiro (UFRJ). Pós-doutorado em Economia e Gestão pelo ISEG/ Universidade de Lisboa. Professor do Departamento de Serviço Social da Universidade Federal do Rio Grande do Norte (UFRN), em que está vinculado ao Grupo de Estudos sobre Trabalho, Ética e Direitos. Docente permanente do PPGSS/UFRN e colaborador do PPGSS da ESS/UFRJ. Integrante do NEPEM (Núcleo de Estudos e Pesquisas Marxistas).

Endereço eletrônico: reisbraz@gmail.com
Orcid: 0009-0002-2034-4516.

MARCOS BOTELHO — Assistente social. Mestre e doutor em Serviço Social pela Escola de Serviço Social (ESS) da Universidade Federal do Rio de Janeiro (UFRJ). Professor adjunto da ESS/UFRJ. Integrante do NEPEM (Núcleo de Estudos e Pesquisas Marxistas).

Endereço eletrônico: marcospobotelho@gmail.com
Orcid: 0009-0006-3739-7680

MARIA ELAENE RODRIGUES ALVES — Assistente social. Doutora em Serviço Social pela Universidade do Estado do Rio de Janeiro (UERJ). Docente do Departamento de Serviço Social e do Programa de Pós-Graduação em Política Social da Universidade de Brasília (UnB).

Pesquisadora do Grupo de Estudos e Pesquisas sobre Trabalho, Sociabilidade e Serviço Social (TRASSO).

Endereço eletrônico: elaeneceara@gmail.com
Orcid: 0000-0001-8233-9558

MARILEIA GOIN — Assistente social. Doutora em Serviço Social pela Pontifícia Universidade Católica do Rio Grande do Sul (PUC-RS). Pós-doutora pelo Programa de Estudos Pós-Graduados em Serviço Social da PUC-SP. Docente do Departamento de Serviço Social e do Programa de Pós-Graduação em Política Social da Universidade de Brasília (UnB). Líder do Grupo de Estudos e Pesquisas sobre Fundamentos do Serviço Social e América Latina (GFAL). Membro do Grupo de Estudos e Pesquisas sobre Maternidade, Parentalidade e Sociedade (Gmater). Membro do Grupo de Estudos e Pesquisas sobre Trabalho, Sociabilidade e Serviço Social (TRASSO).

Endereço eletrônico: mari.goin84@gmail.com
Orcid: 0000-0003-4859-3098

MAVI PACHECO RODRIGUES — Graduada em Serviço Social pela Universidade Federal Fluminense (UFF/Niterói). Mestre (1996) e doutora em Serviço Social (2006) pela Universidade Federal do Rio de Janeiro (UFRJ). Pós-doutora pela Universidade Federal de Pernambuco (UFPE-2021) e Universidade Lusíada de Lisboa (2022). Professora da Escola de Serviço Social da UFRJ, no âmbito da graduação e da pós-graduação. Integrante do Núcleo de Pesquisas e Estudos Marxistas (NEPEM).

Endereço eletrônico: rodriguesmavi.mr@gmail.com
Orcid: 0000-0002-8477-3005

RAQUEL SANTOS SANT'ANA — Assistente social. Doutora e livre-docente em Serviço Social. Professora adjunta da Faculdade de

DIRETRIZES CURRICULARES E FORMAÇÃO EM SERVIÇO SOCIAL

Ciências Humanas e Sociais de Franca (Unesp). Membro do Grupo de Pesquisa Teoria Social de Marx e Serviço Social.

Endereço eletrônico: raquel.santana@unesp.br
Orcid: 0000-0002-2270-5541

SHEYLA PARANAGUÁ SANTOS — Assistente social. Especialista em Gerontologia pela Universidade Católica do Salvador (UCSAL). Mestra e doutoranda em Estudos Interdisciplinares sobre Mulheres, Gênero e Feminismos pelo Programa de Pós-Graduação em Estudos Interdisciplinares em Mulheres, Gênero e Feminismo (PPGNEIM) da Universidade Federal da Bahia (UFBA). Professora contratada da Universidade Estadual do Tocantins (Unitins). Professora da Pós-Graduação em Política Social e Direitos Humanos no *campus* de Palmas.

Endereço eletrônico: sheyla.ps@unitins.br
Orcid: 0009-0003-4774-0591

VALDENÍZIA BENTO PEIXOTO — Assistente social. Mestre em Serviço Social pela Universidade Federal de Pernambuco (UFPE). Doutora em Sociologia pela Universidade de Brasília (UnB). Professora adjunta do Departamento de Serviço Social da Universidade de Brasília. Vice-coordenadora do Núcleo de Estudo de Diversidade Sexual e Gênero (NEDIG/CEAM/UnB), coordenadora do Grupo de Estudos de Sexualidades, Raça e Serviço Social (SEXUSS/UnB). Pesquisadora colaboradora do Núcleo de Estudos e Pesquisas sobre Fundo Público, Orçamento, Hegemonia e Política Social (FOHPS/UnB).

Endereço eletrônico: val.peixoto@gmail.com
Orcid: 0000-0002-6983-6549

LEIA TAMBÉM

O SERVIÇO SOCIAL NA CONTEMPORANEIDADE:
trabalho e formação profissional

Marilda Villela Iamamoto

360 páginas
14 x 21 cm
ISBN 978-85-249-2766-9

Este livro, ao voltar-se para os cenários e tendências do Serviço Social, diante do contraditório contexto de transformações societárias que se observam no capitalismo contemporâneo, comporta uma extensa, nova e inquietante agenda de questões para o trabalho e para a formação profissional do assistente social, dimensões complementares na inserção da profissão na história contemporânea. A reversão conservadora e a regressão neoliberal que erodiu as bases dos sistemas de proteção social e redirecionou as intervenções do Estado, na esfera da produção e distribuição da riqueza social, trazem graves implicações para o tecido social em geral e para as relações de trabalho em particular, dando à "questão social" novas configurações e expressões entre as quais destacamos a insegurança e a vulnerabilidade do trabalho e a penalização dos trabalhadores.

LEIA TAMBÉM

SUPERVISÃO DE ESTÁGIO EM SERVIÇO SOCIAL:
desafios para a formação e o exercício profissional

Alzira Maria Baptista Lewgoy

232 páginas
16 x 23 cm
ISBN 978-85-249-1492-8

Não é de hoje que a questão da supervisão dos estágios na área de Serviço Social ocupa a agenda política dos/as assistentes sociais. Frente a isso, esta obra debruça-se sobre a concepção de supervisão de estágio em Serviço Social, a dimensão ético-política e a base teórico-metodológica de referência para o processo de supervisão de estágio e, ainda, como se operacionaliza este processo de supervisão, estruturando-se em quatro capítulos. O primeiro introduz as exigências e os desafios contemporâneos que se impõem na formação em Serviço Social. O segundo destaca os discursos produzidos sobre o tema no Serviço Social e aponta o desafio contemporâneo que se impõe aos cursos à distância. O terceiro estuda as categorias espaço de mediações entre formação e exercício profissional e espaço afirmativo de formação. No quarto reflete sobre o processo de supervisão.

GRÁFICA PAYM
Tel. [11] 4392-3344
paym@graficapaym.com.br